MITOS Y MALDITOS

AL INFIERNO EN CLASE VIP

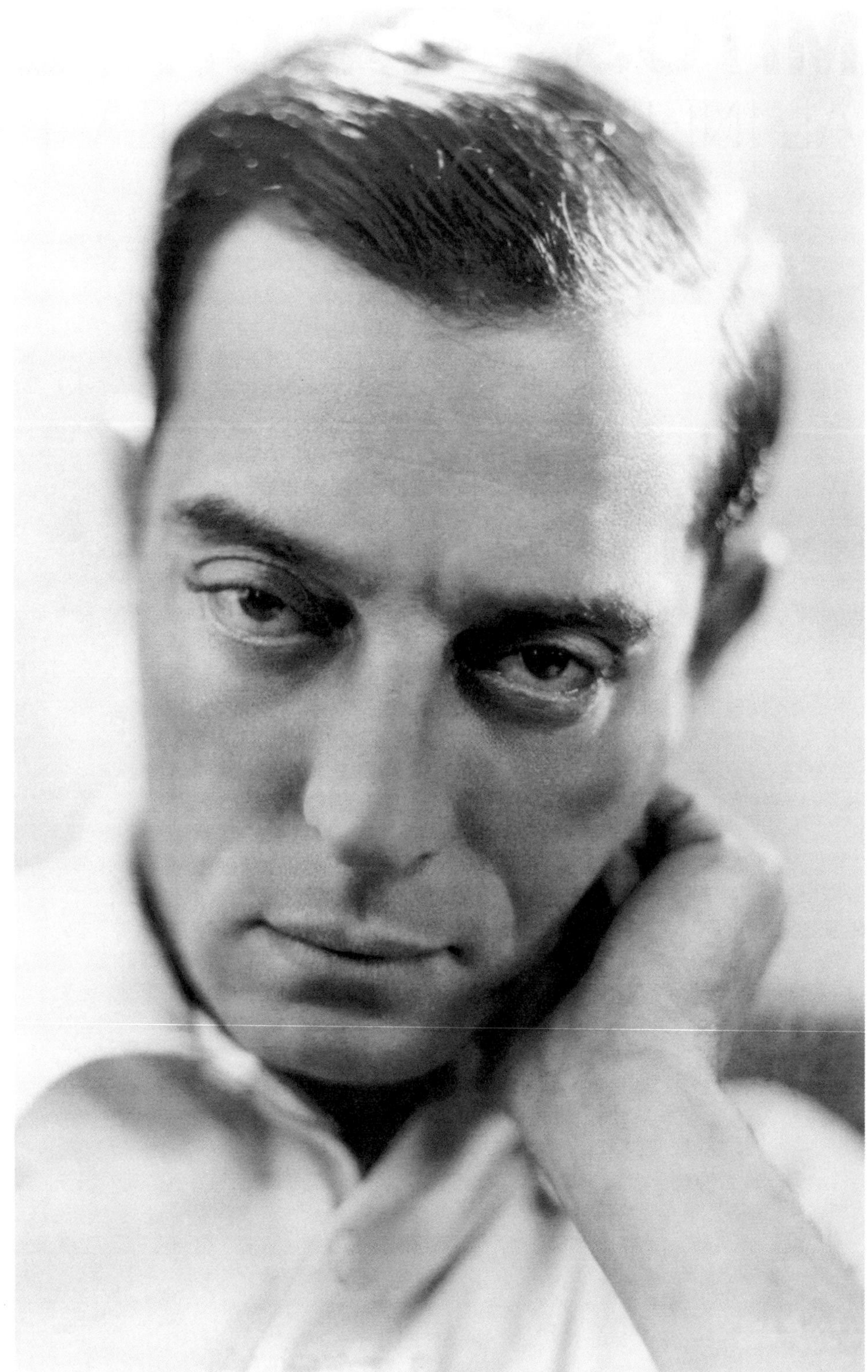

MITOS Y MALDITOS
AL INFIERNO EN CLASE VIP

MANUEL ESPÍN

PUBLICADO POR T&B EDITORES
Barquillo 15 A. 28004 Madrid. España
Tfno: 91 523 27 04. www.cinemitos.com/tbeditores

DISEÑO DE LA PORTADA: **CARLOS LAGUNA**
ILUSTRACIONES: **Archivo T&B Editores**

PRIMERA EDICIÓN: octubre **de 2010**

ISBN: ISBN: 978-84-92626-72-4
Depósito legal: M-39941-2010
Impreso en España - Printed in Spain

ÍNDICE

Primera parte
SUBIDA AL CIELO

Capítulo 1   Una industria para crear estrellas   **11**

Segunda parte
...Y CAÍDA EN LOS INFIERNOS

Capítulo 2   Escalera de subida y de bajada   **55**
Capítulo 3   Escenarios en clave de historia   **65**
Capítulo 4   El canto en el abismo   **73**
Capítulo 5   De Vallecas al olvido   **87**
Capítulo 6   La estrella perdida republicana   **93**
Capítulo 7   Entregados a los nazis   **99**
Capítulo 8   Del Oscar a la nada   **105**
Capítulo 9   El drama del payaso   **109**
Capítulo 10   La puerta de la autodesturcción   **115**
Capítulo 11   Las barreras del color de la piel   **121**
Capítulo 12   Una vida desgarrada   **127**
Capítulo 13   El canon de la belleza   **131**
Capítulo 14   La tragedia de una monja   **137**
Capítulo 15   Demasiado guapa para ser inteligente   **141**
Capítulo 16   La marca femenina de los años cuarenta   **147**
Capítulo 17   Un monstruo de feria   **153**
Capítulo 18   Sin vergüenza   **159**
Capítulo 19   Romanticismo a la desesperada   **163**
Capítulo 20   La vida y el tormento   **173**
Capítulo 21   El mito que se creó a sí mismo   **179**
Capítulo 22   Ese combustible llamado "Escándalo"   **185**
Capítulo 23   Después del éxito la nada   **205**
Epílogo   Ese producto artificial llamado "éxito"   **217**

Primera parte
SUBIDA AL CIELO

Capítulo 1
UNA INDUSTRIA PARA CREAR ESTRELLAS

La interpretación del capitalismo del siglo XX que realizaron Galbraith y otros "revisionistas" de la economía clásica describió la evolución del modelo desde la Revolución Industrial del XIX y la primera década del siglo nacido en 1900 hasta el sistema consolidado más de medio siglo después. El primero de los modelos se basaba en la producción y habría mudado hacia otro muy diferente que se apoyaba básicamente en el consumo. Fue en los años 60 del pasado siglo cuando el consumo adquirió realmente carta de absoluto protagonismo. Aunque sus raíces habían empezado a germinar en los tiempos de entreguerras para transitar desde las élites hasta las masas en la década de los 50. Se producía mucho más allá de lo que el mercado pudiera necesitar y adquirir, y por lo tanto era fundamental generar otras nuevas necesidades para asumir en principio unos excedentes, y en una fase más avanzada crear otras nuevas; aunque estas fueran artificiales. ¿Por qué no convencer a los esquimales de la adquisición de refrigeradores cuando en otros países la posesión de aparatos de aire acondicionado era un elemento de distinción social? Se abrían mercados no para responder a demandas como antaño sino para inventar otras nuevas. Desde este planteamiento el lujo ya no era un subproducto o un sistema de valores al alcance de unos pocos privilegiados sino la exhibición de una nueva necesidad mostrada aún a quienes permanecían fuera del sistema o no tenían posibilidad en principio de acceso a esos estilos de vida y a unas buenas capacidades de consumo.

En los años 20 y 30 aquellas clases privilegiadas que disfrutaban de lujos y comodidades se mantenían en una especie de campana de cristal o en una "isla" alejada del resto del mundo: podían ser vistas y se dejaban ver, pero nunca mezclarse. La teoría de las clases separadas que desde el punto de vista racial dio lugar al "apartheid" sudafricano tiene una larga tradición y aún hoy se mantiene en sociedades duales desde el punto de vista social. A principios del siglo XX la subcultura del lujo era contemplada como "el enemigo a abatir" por los herederos de las ideas de igualitarismo social generadas a lo largo del siglo XIX. El lujo se convertía en una provocación por el mero hecho de ser mostrado; como hoy todavía ocurre cuando la exhibición de poder económico se proyecta hacia medios socialmente desfavorecidos en los que las poblaciones autóctonas cumplen un exclusivo papel de "extras" en un paisaje de tarjeta-postal. Sin embargo, muchas décadas más tarde, a la vuelta del siglo XXI ciertas formas de estilos de vida ligados al lujo se consideran "tolerables", "admisibles" e incluso disfrutan de relativa "buena imagen" porque generan recursos. Y son mostrados como auténticas referencias o propuestas; es lo que resume el eslogan: «un lujo a su alcance» tantas veces usado en la publicidad con sus muchas variantes. "Quizás ahora no disponga usted de dinero para comprar esos objetos para privilegiados,–se viene a decir–, pero tiene que estar preparado para cuando ello sea posible". En las sociedades antiguas carentes de movilidad social no había esperanza alguna para cambiar de situación personal. Hoy la imagen del lujo y del consumo se proyecta a través de las televisiones por satélite hacia colectividades de lugares apartados generando una conciencia de necesidad, aunque en esas sociedades todavía no se hayan cubierto sus demandas indispensables. En la caída del muro de Berlín provocaron mucho más efecto las imágenes publicitarias que se contemplaban desde los países limítrofes a través de los televisores que todos los discursos políticos occidentales en su conjunto. El "efecto llamada" de la inmigración no es solo una consecuencia de las políticas legislativas del primer mundo o de las mafias que trafican con seres humanos sino de la televisión transfronteriza que exhibe productos que parecen al alcance de todos en territorios en los que hasta el agua sigue siendo un lujo.

A la vez que ciertas formas de lo que antaño aparecía ligado a modos elitistas, –viajar en avión, poseer automóviles, segundas residencias, mostrar un variado abanico de vestuario, desplazarse, comer fuera de casa, adquirir un renovado repertorio de electrónica de consumo, hacer turismo en países exóticos…–, se proyecta en las sociedades occidentales como un ejercicio de uso relativamente común incluso por parte de asalariados, trabajadores por cuenta ajena y hasta desempleados. La marca ya no es contemplada como una "exclusividad", y la extrema rotación de la oferta hace que su uso se extienda. En la España de los años 60 una bebida apoyada en su publicidad por la imagen de un "triunfador" de la época que mostraba entre sus manos un libro con el sugerente título de "Cómo conseguí mi primer millón" fracasó porque sus imágenes resultaban todavía demasiado ajenas a la población de un tiempo en el que los niveles de consumo eran todavía reducidos. Hoy nadie se lleva las manos a la cabeza cuando en cualquiera de las publicidades de los abundantes semanarios y magazines dominicales aparecen escenarios y ofertas absolutamente elitistas que muy pocos se podrán permitir; pero no generan escándalo porque el concepto "el límite es el cielo" también se aplica a una oferta de consumo estratificada y con capacidades de respuesta matizadas según la disponibilidad económica. A pesar de las crisis económicas y de las recesiones incluso aquellos sectores con menos ingresos aparecen formalmente integrados dentro de una cultura de consumo donde se transmite que "nada es imposible". En último extremo siempre queda el endeudamiento, el azar, la suerte, el premio gordo de la lotería, el concurso de televisión o el milagro para hacer realidad esos sueños. Hace unos años solo una reducida parcela de la sociedad se identificaba con unas aspiraciones de uso y posesión que actualmente tienen como frontera al infinito.

En la Europa, y todavía más en la España de las cinco primeras décadas del pasado siglo, se podía distinguir fácilmente la procedencia social de una persona por el tipo de vestimenta que usaba, desde la etiqueta o el chaquet de uso común entre las élites a los trajes con corbata y los botines de los empleados urbanos de "cuello blanco" y los funcionarios, a la pana, las alpargatas o las abarcas entre agricultores, trabajadores por cuenta ajena y pequeños propietarios del medio rural. Hoy resulta casi imposible establecer una analogía entre el origen social y el atuendo que se utiliza, especialmente entre los jóvenes, y todavía menos dentro de los espacios de ocio. Aunque a nada que se profundiza algo más las diferencias siguen existiendo y en algunos casos pueden llegar a ser casi dramáticas.

En la crisis económica del final de la primera década del XXI la "recuperación del consumo" se ha incentivado por los gobiernos como un argumento fundamental para la superación de la recesión. Muy distinto a un siglo atrás cuando el capitalismo se basaba todavía en la producción para atender a unas necesidades, y no para generarlas. Lo importante era aportar productos para responder a lo que era básico cuando aún no se reconocía el compromiso de los poderes públicos por cubrir prestaciones que hoy los estados europeos de distintos signos políticos han terminado por asumir como elemento fundamental de su acción de gobierno. Los embriones de sistemas de protección (lejanos antecedentes de lo que a partir de la segunda posguerra se llamó "estado de bienestar" que significa básicamente que coberturas básicas como la salud, la educación y más tarde la vivienda o la protección del medio ambiente sean asumidas en forma de derechos por los poderes públicos) nacieron en el entorno de 1900. Las primeras y tímidas regulaciones del trabajo y los derechos de los trabajadores provienen en España de la Regencia de María Cristina, de la misma manera que la Alemania del kaiser de finales del XIX había empezado a definir ciertos sistemas de protección bajo la fuerte presión de los sindicatos y los nacientes partidos obreros.

A lo largo del siglo XX se habían generado unos modelos sociales de características muy distintas a los del XIX, en buena medida por la influencia de los medios de comunicación. Esa fase del capitalismo necesitaba ir creando fenómenos de referencia social capaces de generar patrones de identificación. Y muchos de ellos lo hicieron a través del cinematógrafo. De una vieja barraca de feria en la que se contemplaban unas sombras animadas se trascendió a un modelo de representación de figuras que encarnaban estéticas y también valores. El reconocimiento social de las estrellas de cine tardó mucho en llegar en países como el Reino Unido donde a lo largo de todos los años 20 el prestigio aún seguía monopolizado por el medio teatral y nunca por la pantalla; un medio despreciado todavía por las élites. Sin embargo, ese estatus de reconocimiento social se iba a alcanzar no por una vía de prestigio que llegaría mucho más tardiamente sino por el de la notoriedad y la repercusión social. Se conserva una fotografía de septiembre de 1928 en la que aparece Winston Churchil con su mujer y sus hijos invitando a un almuerzo a Charles Chaplin en su residencia de Londres. En la década siguiente Churchil que representaba a una clase aristocratizante frecuentó varias veces al cómico en sus visitas a Norteamérica. Diez años antes "Charlot" no significaba socialmente más que "el cómico de barraca", pero era ya muy popular y bastó para que trascendiera además una cierta imagen de "filósofo" y de "poeta" para que su categorización social cambiara de arriba abajo (y ello a pesar de alguno de los "escándalos" en los que se le trató de involucrar). Chaplin había adquirido la categoría de "estrella" más que ningún otro personaje del cine mudo y la mantendría a lo largo del resto de su vida y para la posteridad. Representaba además con su aceptación la manera como se habían asumido los cambios tecnológicos, sociales, laborales y en las relaciones entre los sexos que el cinematógrafo empezaba a describir. Ninguno de los otros grandes cómicos empezando por el genial Buster Keaton, o el "joven de clase media" Harold Lloyd alcanzarían su reputación social. Nadie como Chaplin había llegado tan lejos en la movilidad social individual: de un ambiente paupérrimo de un hogar judío típico del proletariado de la Revolución Industrial a una especie de aristocracia del arte y a la valoración de un semi-filósofo. Un salto espectacular de clase y reputación social. Ni los grandes del drama o la aventura como Douglas Fairbanks o Lillian Gish, Mary Pickford o Greta Garbo, ni los mitos románticos del "kitsch" como Valentino o Ramón Novarro llegarían jamás a rozar parecida aspiración a la trascendencia. Chaplin significó socialmente un verdadero hito.

Las grandes estrellas del teatro despreciaron al cine sobre todo en los países europeos y miraron por encima del hombro a quienes trabajaban en ese nuevo medio que carecía de prestigio. Los grandes de la escena, –desde una horrible Sarah Bernardt afectada y exagerada en los metros de película que se conservan, a una Margarita Xirgu de gestos totalmente artificiales y casi ridícula en su trabajo para el cine mudo en España–, tampoco significaban nada para el nuevo público de ese "espectáculo de feria". Tardó un tiempo la burguesía en entrar en los salones de cine que eran considerados inicialmente espectáculos de bajo nivel. En el Reino Unido se tuvo que esperar hasta bien avanzados los años 30 para que los actores teatrales descubrieran que el prestigio "también" estaba en el mundo de la imagen. De la misma manera que a comienzos del cine sonoro muchas personalidades revelaban su falta de seguridad ante la imagen y la absoluta carencia de adecuación a los nuevos medios audiovisuales en su expresión verbal y gestual. Como en esas ilustrativas imágenes sonoras de José Ortega y Gasset, el más reconocido de los filósofos españoles del siglo XX, hablando a cámara en noticieros de principios de los años 30 donde aparecía enormemente engolado, retórico, discursivo en el peor sentido de la palabra, exagerado de gestos; como si permanentemente estuviera dictando desde un púlpito o en una conferencia en un ateneo. Esas imágenes hoy formarían parte de una autoparodia. Hecho que venía a revelar la absoluta falta de dominio del nuevo medio y a la vez la existencia de un lenguaje propio y autónomo a partir de la presencia del audiovisual, al que hubieron de adaptarse en los tiempos posteriores todos los personajes públicos. Aspiraran o no a ser artistas.

En los últimos años 10 y principios del 20 en Hollywood, tanto como en la Alemania de la República de Weimar donde existió una industria que competió abiertamente con el cine americano, y en menor medida en Italia, Francia y el Reino Unido, empezaba a perfilarse un estrellato. La estrella se disociaba de la propia personalidad, hacía abstracción de su "yo" generando un modelo de representación característico y creado en la mayor parte de las ocasiones "desde arriba", a partir de una industria que trascendía de la propia pantalla, como se revelaría con mucha más precisión después de la Segunda Guerra Mundial. La estrella era un producto generado artificialmente, una necesidad inventada a través de un mecanismo comercial e industrial; pero también respondía a un planteamiento "ideológico", a un sistema de valores. Era todo un símbolo.

El invento de la "estrella" había nacido no en Estados Unidos sino en Italia o Francia en los días que precedieron a la Gran Guerra. Las películas disfrutaban de un público de clase baja mientras la más alta socialmente seguía siendo fiel al teatro. El cine era un espectáculo de verbena. Cuando aquellos dueños de salas, o mejor dicho "barracones" por su evidente falta de comodidades, demandaban "más películas de ese o esa" que aparecía en la anterior se crearon las condiciones para que se perfilara una modesta forma de estrellato. Inicialmente mirado con desprecio desde el mundo intelectual y por parte de las clases altas que consideraban tal oficio como un simple espectáculo de baratillo. Había que fabricar "más productos" para ser explotados en esas barracas e incluso generar otros nuevos para crear demanda.

Unos meses antes del comienzo de la Gran Guerra una muchacha llamada Florence Lawrence se convertiría en el "primer lanzamiento" como tal que utilizó descaradamente la publicidad. O mejor dicho la mentira y el amarillismo para hacer ganar dinero. En la prensa de la época los fraudes informativos estaban a la orden del día. La prensa Hearts había "fabricado" una noticia detrás de otra en los meses anteriores a la guerra hispano-norteamericana de 1898, difundiendo desde los tabloides y la prensa popular de la época una imagen perversa, anticuada y siniestra del estereotipo de lo español. Esa prensa contribuyó más que los discursos políticos para que Norteamérica se lanzara a la guerra para expulsar a España de Cuba, Puerto Rico y Filipinas. Si no existían noticias se inventaban, en una época en la que por vez primera había necesidad no solo de leer imágenes sino de verlas.

En el 98 se rodaron unas brevísimas imágenes de la supuesta explosión del Maine hechas en una bañera con maquetas que simbolizaban un puerto; pero que el público creyó estar viendo como auténticas.

No parecía raro por lo tanto que la llamada Florence Lawrence protagonizara una de las primeras utilizaciones fraudulentas de una supuesta noticia para el lanzamiento de una película. Se difundió la nueva de que Florence había muerto en un accidente de tranvía poco antes de que se estrenara uno de sus trabajos. Después cuando ella "reapareció" se produjeron diversos cruces de imputaciones en la prensa sobre el origen de esa noticia falsa. Se publicaron anuncios en los medios afirmando que estaba viva y que había firmado por una productora nueva, atribuyendo a la antigua el citado infundio. Tanta fue la expectativa con la aparición de la estrella "resucitada" que cuando se anunció que acudiría a un cine de la ciudad de Saint Louis para asistir a una proyección de su última película, un gran gentío la esperó a la llegada del tren siendo acompañada durante todo el recorrido como si se tratara de una diosa. Lawrence reconocida como la primera estrella tuvo un ocaso prematuro: acabó totalmente en la ruina sin que nadie le ofreciera trabajo unos pocos años más tarde, terminó de figurante en los años 30 y suicidándose en 1938 completamente en bancarrota, sola y olvidada por todos los que antes la habían convertido en un sucedáneo de la divinidad.

El sistema a lo largo de los años 20 consolidó un primer modelo de estrellato basado en los nombres de los actores que empezaban también a ser iconos referenciales, y tenían procedencias absolutamente heterogéneas. Desde un autentico "sheriff" como el vaquero Tom Mix a luminarias salidas del teatro como Sarah Bernardt absolutamente reverenciada en la escena pero totalmente inadecuada y ridícula para el cine. De la misma forma que el tenor Enrico Caruso también trató de convertirse en estrella sin lograrlo del todo. Sin sonido Caruso no era verdaderamente más que una pálida sombra, una marioneta; las películas eran mudas y la voz del gran tenor no se escuchaba. Nunca consiguió trasladar su repercusión en los teatros y en los discos de pizarra hasta el cine. Habían surgido a finales de los años diez las verdaderas primeras estrellas. Como Lillian y Dorothy Gish, Norma Talmadge o Gloria Swanson, y especialmente Charles Chaplin, Mary Pickford o Douglas Fairbanks. Y algo más adelante Valentino y John Gilbert.

El primer intento de sustraerse del control de la maquinaria de los estudios lo constituyó el paso a la producción de Chaplin, Mary Pickford, Douglas Fairbanks y el director D.W. Griffith. Trataron de emanciparse y crear su propia productora, United Artists, en el año 1919. Se trataba de una asociación "coja y desequilibrada" en la que mientras Chaplin poseía una enorme intuición para los negocios, lo mismo que Mary Pickford, Fairbanks que se casaría algo más tarde con ella carecía de talento comercial; lo mismo que el director Griffith, un pionero creador de un lengaje, buen narrador y a la vez políticamente reaccionario, pero sin la presencia de la visión comercial de Chaplin. Éste relataba en el año 1921 después de rodar *El chico* que diez años atrás había llegado a Estados Unidos en la lóbrega y oscura tercera clase de un barco, y que un mayordomo haciéndole un favor le había permitido asomarse en un fugaz recorrido por la primera clase para que contemplara por sus propios ojos como viajaban los más pudientes en esos verdaderos hoteles flotantes con toda clase de lujos. Chaplin admitía que entonces había adquido conocimiento de esa doble posición desde ambos lados de la escala social. Con *El chico* se había asegurado un amplio porcentaje de los beneficios, y una cláusula de revisión en la que la propiedad de la película pasaría a sus manos varios años después de haber sido explotada. Ese tipo de pactos (del que también participó Hitchcock en sus películas para la Paramount entre 1948 y 1958) le proporcionó enormes beneficios con una decisión casi premonitoria: muchísimos años después sus herederos y propietarios de los negativos dispondrían de una fortuna en sus manos.

Chaplin además de una estrella fue el primer nombre que consiguió transitar del simple cómico que hacía reír a adquirir una imagen de respetabilidad y de "seriedad" como la que poseían los artistas del teatro. Los estudios y las propias estrellas habían descubierto la gran importancia de la publicidad y el poder de los medios. Lo que hoy llamaríamos en la jerga cinematogrfáfica "publicidad blanca", la que no se contrata directamente. El viaje de novios de Mary Pickford y Douglas Fairbanks se convirtió en los primeros años 20 en una auténtica gira de promoción por Europa de sus nuevas películas. Ella poseía tanta habilidad comercial como Chaplin y terminó arrinconando su carrera y quedándose en el terreno de la gestión.

La breve trayectoria de Valentino, un personaje afectado, artificial y amanerado, se vio acompañada de una imagen de morbo en la que se mezclaba la insinuación, el rumor, la verdad y la mentira. Su prematura muerte en 1926 pocos días después del estreno de *El hijo del caíd* generó el más grande fenómeno de masas hasta entonces conocido, con milles de personas velando el cadáver, una enorme concentración de personas a lo largo del recorrido del féretro, y un intento de "apropiación" o aprovechamiento del mito por el propio fascismo italiano que mandó una representación de jóvenes uniformados, con saludos brazo en alto ante el cadáver del divo. Ya en esa época las estrellas eran el centro de toda una industria que se alimentaba de medias verdades, de escándalos y maledicencias. Las secciones de cotilleo de los diarios y revistas y especialmente la numerosa prensa sensacionalista recogían o ponían en circulación cientos de rumores, algunos de los cuales eran filtrados directamente desde los departamentos de prensa de los estudios. A la vez éstos creaban perfiles biográficos y personalidades que pertenecían plenamente al género de ficción. Así una mentira alimentaba a otra y era capaz de producir muchos beneficios. Los lanzamientos orquestados estaban a la orden del día y las estrellas aparecían como objetos de deseo manejables, pero absolutamente frágiles. Además les eran atribuidas determinadas veleidades, excentricidades y expresiones de dominio, vanidad y soberbia que parecían formar parte de su oficio de divos.

Pola Negri, "importada" de Polonia, encarnó mejor que nadie ese encumbramiento súbito en Hollywood donde se le llegó ocasionalmente a considerar una "diosa" para caer rápidamente en el fracaso. A finales de los años 20 regresaba a Europa para trabajar en Inglaterra, Francia o Alemania. Pola significó la primera estrella compartida entre Hollywood y Europa. Pero a la vez el contraste entre dos perfiles de mujer. Mientras en el viejo mundo su mirada penetrante aparecía como una especie de expresión de sentimientos que a la mujer hasta entonces no le habían sido permitidos mostrar en público, en Estados Unidos por una concepción mucho más puritana se le redujo a la condición de bella y cálida mujer pero incapaz de exhibir ciertas sensaciones. No se puede olvidar que los primeros metros de imágenes de un casto y superficial beso entre un hombre y una mujer en 1899 habian causado conmoción en Norteamérica y hasta se trataron de eliminar por parte de ciertos jueces que los consideraron "inmorales" para ser proyectados ante el público de las salas oscuras. De la misma manera en la que al final de los años 50, en los primeros tiempos de la televisión en España se prohibieron los planos cortos de mujeres con el peregrino argumento supuestamente atribuido al ministro de Información Arias Salgado de que «tan sólo a la propia mujer se la contempla tan cerca»[1].

Aunque el prototipo de "estrella" por excelencia era Gloria Swanson. Nacida en fecha indefinida de finales del siglo XIX había pasado de los cortos cómicos a las historias temáticas en las que venía a representar a mujeres altivas. Su vida fue una leyenda. En pleno éxito en 1925 se le permitió algo tan insólito para la época como rodar en Francia una película, *Madame Sans-Gêne*, cuyo argumento se haría absolutamente real: regresó a Hollywood casada con un marqués. Al final de la década de los 20, como otros actores, trató de crear su propia productora para independizarse de los estudios. El mecenas lo encontró en la figura de Joseph Kennedy, el padre de la famosa dinastía. Kennedy, casado y católico, invirtió mucho dinero en la que era su amante: Gloria Swanson. Pero la primera de las producciones con el majestuoso, soberbio,

---

1. Según contaba Pedro Amalio López, director y realizador y uno de los creadores de "Estudio 1".

absolutista y genial director-actor Erich Von Stroheim[2] terminaron en desastre absoluto por el total domino del intratable genio y los problemas con la censura gremial de la época. *La reina Kelly* (1928) no llegó a terminarse ni por supuesto a estrenarse. Hasta casi sesenta años más tarde cuando se exhibió con un montaje inacabado. Swanson mantuvo su cetro hasta el nacimiento del sonoro. Después aunque rodó varias películas más derivó con rapidez hacia el olvido. La liberó Billy Wilder (y también a Stroheim y a Buster Keaton) en su caracterización de Norma Desmond en *El crepúsculo de los dioses* (1950) en la que prácticamente se estaba interpretando a ella misma. Encarnación del "star system" pagó sin embargo tributos tan inexplicables para lograr salir del olvido como su presencia en una modesta parodia italiana de los primeros "peplum" como *¿Quo Vadis?* titulada *Mi hijo Nerón* (1956) al lado de Alberto Sordi, Vittorio de Sica y una juvenil Brigitte Bardot como Popea antes de que rodara *Y Dios creó a la mujer*. Swanson deseaba prolongar la solemne y a la vez ridícula escena de la bajada de la escalera en el final de *El crepúsculo…*. Representar a la estrella aunque fuera en un bazar de saldos.

Se trataba de un sistema de categorías sociales dominado durante el periodo comprendido entre los primeros años 20 y la mitad de los años 50 por los actores de cine; dentro de una constelación a la que sólo ocasionalmente accedían personajes procedentes del fútbol o del boxeo y en algunos países nombres que provenían de la ópera, pero a mucha más distancia. Ese monopolio duró prácticamente hasta que desaparecieron los rigores de la segunda posguerra mundial en que se produjeron dos hechos paralelos de enorme trascendencia como fueron la irrupción de las estrellas de la música de la mano de la generación del "rock" y el descubrimiento del director-estrella por parte de la crítica francesa.

Cuando llegó el cine sonoro las carreras de muchos de los grandes del cine mudo se habían ido a pique de manera estrepitosa porque tenían un horrible acento, un tono de voz inadecuado, se expresaban mal o eran incapaces de hablar en otro idioma que no fuera el suyo. En 1930 cambió de arriba abajo el sistema de estrellas. Hollywood, cuando aún no se había implantado definitivamente el doblaje, importó repartos y equipos de otros idiomas para realizar versiones locales de sus películas originales. No solo Stan Laurel y Oliver Hardy "hablaron" en español también trataron de hacerlo con efectos a veces hilarantes otros actores dramáticos. Aunque el "sistema" de estrellas funcionaba ya en las décadas anteriores en las que se contrataba a actores y actri-

---

2. El propio Von Stroheim fue un alarde de impostación y casi una creación literaria. Había embarcado en Bremen con el nombre de Erich Oswald Stroheim, pero quien desembarcó en la isla de Ellis donde se recibía a los inmigrantes en Estados Unidos era Erich Oswald Hans Carl Maria von Stroheim. En 1920 la Universal había publicado una pseudo-biografía en la que se decía que había nacido en Viena (1885) «hijo de una baronesa alemana y un conde austriaco" que había recibido su primera educación en colegios militares del Imperio Austro-Húngaro y se había graduado como segundo teniente en una academia militar, participando en 1908 en la guerra de anexión de Bosnia-Herzegovina de donde salió como un héroe siendo condecorado por el emperador Francisco José». En realidad era hijo de una familia judía de la Silesia prusiana cuyo padre fabricaba sombreros, y su carrera militar se limitó a ser soldado profesional desertando un año antes de acabar el servicio emigrando a América por una "imprudencia no aclarada"(Richard Kozanski en "Erich von Stroheim y Hollywood" (Verdoux, Madrid 1993)

ces por periodos dilatados en el tiempo el modelo se extendió en los 30 tambien a los equipos de directores, guionistas y técnicos. En un proceso parecido al de una factoría o a una producción en cadena. Los grandes estudios contrataban a sus estrellas por periodos que como media duraban unos siete años renovables si el rendimiento económico era positivo. Cinco grandes "majors" ejercían como grandes empresas o "estudios" (Warner Bros, Metro, Fox, Paramount y RKO). Todas ellas creadas en los años 20 y generadoras de un sistema vertical en el que se integraba el capital financiero, ajeno al mundo del espectáculo, la producción de películas, la distribución y la exhibición en las salas; por lo menos hasta que las leyes anti-monopolio impusieron fórmulas de desvinculación de intereses en los últimos años 40 y primeros 50. Además funcionaban al principio de los años 30 otros tres estudios "menores" (Columbia, Universal y United Artists) que al final de la década ya se habían colocado al mismo nivel que sus otros "hermanos". Y otros estudios más pequeños (por ejemplo Republic, o Monogram, futura Allied Artists). Además estaban los grandes productores, auténticos artífices de muchas de las películas en las que imponían su criterio no solo en el diseño de las producciones sino en su rodaje y su montaje final. Entre ellos se encontraban en esta época Samuel Goldwin y David O'Sheltznick, a los que se uniría hasta 1950 con su emancipación absoluta y entrada en el campo de la distribución Walt Disney. Dentro de un sistema basado en la propiedad y no en la autoría en el que frente al modelo europeo no se venían a reconocer los derechos de los autores sino unicamente los del propietario o productor, tanto estrellas-actores como directores o guionistas eran piezas todo lo importante que se quiera pero fragmentos de una partitura orquestada por los amos de los estudios o los productores. El sistema se basaba en los nombres de los actores, en las estrellas, pero éstas eran meros peones de una constelación, por más que se las hiciera aparecer como principal reclamo. Se producía "una de Gary Cooper", "dos de Jaeanette McDonald" y "tres de Alice Faye". Películas que se colocaban y se vendían por la mención a sus estrellas/marcas.

El estudio fabricaba a la estrella, generaba una biografía oficial. A él le correspondía la imagen total de esas figuras, incluso el control de su vida privada les pertenecía plenamente[3]. Los estudios elegían los personajes de sus actores de la misma manera que imponían a los directores y a los guionistas contratados también en la mayoría de las ocasiones por largos periodos de tiempo. Se solía cobrar semanalmente con un plus o aumento considerable cuando estaban rodando con mecanismos de revisión según la repercusión comercial de sus trabajos. El estudio controlaba además el vestuario, el maquillaje, la peluquería, la forma de aparecer en los medios, hasta los retratos que se distribuían. Las posibilidades de escapar del sistema eran escasas. Cuando Jack Warner quería retirar o rebajar el sueldo de una de sus estrellas la obligaba a trabajar en un producto de serie "b" o de menor calidad comercial y como aquélla solía rechazarlo imponía una penalización consistente en unas semanas sin sueldo.

---

3. Uno de los más claros ejemplos fue la boda en 1955 de Rock Hudson con una secretaria del estudio Universal cuando empezaron a llegar rumores sobre la homosexualidad de su estrella más taquillera y el icono de galán masculino por antonomasia de su época.

Aún así las productoras podían ceder o prestar una estrella bajo contrato a otro estudio siempre que se pagara la correspondiente cantidad por ese "alquiler" que solía ser elevado. De esta forma muchos de los estudios realizaron un gran negocio "alquilando" o cediendo sus figuras. En muchos de los títulos de crédito de las películas de los años 40 aparecen bajo el nombre del actor o actriz leyendas como "por acuerdo con…", "cedido por…" o "artista exclusivo de…".

Dentro de esa industria basada en el nombre de las estrellas tan solo en el mundo anglosajón algunas productoras del Reino Unido en los años anteriores a la guerra mundial generaron su propio sistema paralelo al de Hollywood. Con nombres como James Mason, Margaret Lockwood y a partir de 1938 con el adolescente hindú Sabú en las historias de sabor colonial de los Hermanos Korda dentro de una efímera mitología que duró escaso tiempo. Precisamente en esa época, los años 30, el trabajo de los actores de cine se equipararía socialmente por vez primera en Inglaterra a los de teatro que antes gozaban de todo el prestigio y reconocimiento social frente al mundo del cine. A partir de entonces dentro de una sociedad tan clasista como la británica de la primera mitad del siglo XX muchos apellidos de relevancia política y social intentaron hacerse un espacio en el medio. Como el director Anthony Asquit (1902-1968), hijo del "histórico" primer ministro que estaba al frente del gobierno en los días de la Primera Guerra Mundial. Asquit que empezó en 1938 dirigiendo *Pygmalión* se especializó en tratamientos respetuosos y academicistas de autores como Shaw, Oscar Wilde o Terence Rattingham y gozó de un enorme reconocimiento social en su tiempo. O en época contemporánea la actriz Helena Bonham-Carter también descendiente de los Asquit de idéntica rama política. De la misma manera que el "premier" más representativo de la historia del Reino Unido durante el siglo XX, Winston Churchil, por su labor durante la II Guerra Mundial, pese a que procedía de la flor y nata de una sociedad en la que las diferencias de clase se acentuaban no solo por el origen sino por el medio educativo, había estado a punto de casarse a principios de siglo con la actriz americana Ethel Barrymore, que lo rechazó. Y era padre de Sarah, el tercero de sus descendientes, que trató de hacerse una carrera de actriz en el cine en Italia (*Daniele Cortis*, 1947, Mario Soldati, con Vittorio Gassman) y especialmente con *Bodas reales* (1951, Stanley Donen) donde aparecía bailando con Fred Astaire (ella había estado casada con un bailarín y artista de "vaudeville" de origen australiano). Pero como muchos de los miembros de la familia Churchil padecía alcoholismo y eso le acarreó gravísimos problemas a lo largo de su vida, teniendo que comparecer en un sonoro juicio público en 1958 para solaz de la prensa amarilla.

No sería la primera ni la única vez que personajes de la crónica social trataron de reconvertirse en estrellas de cine, sobre todo cuando alguno tan notorio como Grace Kelly se había mudado en princesa y protagonista de toda la crónica del "gran mundo" durante más de veinte años. En Kelly venía a confluir plenamente una biografía hecha a la medida por su propio origen católico y de "clase alta" con la huella de un estudio como Metro que trató de rodearla de un elemento de "clase y elitista distinción" difuminando aspectos de su pasado y sacando a primer plano los que parecían más oportunos.

Los intentos de realizar trasplantes desde la vida social al cine no siempre funcionaron. Como con Soraya, antigua esposa del Sha de Persia y portada de revistas durante muchos años en primera línea de la crónica rosa. En 1965 en una película era lanzada desde Italia como absoluta protagonista, incluso con la presencia detrás de la cámara de Antonioni en una de las tres historias de que constaba el argumento de una producción estrenada en España con el nombre de la propia exprincesa en el título: *Soraya en tres perfiles de mujer*. Antonioni se encontraba además en uno de sus momentos de máximo prestigio. La película constituyó un estrepitoso fracaso y condenó a Soraya a seguir en el espacio del que nunca debería haber salido: el de la crónica de sociedad y la "dolce vita".

En la Alemania de los años 30 donde ya antes existía una poderosa industria del cine con su propio círculo de "estrellas" rivalizando ampliamente con Hollyood, el nazismo a través del control directo sobre estudios como Ufa y los otros, articuló su propio sistema, del que fueron eliminados aquellos miembros que tenían un origen judío. Asunto que tuvo una enorme importancia especialmente para Austria y Hungría que contaba con una gran presencia de judíos en actividades relacionadas con la industria del espectáculo. Las películas musicales alemanas lanzaron a estrellas del cine nazi como Zarah Leander y Marika Rokk, y en menor medida La Jana, indiscutibles emblemas e iconos de la cultura popular del III Reich. A Hitler, pero mucho más a Goebbels le gustaba el cine y aspiraba a desarrollar una potente industria basada en el entretenimiento como uno de los planes de expansión del nacional-socialismo.

El control de Goebbels sobre los estudios se hizo definitivo. Además el Ministro de Propaganda que conocía muy bien el cine y estaba muy al tanto, valoraba sus efectos sobre las masas. Con el dominio directo sobre Ufa y las otras productoras el cine seguía estando sin tapujos al servicio de una ideología. Pero Goebbels desconfiaba de las películas de propaganda directa e incluso no estuvo totalmente de acuerdo con los contenidos de *El triunfo de la voluntad* (Leni Riefenstahl, 1936), deslumbrante exaltación en imágenes del partido nazi. Expulsados los judíos de los estudios a los que se prohibió absolutamente trabajar y con el éxodo de buena parte de los creadores y técnicos, Goebbels valoró el papel que para los intereses del nazismo podía alcanzar el cultivo de su propio sistema de estrellato. Además de las películas de descarado contenido maniqueo en los que se presentaba a los judíos de manera abyecta o se cantaban las glorias científicas o militares de los alemanes a lo largo de la Historia con enfoques en los que los pueblos de raza aria ya fuera en la época medieval o en el Renacimiento lograban imponerse a la conjura de otros pueblos "inferiores", el nazismo hizo suyo un sistema de estrellato que venía siendo copiado de Hollywood desde los años 20, produciendo diversas películas de género, principalmente musicales y operetas[4]. Igual que una buena parte de la población alemana había recibido al nazismo con una mezcla de entusiasmo y un narcótico compuesto de brutalidad, racismo, imposición, nos-

---

4. Al igual que películas sobre gestas heroicas como *El acorazado Sebastopol* réplica nazi a *El acorazado Potemkim*.Un anuncio de abril de 1942 en la prensa de Barcelona la presentaba como "la más grande gesta naval de la Historia", una película exhibida "después de varias semanas de éxito" en el cine Fantasio. En el momento de máximo auge de la influencia nazi sobre el franquismo, periodo que se mantuvo hasta la caída de Serrano Suñer unos meses más tarde.

talgia imperial y matonismo, o bien con tibieza o indiferencia, no resulta sorprendente que algunos de los nombres que se hicieron famosos en los tiempos del expresionismo o que trabajaron con el prestigioso director teatral Max Reinhardt (por cierto también de origen judío) abrazaran la causa con entusiasmo. Como ocurrió con el actor Werner Krauss protagonista de *El gabinete del Dr. Calighari* entre otros títulos que apareció como siniestro rabino en *El judío Suss* (1940) una película donde los hebraicos eran presentados como odiosos personajes, directamente inspirada y controlada por Goebbels. Sin embargo el Ministro de Propaganda valoraba en gran medida y consideraba también prioritaria la producción de películas de estrellas en las que marcando distancias con Hollywood no aparecía mención alguna a la guerra, porque a diferencia de Norteamérica el territorio controlado por el Reich quedaba bajo el alcance de las bombas enemigas. Era necesario hacer creer a la población que "no pasaba nada" como muestran diversos reportajes fotográficos publicados en la prensa española de la primavera de 1942 en donde se venía a describir que "pese a la guerra" la gente hacía cola en la puerta de los abarrotados cines de Berlín y el metro funcionaba con total normalidad y la guerra no parecía más que un lejano accidente que parecía formar parte de una realidad controlada en la que el nazismo se estaba logrando imponer en Europa.

No era raro que en un tardío 1943 cuando ya los aliados pisaban terreno en el continente Ufa lanzara la casa por la ventana con una superproducción en color llena de fantasía como *Las aventuras del Baron Munchaunsen* (Josef Von Backy) protagonizada por Hans Albert. Aunque las grandes estrellas seguían siendo las de los musicales, fundamentalmente Zarah Leander y Marika Rokk. Las dos provenían de fuera del territorio alemán, de Suecia y Hungría respectivamente, y se convirtieron en las columnas vertebrales del sistema de estrellas del nazismo. Leander era una cantante y actriz que rodó nada menos que diez películas en la Ufa entre 1937 y 1943. Era la estrella mejor pagada de ese estudio. La preferida de los espectadores del tiempo del nazismo.

Después de la guerra volvió a Suecia y trató de recomponer su carrera sin demasiada fortuna. Su trayectoria era común con la de Marika Rokk, en este caso de origen húngaro, que había trabajado antes en el Moulin Rouge de París o en Estados Unidos y que triunfaría totalmente en el cine nazi. Hasta catorce películas rodó en ese estudio antes de la caída del nazismo, siempre comedias e historias con canciones. Rokk realizó actuaciones durante toda la guerra, pese a los bombardeos, como si nada pasara. Cuando los aliados entraron en Berlín la estrella trató de regresar a Hungría y esconderse en su país de origen. Pero las nuevas autoridades comunistas la trataron muy mal por el símbolo que había representado con Hitler. Marika tuvo que abandonar su país y regresar de nuevo a Alemania. Volvería a hacer alguna película más en los años posteriores pero prácticamente sin éxito alguno. Se atrevió al final de los años 40 a publicar unas extrañas memorias con las que pretendía replicar a los rumores que circulaban en torno a ella. Admitía haberse entrevistado con Hitler que seguía de cerca la carrera de muchas de sus estrellas, pero rechazaba la imputación que corrió tras la liberación de que su hijo lo era realmente de Goebbels. Con la caída del nazismo también se había venido abajo el sistema de estrellato del cine alemán nucleado en torno a unas pocas productoras controladas directamente por capitales cercanos al nazismo y bajo la todoperosa sombra del Ministro de Propaganda.

En España un pálido reflejo del sistema de estrellas se trató de aplicar en los primeros años 40 por Cifesa –del que se beneficiaron nombres como Imperio Argentina, Amparo Rivelles, Aurora Bautista, Alfredo Mayo, Ana Mariscal, etc. –, y alguna otra productora, siempre con vinculaciones de artistas y equipos en contratos prolongados y dentro de un cine claramente dirigista pero de una cierta variedad temática como el que representaba la propia Cifesa. En contra de lo que el imaginario colectivo de épocas posteriores pueda haber creído, el apolillado ciclo histórico de glorias imperiales y de biografías de santos no tuvo su máximo apogeo en los "años azules" de gran presencia falangista sino después de 1945, en los del nacional-catolicismo, cuando el catolicismo nostálgico de Trento, antiliberal (y ahora especialmente anticomunista), se había convertido en el elemento fundamental de la identidad del Régimen. Con claros éxitos como *Locura de amor* (Juan de Orduña, 1947) o *Agustina de Aragón* (1951); ciclo prolongado a lo largo de los años 50 con el enorme protagonismo de las historias sobre santos o con curas como personajes protagonistas. Para Cifesa el formato duraría muy poco, por las propias dificultades y limitaciones del mercado y por el boicot con el que los aliados castigaron a la productora de origen valenciano incluida en "listas negras" de colaboradoras del nazismo. Hasta la crisis definitiva en 1951 con la producción de *Alba de América* (Orduña) rodada a instancias del almirante Carrero Blanco y como "réplica" a la película británica *Cristóbal Colón* (1948), cuyo resultado comercial fue desastroso. Aún así dentro de ese estrellato Cifesa produjo algunas comedias de una cierta sofisticación y frescura absolutamente desvinculadas de la dura realidad donde aparecía un conato de aprehensión de modelos trasplantados de Hollywood, mostrando como en *Deliciosamente tontos* (1943) lujos tan absolutamente prohibitivos para los españoles de ese tiempo como una botella de un refresco de cola.

Aunque en España el franquismo careció de un discurso teórico de propaganda como el de Goebbels y el cine no gozó de la misma atención preferente que le dio el fascismo italiano fue considerado un sector de cierta atención por el régimen. No ya porque su cabecera, Franco, veía películas casi a diario en su sala de proyecciones privadas de El Pardo e incluso era el autor de la historia de *Raza* (Saenz de Heredia, 1941) auténtico compendio de sus obsesiones personales e históricas, sino por el protagonismo que se le quiso dar en la "tarea de fomento de la Hispanidad" o en la "difusión de los valores nacionales". Señalemos como ejemplo de ese reconocimiento algunas de las noticias del No-Do de esa época como las que ya en 1943 anunciaban el interés del Régimen por lograr la normalización en el suministro de película virgen sometida a fuertes restricciones por las dificultades del comercio, o la presencia de la propia Carmen Polo, mujer de Franco, en el estudio donde se rodaba *Don Quijote* (Rafael Gil, 1946), película de Cifesa que venía a representar un estilo muy característico de producción de la marca. Y a la vez reconocía una manera muy concreta de trabajar de esa época en la que se rodaba fundamentalmente en los estudios y los exteriores solían ser una auténtica rareza.

En todo caso los contenidos de las películas de los años de hierro del franquismo ni siquiera respondieron a criterios puramente falangistas sino principalmente a los de un antiliberalismo y un catolicismo extremadamente conservador mucho más influido por los discursos de Donoso Cortés, Bonald, De Maestre y Charles Maurrás que por los revolucionarios de extrema derecha considerados demasiado "paganizantes". No deja de constituir una rareza que ni siquiera en el momento de mayor exaltación falangista que coincidió con la presencia de Serrano Súñer en Exteriores y el instante de máxima simpatía por el Eje (antes de que el concepto de "no beligerancia" fuese reemplazado por el de "neutralidad", oportunista "guiño" de Franco cuando se empezó a comprobar que los aliados estaban empezando a pisar el terreno a los nazi-fascistas) apenas se rodaran películas "falangistas" contadas con los dedos de una mano. Tan sólo la formalmente muy cuidada *Rojo y negro* (Carlos Arévalo, 1942) que tuvo problemas con la censura, y desde el "hellidismo" o Falange relativamente disidente con FET y de las JONS con la tardía, crítica, eficaz y espléndidamente contada *Surcos* (Nieves Conde, 1951), alineada con el neo-realismo en las antípodas de lo que representaba *Alba de América* y singularmente competidora con ésta por los premios oficiales en los que la retórica neoimperial de Cifesa ganó por directa decisión del almirante Carrero Blanco. Tremenda paradoja: el neorrealismo había llegado a España de la mano del falangismo moderadamente disidente, motivo que explica que *Surcos*, que merecía haber sido bien recibida desde la izquierda, fuera tratada por ésta con desprecio e indiferencia. De la misma manera que la crítica más alejada del franquismo o los sectores intelectuales de los años 50 apenas supieron valorar una historia como la de *Mi tío Jacinto* (1955) , verdadero catálogo de las miserias de la vida española de la época, porque su director Ladislao Vajda era contemplado como el creador de *Marcelino pan y vino* (1953) y su siguiente película con el niño-actor (Pablito Calvo) parecía destinada al éxito como aquélla[5] . En ese sistema de estrellato de posguerra se afianzaron varias presencias de personajes masculinos de una pieza. Alfredo Mayo era su verdadero icono (y que Saura aprovechó con enorme acierto en *La caza* –1965– y *Pipermint Frappé* –1966–) encarnando el prototipo de "héroe franquista" varonil, marcialmente apuesto y con bigote, altivo personaje sin matices, dudas ni complicaciones, seguro excombatiente con aura de triunfador que jamás mostraba vacilaciones pero tampoco era un super-héroe. Otros nombres se afianzaron dentro de esta escala. De Rafael Durán a Conrado San Martín, de Antonio Vilar a Manuel Luna. Con el sistema de estrellato de Cifesa del que participaban actores, pero también directores y técnicos, los artistas se sentían cuidados y promocionados como nunca había ocurrido antes; con un departamento especializado de prensa en un momento en el que ni las administraciones, ni las empresas o las entidades consideraban prioritario disponer de un gabinete de comunicación. Cifesa poseía departamentos especializados y promocionaba a sus "estrellas". Además algunas de ellas cobraban sueldos muy altos, a diferencia de lo que percibían otras categorías laborales en los rodajes. Cifesa después del

---

5. Pablito Calvo retirado del cine una vez abandonada la infancia se manifestó públicamente en las elecciones de 1977 pidiendo el voto para el PCE lo mismo que otros antiguos "niños prodigio" como Marisol o Ana Belén. Los mitos no siempre mantienen una trayectoria lineal con los personajes que representan.

éxito de la primera película de Aurora Bautista, *Locura de amor* (1946) firmó con ella un contrato en 1949 por el que habría de ser retribuida con 500.000 pesetas por película a partir de *Pequeñeces* con el compromiso de tres, una cifra verdaderamente millonaria para una época de tantas privaciones como la de la posguerra.

Otras empresas trataron con menos recursos de trasplantar el esquema Cifesa a sus sistemas de producción con contratos a sus actores a los que trataban de encumbrar. Sin embargo los recursos con los que se hacían las películas españolas solían ser muy endebles. Del sistema Cifesa y del filón temático de la época se habían autoexcluido las películas de Edgar Neville, la mayoría de ellas protagonizadas por su estrella y pareja la actriz Conchita Montes. Resulta cuando menos sorprendente incluso muchos años después y desde una perspectiva actual, la absoluta desconsideración de la crítica, el público y los medios con este cine rodado única y exclusivamente porque Neville inicialmente disponía de dineros familiares que se fueron agotando con el transcurso del tiempo hasta que algunas de sus comedias empezaron a producir en el teatro a partir de 1952 significativos derechos de autor. Siempre olvidado por la crítica y las instancias oficiales que debían considerarle un hedonista "bon vivant" rico, snob y caprichoso". Un hombre que en su juventud pasó por Hollywood y por amistades personales militó ocasionalmente en la Izquierda Republicana de Manuel Azaña y nada más estallar la guerra había aparecido en el bando nacional suplicando un carnet de Falange para lavar su pasado, que dejaría olvidado varios años más tarde cuando esa posesión ya no era imprescindible para sobrevivir en la corte del franquismo. Pero ni él ni su estrella Conchita Montes pertenecían a ese círculo propiamente dicho: se crearon el suyo propio. En paralelo, el cine de Neville fue ignorado a partir de los años 50 por la nueva crítica por lo que su espléndida y personal producción se adentró plenamente en el "malditismo".

Sorprende ese desconocimiento y recuperación tardía de Neville de la misma manera que el eclipse de Imperio Argentina. Desde finales de los 40 la que había sido la gran estrella del cine español se convertía casi en un fantasma aunque seguía trabajando. Tuvo que ser una retrospectiva en el Festival de San Sebastián en los primeros años 60 quien le devolviera parte de su gloria. Todo ello en una época en que el acceso a viejas películas tanto como a muchos de los nuevos títulos se realizaban con enorme dificultad y retraso.

Desde el punto de vista del reconocimiento público la mayor parte de los nombres de ese estrellato, fundalmente aquéllos que simbolizaban una identificación con los personajes que venían a representar en esas películas de posguerra como Alfredo Mayo o Rafael Durán adquirieron un estatus social solo comparable al de los toreros-mito de la época como Manolete, Bienvenida o Dominguín. En los años 40 contados actores de cine españoles conducían coches siempre de importación, frecuentaban cafés y restaurantes en los que no parecía haber cartillas de racionamiento, y lucían un vestuario que no solía estar al alcance de todos. Dentro de un fenómeno de estratificación social muy diferente al de nuestros días, en aquella época unos contados actores que pertenecían al máximo estrellato del cine o del teatro vivían bien, muy por encima del resto de la población y se confundían con los grupos triunfadores en la contienda. Mientras la mayoría de los profesionales, de los equipos o de los técnicos, prácticamente sobrevivían. En el teatro se marcaba una extrema rigidez en las compañías con un escalafón que reproducía una escala social muy rigurosa. Se puede citar la anécdota de una pareja de actores, entonces casados y luego muy famosos a través del cine y el teatro, que en los años 40 acudían casi a diario a buscar trabajo a un café de artistas madrileño donde se organizaban y contrataban compañías especialmente para giras por provincias. Dado que la pareja solía acudir al café siempre por separado y nunca coincidían empezaron a ser objeto de distintos rumores. Hasta que alguien se lo preguntó directamente a ella. «¿Por qué nunca acudis juntos?». Y la respuesta fue: «Por que no tenemos más que un solo abrigo».

En toda la posguerra y prácticamente hasta los años 50 en los rodajes se trataba siempre de "usted" a los directores y también a los principales actores. Tutear a las estrellas hubiera parecido ofensivo, incluso entre sus propios compañeros de actividad. En las compañías teatrales se solía llamar muchas veces de "usted" a la primera figura por parte del resto de la compañía dentro de una estricta jerarquización. Cuando se salía en giras la categoría de las residencias, hoteles o pensiones era distinta según se tratara de la cabecera de cartel o de un nivel más bajo.

Al carecer de una industria como tal pero ocasionalmente gozar de cierta repercusión, siempre muy ocasional, en los mercados exteriores en tiempos en los que las películas se vendían por sus nombres, la lista de estrellas españolas fue siempre corta. Imperio Argentina adquirió reconocimiento de estrella en los años 30 y parte de los 40, de la mano de Florián Rey en una simbiosis a lo pigmalión como la de Marlene-Von Sternberg. Imperio había llamado la atención de Hitler y de Goebbels que pretendían alcanzar el mercado de América del Sur con películas en español rodadas en Alemania de la misma manera que el Hollywood de los primeros años del cine mudo trató de acaparar los mercados internacionales produciendo películas en varios idiomas.[6] Sin poseer un físico singularmente bello pero con una cierta desenvoltura y gracejo ante la cámara y con una voz muy personal Imperio se había convertido en la primera y única estrella.

Solo a partir de 1956 con *El último cuplé* sería reemplazada en ese absoluto estrellato por Sara Montiel después de su paso por México, Cuba y sus tres películas en Hollywood en las que representaba papeles "exóticos" desde el punto de vista anglosajón. Inesperadamente volvía a España para hacer una película en la que nadie creía, un descabellado disparate rodado con escasísimo dinero y entre dificultades económicas tan grandes que motivaron la venta del negativo antes de su estreno con lo que Orduña malvendió el que podía haber sido el gran negocio de su vida. Se había creado un mito

---

6. El diario barcelonés "La Vanguardia" del día 1 de Mayo de 1938 publicaba la siguiente noticia fechada en Valencia: «Se prohibe la proyección de la película *Morena Clara*: Las figuras principales de esta película están en el bando faccioso. Imperio Argentina ha hecho en varias ocasiones declaraciones falsas y cínicas contra la República. Miguel Ligero y el director Florián Rey pagaron las benevolencias de la República que les facilitó los pasaportes porque prometieron que iban a trabajar al extranjero y se pasaron "a la zona rebelde", donde igualmente han hecho varias afirmaciones contra el Gobierno que les garantizó su trabajo y su vida». En la década de los 80 Imperio Argentina se manifestó en diversas entrevistas (como la ofrecida en "El Loco de la Colina", Radio Nacional de España) como «admiradora y seguidora de Alfonso Guerra».

de características un tanto rígidas que prácticamente no tendría variación alguna hasta su última película en 1974. Un tipo de estrellato en el que la protagonista hacía siempre de sí misma. Era Sara ya fuera en uno u otro escenario: en Casablanca o Río de Janeiro. Melodrama con canciones en las que la estrella aparecía iluminada y tratada como tal desde el punto de vista técnico y artístico. Sólo en una ocasión, en 1967 con el rodaje de *Tuset Street* se intentó el desencasillamiento. Pero la fórmula fue conflictiva y se vino abajo [7] El mito sin embargo tuvo una permanencia en mercados como Francia y América del Sur, e incluso en los países del antiguo bloque soviético [8]

---

7. Jorge (Jordi) Grau empezó a dirigir *Tuset Street* (1967) para Suevia Films: «En principio la historia en la que intervenían Azcona y Muñoz Suay estaba pensada para Serena Bergano como protagonista pero Suevia creyó que podría interpretarla perfectamente Sara Montiel incluyendo alguna canción por supuesto. Sara estaba muy convencida con el personaje: una mujer del Molino de Barcelona que conoce a un hombre de un ambiente muy distinto del que se enamora locamente. Montiel no tenía un pelo de tonta pero estaba permanentemente rodeada de una cohorte de admiradores que la jaleaban continuamente y la estaban presentando como una auténtica diosa viva y continuamente recordaban lo maravillosa que era, su belleza, su atractivo, sus encantos, su fotogenia, su arte…Estos corifeos tuvieron mucha influencia en lo que después ocurriría. Sara ademas quiso influir en el operador pendiente como estaba de que su belleza resultara bien retratada.Y también en la elección del protagonista. La primera opción de Sara fue Maurice Ronet con el que ya había trabajado en otras películas anteriores. Pero Ronet en ese momento no estaba disponible y hubo que buscar otro actor. Yo propuse un actor británico de moda en ese momento, pero tampoco tenía fechas disponibles. Así que después de que ella y yo viéramos otros nombres nos fijamos en Patrick Baucheau. Se trata de un actor que luego haría una gran carrera internacional por ejemplo con su trabajo con Alan Rudolph (*Elígeme*). Pero cuando el actor se presentó en Barcelona su estilo no tenía nada que ver con el que habíamos visto en las fotos, vestía prácticamente de "hippie" y con casacas. Hubo que cambiarle de arriba abajo y reconvertirlo para que su personaje fuera creíble. En el rodaje además se meclaban estilos que procedían de distintas formas culturales. Por una parte estaban esos acompañantes que jaleaban a Sara Montiel hasta confundirla, y por otro un grupo de personas que pertenecían al entorno de la llamada "Escuela de Barcelona" y de la denominada "gauche divine". Eran gentes muy cosmopolitas, muy al tanto de las modas culturales de París, de Londres o de Roma, absolutamente elitistas, con recursos y de una cierta vamos a llamarlo así "izquierda", y desde luego totalmente "snobs". La combinación podía haber funcionado bien pese a lo explosiva que parecía.

»Los problemas empezaron por la influencia agobiante de los acólitos que rodeaban a Sara. En las pruebas de vestuario ella me señó uno del que estaba especialmente contenta y que sus amigos aplaudían: se trataba de un estampado con líneas horizontales que por cámara la hubiera hecho aparecer demasiado ancha y gorda, pero su modisto le había dicho que le quedaba estupendamente y su opinión contaba demasiado. Parecidas discrepancias surgieron con otros elementos. Finalmente ya en el rodaje decidí que ella misma comprobara como influida por esas opiniones externas se equivocara una sola vez para que asumiera las constantes intromisiones de esos aduladores superficiales. Entonces, a la vista de que no era posible continuar de esa forma decidí abandonar el rodaje y que otro director me reemplazara. La noticia tuvo una enorme repercusión en la prensa española de la época. Ahora con el tiempo transcurrido y la distancia creo que la principal responsabilidad en aquella situación no la tenía Sara sino ese círculo que se había pegado a ella para "narcotizarla" con la permanente mención a su belleza y atractivo. Esa influencia tuvo la culpa de la crisis. He podido convencerme con el transcurso del tiempo que Sara no tenía un pelo de tonta, aunque su personalidad era muy especial». Testimonio personal (2009)

Tuset Street terminó siendo completada por Luis María Delgado que es quien aparece exclusivamente en los rótulos. En 1988 Pedro Almodóvar pensó en Sara Montiel para interpretar el personaje de *Tacones lejanos* que finalmente interpretaría Marisa Paredes.

8. En 2005 Sara Montiel fue invitada a un homenaje en la República de Uzbekistán en el Asia Central que había formado parte de la URSS donde su nombre ha cotizado como una auténtica estrella. El viaje al final no pudo ser realizado por problemas técnicos y económicos. Demostración de la repercusión popular de sus películas durante la época soviética.

El sistema de estrellas en el Hollywood clásico sirvió para vender más allá de los propios actores y sus productos unos estilos de vida, para imponer unas modas, para difundir un modelo social. Los contenidos de esos productos no solo respondían a la búsqueda de una rentabilidad económica sino que estaban sometidos a una intensa presión desde el punto de vista ideológico y social, en claves menos espontáneas y más dirigistas de lo que a primera vista parecía; por lo menos hasta bien avanzados los años 50. Más allá de las imposiciones de los códigos gremiales existía una permanente fiscalización de los "lobbys" y de los grupos de intereses comerciales, económicos o confesionales-religiosos. Durante la guerra civil española y pese a que la mayor parte de la opinión pública norteamericana estaba a favor de la República y dentro de la administración Roosevelt se vivía un posicionamiento entre el mayoritario aislacionismo (sólo roto después de Pearl Harbour) y alguna simpatía relativa hacia el gobierno republicano, los grupos de influencia, especialmente los católicos, presionaron a los estudios para que no se rodaran películas sobre este tema. Las únicas fueron promovidas por productores independientes como Walter Wanger o en extrañas claves como las de *¿Por quién doblan las campanas?* (Sam Wood, 1943) confusa adaptación de Hemingway claramente pro-republicano encomendada por la Paramount a un realizador simpatizante de la extrema derecha.

Hasta en la elección de los contenidos o de los géneros pesaban las circunstancias socio-políticas. En los años de la Segunda Guerra Mundial se acentuaron los tonos más escapistas de la producción, con los musicales en color de la Fox con sus estrellas Betty Grable y Alice Faye, y los de Metro con Esther Williams. O con la enorme presencia de una idealización de América del Sur con mucho peso de elementos latinos en los repartos para tratar de compensar en esta área los mercados perdidos en Europa. Ese tono se acentuó mucho más en la posguerra mundial, habida cuenta de que además muchas de esas películas llegaron a las salas de cine europeas varios años después. Buena parte de los musicales y de las comedias contaban con repartos y personajes "latinos" un tanto estereotipados, y hasta Disney hizo que sus dibujos se mezclaran con estampas y fantasías turísticas del subcontinente (*Los tres caballeros*, 1946). Resulta cuando menos una ironía de la Historia que en el rodaje de *Carnaval en México* (George Sidney, 1946) un musical de Jane Powell en el que interpretaba a la hija de un imaginario embajador americano en México (Walter Pidgeon) y donde la cuota latina del reparto la aportaban el pianista José Iturbi y Xavier Cugat trabajaran como figurantes en el propio estudio de Hollywood los hermanos Fidel y Raúl Castro.

Todavía en aquella época de posguerra las películas llegaban a Europa con cierta diferencia de tiempo con respecto a sus estrenos en Norteamérica. Mucho más a la España de finales de los 40 cuando superados los problemas comerciales y de intercambios se estrenaron una detrás de otra la mayor parte de las anteriores "historias de lujo y color" de la Metro, las fantasías de Esther Williams y el deslumbrante estrellato de figuras como Elizabeth Taylor o Lana Turner. Llegaban no solo argumentos, sino también formas de vida en un momento de recomposición de las relaciones con el mundo occidental de la que fueron exponentes los pactos de 1953 con Estados Unidos. Las películas y las estrellas representaban mucho más que iconos. Eran referencias a modelos sociales. En esa época todavía el cine era el principal difusor de modas y estilos. Los desfiles de *Roberta* (1935), *Maniquí* (1938) *Mujeres* (1939), hasta los de *Orgullo contra orgullo* (1955), *Mi desconfiada esposa* (1957) o *Una cara con ángel* (1957) generaban imágenes de modas que rapidamente iban a saltar a la calle.

A lo largo de los años 30 y 40 el sistema de actores se nutrió tanto de nuevas figuras creadas desde la nada como de las que llegaban de la escena teatral o de la radio. Buena parte de los cómicos de los años 40 habían hecho su carrera en la radio todavía un medio absolutamente decisivo y generador de espectáculos. Estrellas tan específicamente "americanas" pero tan populares en su época como Red Skelton o Bud Abbot y Lou Costelo, procedían de la radio donde antes se habían hecho un nombre. Otras habían llegado desde las salas de fiestas y del teatro y el "music hall".

En buena parte de los países del mundo capitalista se perfiló un sistema de estrellas en función también de su propia proyección comercial exterior y de sus sistemas de distribución. Argentina, gran potencia generadora de mitos en el siglo XX (de Evita al Che) había creado unos cuantos de características muy diversas: Carlos Gardel, Libertad Lamarque, Luis Sandrini, Nini Marshall o Tita Merello, e Isabel Sarli en los años 60; este estrellato creció en los años de auge del mercado de las películas argentinas pero estuvo tremendamente influenciado por los avatares políticos. Con los devaneos extrañamente político-personales del tiempo del primer peronismo con conocidas fobias o filias que hundieron o desplazaron carreras (como la de Libertad Lamarque que emigró de Argentina a México). En América Latina al eclipse del mercado argentino le sucedió un poderoso estrellato mexicano (de Mario Moreno Cantinflas a Jorge Negrete, de Pedro Infante a Tin Tan) de enorme repercusión en el imaginario popular desde los últimos años 40 hasta el final de la década siguiente. En la España de la primera posguerra se trató infructuosamente de llenar una parte del hueco comercial de las películas de Hollywood con la distribución de filmes del cine nazi, o en los años 50 se solventó el momentáneo desabastecimiento de películas americanas motivado por desacuerdos comerciales con el estreno de muchas películas mexicanas. Un sistema de estrellas trataba de llenar el hueco del que ocasionalmente quedaba eclipsado.

Ese modelo de estrellas mexicano llegó a tener una gran presencia también en España, pero con unas características un tanto especiales. Las dificultades comerciales y de importación de productos americanos en España habían generado conflictos desde el final de la guerra civil. Pero ya en la posguerra europea Estados Unidos consideraba comercialmente a sus películas un "sector estratégico" estableciendo cláusulas para su libre distribución en los mercados locales, como las que figuraban en el Plan Marshall. Antes, en 1939 una parte de la exhibición había tratado de ser compensada desde España con la importación de películas alemanas. Pero el cine nazi nunca llegó a tener un público como tal más que de una manera muy circunstancial porque los espectadores preferían las películas americanas. Los retrasos en la llegada de las grandes películas de Hollywood fueron manifiestos por un doble motivo: la rigidez de la censura y la dificultad para los intercambios comerciales. El ejemplo más llamativo: *Lo que el viento se llevó*, emblema de un modo de concebir el cine estrenado en los cines americanos en 1939 no llegó a España hasta 1952, por increíble que hoy nos parezca. Trece años hubo de esperar para que se viera en España, un dilatado periodo que representaría hoy una eternidad.

Una vez que el III Reich y la Italia fascista iban siendo derrotados en el campo de batalla desaparecían también sus películas del mercado español con un aumento de las británicas. De la misma manera que el No-Do creado en 1942 para reemplazar a los noticiarios de la Ufa alemana, la Fox americana y la Luce italiana, en sus primeras ediciones de invierno de 1943 se nutría especialmente de material alemán con una versión de la guerra claramente pro-nazi pero según iba evolucionando la contienda equilibró esos contenidos con noticieros de procedencia britanica y norteamericana referidos en su mayor parte a la guerra del Pacífico, mientras los alemanes incluidos en las ediciones de No-Do se centraban especialmente en el frente del Este. En los años posteriores la presencia del cine norteamericano fue compartida por el todavía poderoso estrellato de Argentina y México. En el caso de México su presencia en los cines y en las emisoras de radio revelaba en la España de los años 40 una situación de enorme ambivalencia. Por una parte no se mantenían relaciones diplomáticas con México (que no llegaron hasta la Transición) habida cuenta que sus gobiernos seguían reconociendo a los de la II República en el exilio. Además México se había convertido en uno de los destinos favoritos del exilio español, y una buena parte de esos exiliados trabajaban en su cinematografía, de Luis Buñuel, o Luis Alcoriza pasando por escritores como Max Aub o Julio Alejandro. También habían llegado dentro de ese exilio actores, personal técnico, decoradores... Pero, a la vez, México estaba incluido dentro de un concepto retórico de Hispanidad elemento básico en el discurso del franquismo. Los estrenos de películas mexicanas favorecieron la implantación de sus mitos también en España, a pesar de que la censura era muy severa y en torno a los actores y cantantes mexicanos se establecieran enormes cautelas en el suministro de información. Especialmente en un momento en el que estaba prohibido hablar de suicidios, de amoríos y de relaciones fuera de la norma. Y dentro de esa mitología mexicana aparecían relaciones extramatrimoniales, divorcios y situaciones en las antípodas de la moral pública impuesta en España.

Al final de los 40, en pleno boicot contra Franco llegaba a Madrid Jorge Negrete para asistir a un extraño Congreso Iberoamericano de Cine. Era un momento en el que España poseía una imagen de "apestada" en las relaciones internacionales tras la retirada de la mayor parte de los embajadores, a excepción del Vaticano, la Argentina peronista y el Portugal de Salazar. Negrete era muy conocido sobre todo como cantante, varias de sus películas se habían estrenado al igual que las primeras de Mario Moreno "Cantinflas" que tambien empezaba a ser popular. En aquel tiempo no se conocían fenómenos de "fans" en España y que las muchachas acudieran a recibir a un actor-cantante era algo insólito. Negrete llegaba a la estación del Norte de Madrid recibido por una multitud de mujeres en una época en la que se ponía como ejemplo de virtudes en la mujer las del recato y la discrección. El cantante encarnaba una forma de virilidad y de machismo muy característico. Y ello pese a que no todas sus películas se podían estrenar en España, como *En tiempos de la Inquisición* (Juan Bustillo Oro, 1946) prohibida por la censura española.

Jorge Negrete protagonizó un incidente sobre el que se fraguaron toda clase de leyendas, y que dado que de esos temas nunca se hablaba en los periódicos circuló profusamente como rumor durante mucho tiempo hasta imprimirse en el imaginario de aquellos españoles. Al descender del tren en la antigua estación del Norte (hoy Príncipe Pío) de Madrid y presenciar la multitud de mujeres, los gritos y los desmayos de sus admiradoras exclamó jocosamente: «¿Es que no tienen hombres en España?». Lo que motivó la reacción desairada de un caballero falangista y aristócrata de sonoros apellidos que quiso abofetearle y retarle en duelo para vengar la "afrenta". Negrete rodó además en España *Jalisco canta en Sevilla* (1948) la primera película de la actriz-cantante Carmen Sevilla, actuó en un teatro de Madrid (con la presencia de la mujer y la hija de Franco, algo nada habitual en esa época), y más tarde participó en *Teatro Apolo* (Rafael Gil, 1950).

Durante una parte de los últimos años 40 y especialmente en los 50 esa mitología del "star system" mexicano también encontró su espacio en España. Con otras figuras como Mario Moreno "Cantinflas", Pedro Infante, Miguel Aceves Mejía y en general los cantantes-actores del género de charros, mientras al eco del éxito de *El último cuplé* a partir de 1957 se estrenaron muchas de las películas mexicanas de Sara Montiel. Además los melodramas con sus particular mitología de estrellas (Libertad Lamarque, Marga Lopez...) lo hicieron con cuentagotas o en cines que no eran de primer nivel. Basta señalar que muchas películas mexicanas de género melodramático que apenas se exhibieron en Madrid tuvieron largas permanencias en cartel en cines de Sevilla de aquella época.[9] También en los años 50 se estrenaron en España las coproducciones con México en las que Lola Flores era protagonista, del mismo modo que las que Joselito, estrella ocasional, rodó en aquel país. Sin embargo, por contraste, la primera película de Luis Buñuel en estrenarse fue *Robinson Crusoe* que venía "disfrazada" de norteamericana; y hubo que esperar nada menos que a 1965 para que se pudiera exhibir una película como *Los olvidados* (1951) en una única sala de cine de Madrid y otra de Barcelona. El "star system" mexicano fue muy poderoso en los 40 y 50. En España logró mucho público especialmente a través de la canción, pero llegó de una manera incompleta calando excepcionalmente en la pequeña burguesía y en las clases trabajadoras a partir de los circuitos periféricos y del interior, no en los urbanos que seguían la mitología de Hollywood con otra clase de aura.

De la misma manera Italia, que en el fascismo supo crear su propio "star system" en el que varios nombres (Alida Valli, Amadeo Nazari, De Sica etc.) habían logrado sobrevivir sin problemas tras la caída del régimen, desarrolló un poderoso sistema de estrellas a partir de finales de los años 40 especialmente a través de la comedia derivada de un cruce entre el neorrealismo y el costumbrismo (Sofía Loren, Gina Lollobrigida, Claudia Cardinale, Elsa Martinelli, Vittorio Gassman, Alberto Sordi, Marcello Mastroianni, Totó, Anna Magnani, Silvana Mangano, Ugo Tognazzi, Nino Manfredi...) y de varios directores especialmente en los 50 y primeros años 60 (De Sica, Fellini, Visconti, Rosellini, Antonioni, Risi...). En los 50 el "star system" italiano rivalizó

---

9. Sin embargo otros mitos populares de ese estrellato "doméstico" apenas llegaron a España, como Ninon Sevilla, protagonista de arrebatados melodramas sobre mujeres "de la vida", y Rosa Carmina, ocasional "estrella" de películas con canciones en los años 50 en las que se atrevía incluso a acercarse al estilo de Lola Flores. En los dos casos se trató de actrices cubanas con una amplia carrera en Mexico.

ampliamente en los mercados internacionales con el de Hollywood dentro del momento industrialmente más potente de la historia del cine italiano.

El modelo clásico de "estrellato" al servicio de los grandes estudios podía mostrarse en Hollywood como un ejemplo individual de movilidad social. Era una demostración de que era posible acceder desde la inmigración o de un medio socialmente desfavorecido al "sueño americano" sin aparentes traumas y en un proceso de integración casi perfecto. A lo largo de los años 30 Hollywood se había nutrido de equipos y talentos que escapaban del nazismo y de las leyes antijudías impuestas en Alemania, Austria y más tarde Francia y otros países bajo regímenes fascistas. Pero no solo equipos sino también actores, "rediseñados" a los gustos de estereotipos perfectamente norteamericanos, variables en función de la propia política comercial. Cuando por culpa de la Guerra Mundial se cerraron los mercados europeos, proceso que duró hasta finales de los 40 con la secuela de las duras condiciones de vida de la posguerra, el cine americano recurrió a la "temática latina" para consolidar mercados en América del Sur. Así se explica la inclusión de Xavier Cugat en diversos musicales de la Metro, la atención hacia el estereotipo latino por parte de las películas espectáculo de la Fox o la importación de galanes latinos a Hollywood, la mayoría representando en el imaginario popular de los años 50 un personaje cortado por el mismo patrón (como el que de hecho también simbolizaría el italiano Rosanno Brazzi en prácticamente todas sus películas americanas). El más popular llegaría a ser Fernando Lamas, con una carrera no demasiado brillante. Otros argentinos hicieron carreras en Hollywood de características un tanto peculiares: Carlos Thompson y Georges Riviére, con aspectos de su biografía llenos de auténticas aristas.

Thompson (1923-1990) de familia de origen alemán-suizo pero nacido en Argentina había trabajado en el cine de su país en los tiempos del peronismo siempre en personajes de galán (entre otros en la versión de *El túnel* (1952) de Ernesto Sabato rodada por León Klimovsky) iniciando la aventura en Hollywood a partir de los primeros 50, preferentemente en la Metro y en películas de serie "a" como *The Flamed and the Flesh* (Richard Brooks, 1954) con Lana Turner, *El valle de los reyes* (Richard Thorpe, 1955) con Robert Taylor, *Argelia* (1954) con Yvonne de Carlo o *Magic Fire* (William Dieterle, 1956), biografia de Wagner con Rita Gam y de nuevo De Carlo en la que Thompson interpetaba a Listz. Tras su boda con la actriz alemana Lilli Palmer, de larga carrera en otros países, rodó muchas películas en Alemania para en 1963 encarnar para la televisión al agente Carlos Varela en la serie "The Sentimental Agent" contratado por la británica ITC. Convertido en productor y escritor publicó en 1968 su libro más conocido "The Asassination of Winston Churchil" versión sobre la supuesta implicación del premiér en la muerte del general polaco Wladislaw Sirkorski cuyo avión se estrelló al aterrizar en Gibraltar en extrañas circunstancias. Thompson, una extraña personalidad cruzada de galán, (fue amante de Maria Félix) se vió implicado en la última etapa de su vida, antes de su suicidio en 1990 y cuatro años después del fallecimiento de Lilli Palmer, en una rocambolesca aventura argentina a su vuelta ¿del exilio?, en la que apeló a la protección de la embajada suiza frente a las amenazas de muerte que al parecer recibió. Nunca llegó a ser un mito como tal pero ocasionalmente participó en el "star system" de varios países y modelos de características muy diversas.

También otro argentino Georges Rigaud (1905-1984) acariciaría el cielo del estrellato sin acceder jamás a él y en países muy distintos. Nacido en Argentina de origen italiano en los años 30 en Francia había tenido la suerte de ser protagonista de películas de René Clair y de Max Ophüls, para saltar a Estados Unidos cuando en Europa empezaron a sonar tambores de guerra. En el Hollywood de los 40 aparecería en distintos títulos con personajes de reparto en inglés entre ellos el de *Al volver a la vida* (Byron Haskind, 1948) un interesante "thriller" con Burt Lancaster, Kirk Douglas y Lizabeth Scott. Un nuevo retorno a Argentina en los años 50 para recalar finalmente en España a partir de 1959 donde encarnó al personaje de San Valentín de *El día de los enamorados* (Fernando Palacios, 1959) al que siguieron otra treintena de películas muy mal elegidas y en personajes de todo pelaje más una presencia en los primeros "spots" de televisión en la España de los años 60. Conocido como Jorge Rigaud y asociado a una imagen de elegancia y distinción podía representar uno de los mayores ejemplos de artificio. Para empezar en prácticamente ninguna de sus películas españolas se le permitió utilizar su auténtica voz y su acento argentino, y su estilo habitual de vestir caracterizado por la distinción formal en la imagen externa nada tenía que ver con el del personaje. Murió siendo casi un desconocido.

Como antes se ha comentado en las negociaciones comerciales y tratados firmados por Estados Unidos como el Plan Marshall figuraba siempre una cláusula relativa a las facilidades comerciales para la distribución del cine americano en los mercados exteriores. Todos los gobiernos norteamericanos consideraron al cine como un sector prioritario tanto desde el punto de vista económico como ideológico; mucho más en los tiempos de la "guerra fría". Se estaba produciendo una confrontación entre sociedades y modelos de vida y Hollywood ofrecía una imagen de oropel combinado con la exhibición de una sociedad aparentemente abierta a toda clase de oportunidades sociales presente en una buena parte de los argumentos de la época y del que sus estrellas empezaban por ser el más claro exponente.

Bajo la rigidez del sistema de estudios los actores dejaban de interpretar a unos personajes para "crear los suyos propios que repetían en una y otra ocasión" variando tan solo los matices. Cada estudio reforzaba esa personalidad de diseño con un tratamiento de imagen o de vestuario; de la misma manera que se generaba una biografía oficial o se asignaban determinadas características al profesional. El mito trascendía de sus personajes y extendía su imagen a su propia vida privada que se presentaba como una continuidad. Un ejemplo muy característico fue Gary Cooper, especialmente en países como la España de Franco, con una estricta administración de su imagen pública por los estudios. Los medios españoles de los 40 y 50 siempre que mencionaban a Cooper lo solían hacer también a sus características "católicas" en un tiempo en que se buscaban por todas partes analogías confesionales y anticomunistas. Cuando en 1960 Kennedy llegaba a la presidencia de los Estados Unidos también con el dato de sus orígenes "católicos" se generó inicialmente una corriente de simpatía desde la España de Franco que amagó al poco tiempo cuando se pudo comprobar que la sintonía entre los dos estilos de gobernar pese a las retóricas declaraciones de amistad eran mucho más frías que con Eisenhower. Algo parecido ocurría con Gary Cooper oficialmente "católico", porque además en aquella época apenas se podían divulgar detalles relacionados con aventuras extramatrimoniales o escándalos. Su verdadero perfil biográfico se conoció muchos años después. En los 40 y 50 la censura de prensa tenía absolutamente vetado mencionar cierto tipo de contenidos relacionándolos con estrellas o personajes nacionales, mientras eran admitidos en algunos de Hollywood, excepto en aquellos que aparecían identificados como "católicos".

Los personajes tenían que administrar su propio mito en su vida privada, trabajo que en España les hubiera sido más facil ejercer porque no estaba permitido escribir sobre muchos temas y se carecía en la época de una prensa comercial de la agresividad o el amarillismo de los medios norteamericanos: los perfiles biográficos se limitaban a transcribir las versiones oficiales que habían creado los gabinetes de prensa de las productoras. Bajo ese dominio absoluto el estudio podía elegir personajes no para que un actor o actriz mostrara una gama variada de tipos a representar o para su propio lucimiento sino para lanzar y mantener un personaje anteriormente creado. Hasta el punto de que un cambio de registro admitido muy a duras penas podía significar una catástrofe. Gregory Peck poseía una imagen de personaje "bueno" e idealista al parecer con muchos puntos en común con su propia personalidad[10], la de un liberal progresista como el abogado de *Matar a un ruiseñor* (Robert Mulligam, 1962). En 2003 el American Film Institute situó al personaje de Atticus Finch el abogado interpretado por Peck en el número 1 de una lista de «héroes americanos que representan la moral, el coraje y el sacrificio por el bien común». Pero hasta que el sistema de estudios no se vino abajo y los años le hicieron perder la apostura de galán Gregory Peck no pudo representar a un personaje perverso como el nazi de *Los niños de Brazil* (Shaffner, 1978). Y aún así su participación resultaba forzada o escasamente creíble frente a la presencia arrolladora del mito anterior en el imaginario colectivo.

---

10. Luis Puenzo director argentino (y padre de la tambien realizadora Lucía Puenzo) cuya película *La historia oficial* (1985) ganó el Oscar a la mejor película extranjera dirigió en Hollywood a Gregory Peck en su último gran papel como estrella para un gran estudio (Columbia) en *Gringo viejo* (1989) en la que la protagonista y productora ejecutiva era Jane Fonda.

«La repercusión de *La historia oficial* nos sorprendió a todos. Era una película más en torno a un asunto que los argentinos vivimos como una verdadera tragedia. Inicialmente la película no tuvo la acogida que se esperaba, fue poco a poco cuando la gente se empezó a dar cuenta y el eco internacional empezó a ser importante. Tuve una oferta para dirigir en Hollywood una película de serie "a" y en inglés. En principio el protagonista elegido iba a ser Burt Lancaster. Pero a falta de unos días para el comienzo del rodaje un informe médico determinó que tenía algun problema con su corazón y las compañías de seguros se echaron atrás. Lancaster lo aceptó resignado y con mucho estilo y nos deseó la mejor suerte. Rápidamente se contactó con Gregory Peck. Era un hombre de una gran calidad humana. Cuando le comuniqué el hotel en el que me estaba hospedando me ofreció enseguida su casa para que me fuera a vivir allí: disponía de una zona para sus amigos e invitados. Los personajes que había representado en el cine tenían mucho que ver con su estilo personal, algo que no siempre pasa con los grandes actores. Parecía casi un europeo de Hollywood que estaba muy al tanto de lo que ocurría en el mundo y sus ideas eran muy abiertas. Tenía bastante que ver con esos tipos idealistas que había interpretado en películas como *Matar a un ruiseñor* y como el que hizo en *Gringo viejo*. Después de esta película pude quedarme en Hollywood. Pero tenía que llevar a mi familia a vivir allí. Y yo no quise que mis hijos recibieran una educación exclusivamente norteamericana pues se hubieran convertido definitivamente en americanos. Me parecía mucho más interesante que su formación se realizara entre Argentina, y Europa, sin despreciar América del Norte». Testimonio personal (2006).

Aún así en los sistemas de trabajo de las grandes compañías dependían de la decisión de los responsables del estudio con políticas muy distintas. Desde la férrea dictadura de Harry Cohn en Columbia que creaba estrellas pero tenía que dominarlas a su antojo, a los métodos agresivos de Jack Warner pasando por el estilo de Daryl F. Zanuck en la Fox durante los años 50 y su tendencia hacia las suntuosas adaptaciones literarias (de F. Scott Fitzgerald a Hemingway) con repartos muy solventes de actores-estrellas ya consagrados en otros estudios, al lado de sus nuevas apuestas europeas muchas vinculadas sentimentalmente al productor pero que no llegaron a cuajar como estrellas. Tal fue el caso de Juliette Greco una original cantante y una personalidad muy destacada en la posguerra de París; y especialmente Bella Darvi. Estrella prefabricada de origen polaco-francés lanzada en 1953 que gozó de magníficas oportunidades sin despuntar en ninguna y cuyo ocaso lejos de su protector acabó en tragedia con el suicidio de la modelo-actriz en 1971.

Por el contrario en el Hollywood clásico los actores y los directores aspiraban a integrarse en el sistema de actores del estudio RKO mucho más relajado y con otras posibilidades de elección y sin el control de las otras grandes. Se decía que en esa época que los actores iban a la RKO "a descansar". Esto debió durar hasta que al final de los años 40 Howard Hughes adquirió la compañía y decidió imponer sus peculiares y extravagantes métodos directamente, con despilfarros inexplicables, contrataciones delirantes y productos descabellados. Además en los años del "maccarthysmo" Hughes en persona se obsesionó por eliminar cualquier resto de toque izquierdista en su estudio que antaño había albergado a los productores independientes "progresistas" o a directores como Dmytrick señalados en la "caza de brujas". Hughes aplicó directamente sus propias listas negras a sospechosos de izquierdismo.

En el modelo clásico cada estudio se especializaba en una temática o en un modelo de producción y utilizaba a sus estrellas-reclamo con unas identidades que cambiaban muy poco a lo largo de sus contratos. Para acceder a otra clase de personajes o a productos diferentes las estrellas tenían que esperar a que su contrato finalizara con el riesgo de que nadie quisiera contratarles de nuevo sobre todo si sus últimos rendimientos económicos no habían sido aceptables (el famoso "Vales tanto como dinero ha dado tu ultima película") o bien caer en un estudio menor. Cabía una tercera posibilidad: cobrar menos a cambio de poder optar a un producto que podía suponer un reto personal y comercial. Y por último ser lo suficientemente viejo y al final de una carrera para tener la disponibilidad para quemar un mito en una hoguera. Tal y como ocurrió en los años 60 con Bette Davis y una constelación de viejas glorias en las películas-guiñol de terror a partir de *¿Qué fue de Baby Jane?* (Robert Aldrich, 1963). El filón duró poco más de un lustro y a él se apuntaron entre otras: Joan Crawford, Mary Astor, Olivia de Havilland o Shelley Winters.

El estrellato imponía muchas veces un auténtico viaje al absurdo, del que paradójicamente podían surgir apuestas extraordinariamente originales por su propia audacia. En los primeros años 50 dos mitos, Marlene Dietrich y Joan Crawford, que habían venido triunfado desde los últimos años 20, se vieron arrinconadas por una nueva generación de actrices y su estilo aparecía caduco. Mantenían el aura del mito pero ya no eran estrellas de moda. Ello impuso que pasaran a las producciones independientes y a proyectos en los que trataban de mantener artificialmente su "status" de estrella. Con muy poca diferencia de tiempo ambas protagonizaron dos películas de un Oeste de guardarropía, extrañas pero muy originales aportaciones al género, de una desgarrada poética que pisaba el terreno del exotismo. *Encubridora* (Fritz Lang, 1952), –que en su versión original tenía un título tan explícito como *Rancho misterioso*–, y *Johnny Guitart* (Nicholas Ray, 1953). Las dos películas mostraban una poética desgarradora, romántica y crepuscular, partiendo de situaciones de auténtica incredulidad en clave totalmente dispar con el realismo. Parecía descabellada la presencia de aquellas dos antiguas estrellas maduras que volvían a interpretarse a sí mismas regentando un rancho o un casino recreados totalmente en estudio dadas las extremas limitaciones presupuestarias y con decorados e iluminaciones que no hacían nada para disimular su origen, divas arregladas con peinados, maquillajes y vestuario inadecuados para el apartado lugar donde se suponía transcurría la acción. Ese acentuado contraste y el tono ferozmente romántico del tratamiento aportaban una originalidad que no se hubiera podido conseguir de haber sido concebidas como una película de clase "a". Ambas estrellas estaban ya en declive y se premitían el lujo de participar en unos "western" en principio "delirantes" pero enormemente personales gracias a que una (*Encubridora*) estaba financiada por una modesta productora independiente para RKO y la otra (*Johnny Guitart*) para un estudio menor como Republic.

Aún así Republic pese a tratarse de un estudio de segunda también desarrollaba su propio sistema de estrellas, con figuras tan rentables en los años 30 como el vaquero-cantante de "country" Gene Autry a quien se buscó una pieza de recambio en 1938 en la figura de Roy Rodgers que acabó por reemplazarle cuando el primero empezó a servir en el ejército durante la guerra mundial. Ambos fueron auténticas estrellas locales por cuando su mito no trascendió de Norteamérica y que a partir de 1950 se convirtieron en protagonistas en la televisión. Quizás una de las características del estrellato Republic, era que sus figuras vendían en los cines de segunda categoría y del interior pero carecían de posibilidades para la exportación. En manos de su fundador y propietario Herbert J. Yates, Republic hizo películas de género de bajo presupuesto o filmes a la mayor gloria de la estrella de la casa, una actriz llamada Vera Ralston que a pesar de filmar película tras película durante muchos años nunca trascendió más allá de los cines de programa doble de Estados Unidos. Pero aun gracias a esa independencia, Republic permitía películas personales de directores de prestigio que no siempre habían tenido buenas experiencias con los grandes estudios por su absoluta falta de control sobre sus películas. Republic produjo títulos de Fritz Lang (*Secreto tras la puerta*, 1949), tres de John Ford (entre ellas *El hombre tranquilo*, 1952) Allan Dwan (*Arenas sangrientas*, 1949) y una con Orson Welles (*Macbeth* 1948), hecha con tanta imaginación como falta de medios. Welles que había tenido toda clase de problemas para controlar sus películas, muchas de ellas destrozadas por los estudios que impusieron sus propios montajes, en Republic pudo hacer aquello que le parecía sin cortapisas precisamente por lo menguado de los recursos. Entre 1936 y 1958 la productora bajo la égida de Herbert J. Yates rodó casi mil largometrajes y unos novecientos capítulos de seriales con personajes como Dick Tracy o el Capitán Marvel, convirtiendo en nuevos iconos del Oeste de serie "b" a nombres como los antes mencionados Roy Rodgers o

Gene Autry (conocidos en la España de los 50 no por sus películas "demasiado americanas" sino por los comics editados por Novaro en México y distribuidos en los kioscos, en tiempos en los que Superman estaba prohibido en el territorio español).

Dentro de ese estrellato de "serie" "b" o "c" la reina del estudio era la mencionada Vera Ralston (o Vera Hruba Ralston), una antigua patinadora checa campeona de Europa que en la olimpiada de Berlín había despreciado a Hitler, emigrada en 1940 a Estados Unidos y nacionalizada en 1946. Ralston trabajó con Erich Von Stroheim en sus pinitos como actor, y con John Wayne, Fred McMurray y otros vaqueros en películas de segundo nivel, la mayor parte de las veces en Republic donde ejercía como "emperatriz consorte" por su matrimonio con Herbert J. Yates. De hecho su carrera acabó cuando Republic se vendió con todos sus fondos a la televisiva CBS. Fue el ejemplo más rotundo de cómo el sistema de las estrellas también se reproducía aunque con distintas características en los estudios de menor nivel económico.

Difícilmente esas estrellas con dependencia directa de las productoras eran capaces de asumir el control de sus propias trayectorias artísticas. En el Hollywood clásico no se permitía a los actores pasar a la dirección, salvo casos muy específicos como el de Robert Montgomery al que la Metro dio una única oportunidad en *La dama del lago* (1946) gracias a que él prácticamente no cobró por el papel. A Dick Powell, Burguess Meredith, Charles Laughton o Ida Lupino no se les concedió vía libre para pasar a la dirección hasta que prácticamente se vino abajo la política de los grandes estudios. En décadas mucho más recientes figuras como Paul Newman, Jack Lemmon, Jack Nicholson, Robert Redford, Clint Eastwood, Barbra Streisand, Diane Keaton, Kirk Douglas, Dennis Hopper, John Malkovich o Sean Penn se han convertido en directores sin problemas.

El relativo control de un actor sobre su trabajo dependía entonces tanto del rendimiento de sus películas como, ya bien avanzados los años 50, del ocasional paso a la producción de las estrellas, ampliado a muchos de los grandes nombres a partir de esa época tras el ocaso de los grandes estudios de cine y la arrolladora presencia de la televisión. En general eran actores con una clara identidad empresarial, como la que tuvo Chaplin o Mary Pickford, mezclados con vocación de hombres de negocios que además no mostraran excesivas ínfulas artísticas sino exclusivamente profesionales-comerciales. El ejemplo más característico fue Randolph Scott (1898-1987), auténtico amo de la serie "b" dentro del cine del Oeste. Scott que venía de una familia de clase media y con recursos económicos y había llegado al cine en 1929 tras coincidir con Howard Hughes en un partido de golf interpretó en los años 30 papeles en películas de todos los géneros, incluida la comedia al lado de Cary Grant, su amigo y compañero de residencia a quien muchos rumores atribuyeron otra clase de relación y con el que compartió el reparto de *Mi esposa favorita* (Garson Kanin, 1940). Pero después de transitar por géneros como la ciencia ficción, los piratas y las aventuras exóticas, Randolph Scott recaló en el Oeste. Con una expresividad muy limitada rodó decenas de títulos de ese género al que nunca abandonaría, películas de bajo presupuesto para los programas dobles de las salas de exhibición con argumentos que parecían extraídos de las novelas de bolsillo que tanto éxito tuvieron en la posguerra española. Pasó a convertirse en productor de sus propias películas con la marca Ronown formada con

Harry Joe Brown, que viviría su inesperado momento de gloria artística entre 1956 y 1957 con los siete filmes dirigidos por Bud Boeticher. Siempre con los mismos equipos, cortos rodajes e historias en las que solo cambiaba la protagonista femenina, distribuidas por la Columbia y hoy convertidas en auténticas "películas de culto" porque con menos recursos no parecía posible contar más cosas gracias a unos eficaces y bien perfilados guiones que enmascaraban incluso las limitadas capacidades del actor-productor. Parecía mentira que desde los años 40 Scott hubiera podido rodar una y otra vez hasta seis películas en un solo año, siempre dentro del mismo genéro contribuyendo a definir un formato que apenas sufrió cambio alguno en mucho tiempo. Gracias al paso adelante hacia la producción de Scott, a la modestia de sus pretensiones y a ser probablemente consciente de que habría perdido su negocio pasando a competir dentro de la serie "a" o en las superproducciones como había hecho John Wayne, mantuvo una lucrativa actividad. Randolph Scott cerraría su carrera en 1962 con el crepuscular *Duelo en la alta sierra* (Sam Peckinpah) cuando él ya había decidido abandonar el cine para disfrutar de sus cuantiosas rentas que le hicieron uno de los actores más ricos de Hollywood, precisamente para un estudio como Metro para el que nunca antes había trabajado.

El sistema se fue a pique en Hollywood en los años 50 por la emergencia de nuevos elementos como la competencia de la televisión. Y a partir de 1954 por la irrupción de nuevas estrellas de un entorno cultural etiquetado con palabras como "joven", "rebelde" y "rock". Se acababan los contratos por largo tiempo con los estudios. Ahora se negociaba película por película o al menos un par de títulos generalmente sin exclusividad. El sistema ya no era como antes capaz de controlar toda la vida de la estrella, ni de fabricar su imagen o generar un estilo característico. La televisión había visto cómo mermaban los espectadores de las salas y Hollywood contratacó. En primer lugar con los nuevos formatos (3-D, scope, cinerama...) pero a su vez con un encarecimiento de la producción en donde paradójicamente se volvía a utilizar al "star system". Todo el brillante, abundante y competitivo lote de producciones de la Fox en cinemascope y "color de luxe" del periodo comprendido entre 1954 y 1958 se apoyaba en repartos de "todos estrellas" del que eran especialmente representativas las comedias sentimentales de parejas de Jean Negulesco[11] rodadas con una gran habilidad comercial y una cierta sofisticación por encima de la propia irrelevancia de sus argumentos. Y el emblema de Fox era Marilyn Monroe, precisamente quien iba a encarnar la imagen prototípica de icono fabricado y a la vez sacrificado por los estudios.

---

11. Negulesco (1900-1993) de origen rumano y antes pintor y decorador que había debutado en Hollywood como director en 1941 definió en los años 50 un formato muy característico con las "películas de parejas" que por encima de sus tramas convencionales estaban rodadas con una gran solvencia y un estilo visual elegante: *Creemos en el amor* (1954), *El mundo es para las mujeres* (1954), *Como casarse con un millonario* (1955), *Mujeres frente al amor* (1959) construidas con un perfil en el que el melodrama se mezclaba con exteriores atractivos, a veces "turísticos" y los repartos eran interesantes. En 1964 siempre dentro de la Fox sintonizó con la política de promoción del turismo que desarrollaba el ministro Fraga Iribarne, rodando en España *En busca del amor*. La película, la peor de toda la serie, fue un fracaso absoluto de taquilla. Pero sirvió para que a partir de entonces Jean Negulesco empezara a residir en España hasta morir en Marbella.

El estereotipo de la "mujer destruida" sin embargo venía siendo explotado desde varias décadas atrás. Formaba parte de la propia mitificación de la estrella sometida a un sistema casi dramático, como el que describían las versiones con títulos no siempre idénticos de *Ha nacido una estrella* (1933, 1938, 1954 y hasta la de 1980), *La diosa* (John Cromwell, 1958), *La rebelde* (Robert Mulligam, 1966) o *Como plaga de langosta* (Schelesinger,1979). Se trataba de un estereotipo generado con una cierta auto-complacencia por la propia industria del cine. Del que se alimentaron las propias estrellas incluida Marilyn Monroe y buena parte de sus secuelas. Hasta Brigite Bardot lo hizo en *Vida privada* (Louis Malle, 1963).

La televisión a partir de los primeros programas de costa a costa en Estados Unidos en los primeros años 50 había generado su propio estrellato en franca competencia con el del cine. Ese cambio se aprecia muy bien en casi todas las películas de Jerry Lewis en su larga etapa Paramount (precisamente la mejor antes de su fulminante caída) en las que por una y otra razón la televisión siempre estaba presente en la vida de los personajes, como ya lo era en la sociedad americana de la mitad de los 50.

Precisamente una secuela en clave desmesurada de Marilyn lo fue Jayne Mansfield (también heredera de Mae West) con un gran sentido de la autoparodia y condiciones para la comedia muy escasamente valoradas y apreciadas en su momento hasta ser tratada como una auténtica "freaky" por los medios de su tiempo. Esa característica original se apreciaba en la incisiva *Una mujer de cuidado* (Frank Tahslin, 1958) devastadora comedia sobre la publicidad y el mundo de la televisión de tono delirantemente satírico, también perteneciente al "lote cinemascope Fox"(aunque a España no llegó hasta el final de los años 60).

En esa transición de finales de los años 50 aparecieron además las estrellas del "rock" empezando por Elvis Presley y otros cantantes que desplazarían ese antiguo protagonismo mantenido casi exclusivamente por las caras del cine. Además en esa década muchos de los grandes actores de Hollywood habían descubierto que para poder elegir sus personajes y sus películas tenían a su vez que convertirse en productores y luego vender esas películas para su distribución a las grandes compañías. El primero en emanciparse fue John Gardfield en 1946 cuando acabó su contrato con la Warner. Pero su ideología izquierdista y el haber sido llamado a declarar ante el Comité de Actividades Norteamericanas con la consiguiente negativa a delatar precipitaron un final acelerado de su carrera.

Bogart fue uno de los primeros que decidieron liberarse de los largos contratos con los estudios: pese a disponer a partir de 1946 de un excelente contrato con la Warner que le permitía cobrar un millón de dólares anuales durante catorce años, descubrió muy pronto, alrededor de finales de los 40, que debía controlar su propio trabajo. Su caso era atípico: había empezado a interpretar protagonistas muy tardiamente, sobradamente cumplida la cuarta década de su vida, después de eternizarse en abundantes pequeños roles de "gangster" en los años anteriores. Fue *El último refugio* (Raoul Walsh, 1939) quien lo sacó de la rutina, aunque en principio él no era el protagonista absoluto. A los 42 años figuraba al frente de *El halcón maltés* (John Huston, 1942). Le venían muy bien esos personajes en historias "negras" dentro de Warner, pero en tiempos de guerra había que hacer de héroe y le pusieron a representar combatientes contra nazis o japoneses. Hasta que llegó *Casablanca* (Michael Curtiz, 1943) un cruce de géneros entre el melodrama, la historia romántica, y la intriga de entorno bélico. Como en su secuela *Pasaje para Marsella* (Michael Curtiz, 1944) en el que Ingrid Bergman dejaba paso a la francesa Michèle Morgan. Después de retomar los personajes de "cine negro" la Warner supo explotar muy bien a una de las estrellas que aportaba la identidad de la marca al lado de Bette Davis y Errol Flynn. Pero a una edad en la que ya no podía interpretar al prototípico galan necesitaba controlar su propia carrera. En 1949 Bogart creó su productora, Santana, el nombre del barco que adquirió por 15.000 dólares al actor británico Ray Milland. Jack Warner montó en cólera contra Bogart porque temía que todas sus estrellas empezaran a hacer lo mismo y el estudio perdiera totalmente su control. Santana firmó contratos de distribución con Columbia. Gracias a ese sistema Bogart pudo rodar sus dos películas con el director Nicholas Ray *Llamad a cualquier puerta* (1949) y *En un lugar solitario* (1951), aunque tuvo que completar el contrato que le ataba a Warner rodando un par de títulos "menores". En adelante contrataría con cualquier marca sacando adelante los proyectos que más podían interesarle.

Al principio de los años 50 el sistema estaba en franca revisión. Tanto por efecto de la influencia de la televisión como del clima social de la América de entonces. El "maccarthysmo" ponía de manifiesto como hasta en una sociedad liberal una carrera podía hundirse estrepitosamente por la influencia política o por una mala prensa. Los actores emergentes no podían seguir atados a productoras que hacían y deshacían como antaño. William Holden firmó un contrato con Paramount en 1952 con un inédito planteamiento muy ventajoso: recibiría 250.000 dólares al año por película pero con facilidades para poder ser contratado por otros. Se trataba de un contrato abierto desconocido en la década precedente. Así pudo rodar una adaptación teatral *La luna es azul* (Otto Preminger, 1953) que a ratos parecía demasiado "teatro fotografiado" pero que alcanzó una enorme notoriedad por la polémica desatada al burlar los códigos de censura de la industria apareciendo en el diálogo la palabra "virgen profesional". También pudo empezar a hacer papeles de duro. Su suerte había cambiado con *El crepúsculo de los dioses* (Billy Wilder, 1951) en la Paramount, un demoledor melodrama para cuyo papel no era el actor inicialmente previsto. El personaje llegó después de que Montgomery Clift lo rechazara en una de las decisiones más equivocadas de la historia del cine. Holden pudo hacer tipos en principio tan poco adecuados para él como el de "sex symbol" en *Picnic* (Joshua Logan, 1957), y dentro de la creciente flexibilidad de esa época hasta se permitió el lujo de aparecer en una producción en la que no era el protagonista, *El puente sobre el río Kwai* (David Lean, 1958), aunque le pagaron más por figurar en cabecera del reparto que a los británicos Alec Guinnes y Jack Hawkins, que todavía no eran conocidos en Hollywood, a pesar de eran ellos los que soportaban todo el peso de la historia. Otros actores en plena consolidación en los primeros años 50 como Charlton Heston se salieron enseguida del viejo formato de largos contratos que ataban a una productora, negociando una a una las películas a partir del éxito comercial de *Los diez mandamientos* (Cecil B. De Mille, 1956). Por extraño que parezca Heston tampoco iba a ser el protagonista de *Ben Hur* (William Wyler, 1959) sino que antes se pensó en Marlon Brando, Burt Lancaster y Rock Hudson que no terminaron por verse en el personaje hasta que se decidió apostar por el actor que antes había representado otra historia bíblica. Heston que percibió un buen sueldo para la época no se vinculó sin embargo a la Metro.

A finales de los años 50 los sueldos del "star system" empezaban a negociarse con fórmulas hasta entonces inéditas y que luego serían más comunes. Lana Turner era una estrella que había realizado una larga carrera en la Metro en papeles de atractiva mujer "come-hombres", de los que era símbolo la protagonista de *El cartero siempre llama dos veces* (Tay Garner, 1948); su larga vinculación a ese estudio se mantuvo durante casi dos largas décadas. A finales de los 50 Turner era una mujer madura, de aire altivo y su vida privada estaba permanentemente en los periódicos, incluso en la sección de sucesos; parecía "carne de escándalo". El giro le llegó por un cambio espectacular de registro en papeles de madre orgullosa y seductora dispuesta a conseguir lo que se propone. El melodrama para la Fox *Vidas borrascosas* (Mark Robson, 1957) en el que se cruzaban varias historias en una pequeña ciudad de la América profunda (Peyton Place) tuvo una gran repercusión y acabó pasando del "best seller" a la televisión con una serie y nuevas secuelas cinematográficas. Turner había encontrado un filón en los melodramas de madre "con pasado" que repetiría a lo largo del resto de su carrera. El más prestigioso y popular fue *Imitación a la vida* (Douglas Sirk, 1959) nueva versión de una historia que ya había sido llevada al cine en los años 30 por John M. Stalh. Con un sorprendente criterio comercial Lana Turner no cobró ni un solo centavo por este trabajo para Universal reservándose en cambio el 50 por ciento de los beneficios de la película. Gracias a ello ganó una cantidad tan desmesurada para la época como dos millones de dólares y todo ello sin necesidad de crear su propia productora.

Lo hicieron en cambio otros después de Bogart: Kirk Douglas, Burt Lancaster e incluso Alan Ladd. que después del éxito de *Raíces profundas* (1953) produjo para su marca rutinarios títulos de aventuras que aportaron muy poco a su propio mito y acabó finalmente autodestruido. Douglas reveló una personalidad muy independiente saltándose a la torera las imposiciones del "maccathysmo", produciendo películas como *Senderos de gloria* (Kubrick, 1959) o *Espartaco* (Kubrick, 1960) aunque sus relaciones con este director ególatra, insensible al dolor ajeno y obsesionado por su ego y su talento fueron pésimas. Como reconocía el propio Douglas en sus memorias ("El hijo del trapero", Ediciones B, Barcelona, 1994) su trabajo favorito fue una película más pequeña en blanco y negro (*Los valientes andan solos*, David Miller, 1964) producida por él y arrojada al circuito de la serie "b" por Universal con la indiferencia absoluta de la crítica. Muchas de las estrellas que no eligieron el camino de producirse a sí mismas o que no adoptaron decisiones acertadas en sus trabajos vieron como sus carreras se hundían estrepitosamente al mismo tiempo que se acababa la era de los estudios y los largos contratos.

En esa debacle bastantes de las cabeceras de cartel del Hollywood anterior arrastraron su decadencia por películas de bajo presupuesto rodadas principalmente en Italia o en España, pero también en Yugoslavia o en México. El "spaghetti-western" se nutrió de muchas de esas antiguas luminarias venidas a menos tanto como de jóvenes que acudían de la televisión. Se trataba en general de un "viaje de ida y sin vuelta", del sistema de estrellato de Hollywood a las pequeñas producciones europeas, que en los años de auge del "peplum", de los filmes del Oeste y de las secuelas baratas de James Bond necesitaban una cabecera de cartel del mundo anglosajón para venderse a otros mercados. En ese traslado de América a Europa se generó un peculiar estrellato mixto local. Como el de Steve Reeves a partir de la trilogía de *Hércules* (1959) que ya había hecho algún papel en Hollywood pero que encontraría su sitio en Italia inaugurando un género con precedentes en la Italia de las primeras décadas del siglo XX en el que una antigüedad inventada, una mitología de "comic" y el culturismo se daban la mano.

Aún así todavía en los rodajes de las grandes producciones anglosajonas en escenarios europeos, principalmente españoles e italianos, las antiguas y nuevas estrellas se desenvolvían con unos usos que ponían de relieve por un lado lo que suponía un determinado estatus, pero a la vez mostraban la otra cara de las estrellas más allá de esa ficticia elevación a los altares de la gloria y el privilegio. Ese estrellato poseía muchas caras. Representaba por una parte tratar a un actor con la categoría de un semi-dios, pero por la otra generaba un modelo de vanidad y de distanciamiento con la realidad, que para muchos, cuando su valoración comercial decrecía, los exponía al más terrible de los contrastres, parecido al de los príncipes destronados.

Francisco Rodríguez, hasta su debut como director de largometrajes en 1975, había trabajado como ayudante de dirección en muchos de los grandes rodajes realizados en territorio español:

«A pesar de que en los 60 los sistemas de Hollywood habían cambiado y se habían acabado los largos contratos en los que los estudios fabricaban a sus estrellas, la mayor parte de éstas trataban de reproducir su función aún en Europa. El paradigma de ese estrellato fue Yul Brynner en el rodaje de *Leyenda de un valiente* (1967). Era la estrella absoluta y disponía de una caravana o "roulotte" para él solo que venía a medir unos quince metros de largo. Se trataba de un auténtico palacio con ruedas. Pero como en esa época las carreteras granadinas no eran buenas había muchos problemas para desplazarla. Varias personas de transportes tenían que ocuparse de que la enorme y disparatada "roulotte" llegara a los lugares de más difícil acceso de Sierra Nevada. Incluso se cortaron carreteras y se produjeron alteraciones de tráfico para conseguir que la caravana llegara al sitio exacto donde Brynner debía rodar.

»En aquellos rodajes las estrellas hacían valer su estatus. Richard Harris, por ejemplo era un divo total. En el rodaje español de *Camelot* (Joshua Logan, 1967) se mostraba tremendamente irascible; el equipo entendimos que podía ser consecuencia de que en ese momento se estaba divorciando. Pero años más tarde en el rodaje de *Riot* (Samuel Fuller, 1973) su talante era el mismo. Se trataba de un personaje muy extraño: estaba todo el día de un humor de perros pero cada sábado invitaba al equipo a un refrigerio. Peculiar manera de compensar su mal humor.

»En los rodajes de las películas de Bronston los actores recibían un tratamiento similar al del Hollywood clásico. La jerarquía era absoluta. Nadie podía cruzar la palabra, ni siquiera mirar a los actores a la cara. Los divos tan solo se relacionaban con el director, o el director de fotografía. Eran inaccesibles prácticamente para el resto. Tan sólo un colaborador a las órdenes del primer ayudante de dirección les avisaba personalmente de que todo estaba preparado para que salieran de su lujoso camerino o de la "roulotte" para empezar la acción. Y ese ayudante cuando acudía a dar el aviso temblaba. En caso de adelantarse o transmitir una orden equivocada y no estar todo dispuesto para que la estrella empezara su papel su reacción podía ser terrible. Había un miedo permanente en los equipos a una orden equivocada o a cualquier gesto que supusiera hacer venir antes de tiempo a una estrella. Las tensiones eran habituales por ese motivo.

»Claro que muchas veces esa jerarquización la imponía el propio director que era una absoluta estrella. Por ejemplo John Frankenheimer o Anthony Mann no llegaban a hablar prácticamente con nadie, nada más que con dos o tres personas de su directa confianza, y por supuesto que nadie les osara dirigir la palabra como ocurría con sus estrellas. En cambio Joshua Logan en el rodaje de *Camelot* era más flexible, lo mismo que ocurría con Ken Annakin en *Leyenda de un valiente*. Y por supuesto con Nicholas Ray un hombre mucho más agradable y educado que tenía un comportamiento más humano que el de Anthony Mann. A Ray el rodaje de *55 días en Pekín* (1963) estuvo a punto de costarle la vida. Ava Gardner provocó constantes conflictos por su extremado divismo y por sus problemas sexuales y con el alcohol. Tanto que Ray enfermó del corazón y tuvo que permanecer hospitalizado una temporada. Entonces el director de la segunda unidad Andrew L. Marton pasó a dirigir las escenas que faltaban para completar la película.

»En esas jerarquías los actores estaban por encima de todo. Se trataba de un mundo aparte del resto de los humanos. ¡Ay de quien les avisara para ir a rodar sin que estuviera todo preparado! Se habrían encontrado a una estrella enfurecida que incluso podría haber ordenado su despido. En este contexto Charlton Heston también era muy problemático, un déspota, una persona demasiado autoritaria, de una pasmosa rigidez, un tipo realmente de cuidado. Apoyado por el propio divismo de algunos de los directores: si Anthony Mann era muy duro y distante, Henry Hathaway lo era todavía más. En *El fabuloso mundo del circo* (1964) se trabajó con muy mal ambiente en todo el rodaje. Por el contrario en *Doctor Zhivago* las estrellas se mostraron mucho más abiertas y cordiales como pasaba con Julie Christie o Geraldine Chaplin. Porque en ese rodaje había una estrella por encima de todas: su director David Lean. Otros directores como Richard Lester eran todo lo contrario: dialogantes, y sabían encontrar un tono mucho más distendido y hacían que los rodajes fueran mucho más agradables. Y no es casual que alguna de sus estrellas mantuvieran parecidas pautas, como Oliver Reed, Richard Chamberlain, Michael York, Frank Finlay o Christopher Lee, un actor que se mostraba como un hombre abierto y cordial, con escasas dosis de divismo. Esto en el rodaje de *Los tres mosqueteros* (1973) donde Raquel Welch en cambio respondía al modelo de estrella distante e inaccesible. En general ese estilo de estrella lo mantenían los actores americanos cuando estaban en la cumbre y también muchos de los británicos. En el rodaje de *Nicolás y Alejandra* (1974) en los estudios Sevilla Films de Madrid actores como Laurence Olivier o Michael Redgrave se comportaron con una enorme distancia de trato con los miembros del equipo. Si tenían que permanecer algo más de tiempo en un plató se mostraban enormemente ajenos, con una lejanía absoluta. Su propia hija Vanessa Redgrave en el rodaje de *Camelot* utilizaba esa misma actitud distante».

«Uno de los ejemplos más negativos de estrella absoluta lo ofrecía Charles Bronson, que estaba en su mejor momento de popularidad. Nadie se atrevía siquiera a mirarle a los ojos salvo aquellos pocos que estaban cerca de él y que le servían como canal con el resto del mundo. Por supuesto habría que estar muy loco para cruzar una palabra con una estrella que era tratada como un antiguo emperador. Había sin embargo excepciones: por ejemplo Omar Shariff que era un hombre muy simpático, sencillo y cariñoso, lo mismo que Jack Palance pese a lo que pudiera parecer por su físico. Shariff y Palance parecían muy buenos tipos y se comportaban de una manera cortés con todo el mundo. Sin divismos». Testimonio personal (2009).

Fue letal para muchos actores tratados como semi-dioses el final del modelo de los estudios. Bajo un rígido control se habían moldeado estrellas, inventado carreras y diseñado personalidades, aunque sin capacidad de elección alguna. Este fue el caso de Esther Williams: cuando a la Metro ya no le interesó su carrera naufragó de golpe. Antigua compañera de "shows" con Johnny Weissmuller y aspirante a los Juegos Olímpicos interrumpidos por la guerra mundial, la Metro la convirtió en una auténtica estrella a partir del éxito en 1944 de *Escuela de sirenas*. Entre su primer trabajo todavía secundario para la compañía y 1955 se sucedieron más de una veintena de películas siempre como estrella total y en color, comedias musicales con números en la piscina, un tipo de producción de gran solidez al servicio unicamente del espectáculo sofisticado creando una auténtica figura que gozó de enorme popularidad año tras año con sus fantasías acuáticas. Casi al final de los 50 Esther Williams decidió cambiar de registro tras finalizar su contrato con MGM visto que ya no quedaban más piscinas en los estudios. Trató de elegir otros papeles donde no necesitara nadar. Una pésima decisión. Intentó interpretar un personaje de mujer atormentada en una película de intriga en blanco y negro para Universal (*Sombra en la noche*, Harry Keller, 1957) y un melodrama circense (*El gran espectáculo*, James B. Clark, 1961). Pero ni su "look" ni el tipo de fotografía e iluminaciones de estudio tan característicos de la Metro eran los mismos, ni aparecía tan bien fotografiada pese a su difícil fotogenia como en los años de su anterior contrato estelar. Su última película *La fuente mágica* (Fernando Lamas, 1962) se trataba de una modesta coproducción sin interés alguno rodada en España cuya repercusión fue nula y condujo a la actriz al abandono total de su carrera.

En cambio la libertad que suponía el fin del sistema de trabajo de los grandes estudios sería muy bien aprovechado por Doris Day (1924). Hija de inmigrantes alemanes trabajó inicialmente como cantante con varias orquestas con el nombre de Doris Kappelhoff, hasta que uno de los directores de esas bandas decidió ponerle "Day" porque cantaba la canción "Day after Day" (nombre artístico que nunca le gustó a la protagonista que lo consideraba más adecuado para una "striper"). Entre 1948 y 1955 rodó hasta veinte largometrajes con la Warner, siempre ya de protagonista, tanto musicales como alguna historia dramática. Cuando los estudios dejaron de contratar a las estrellas por largo tiempo el entonces marido de Doris, Martin Melcher con el que se había casado en 1951, tomó las riendas de su carrera convirtiéndose en su productor ejecutivo de la mayor parte de sus películas y con distintos estudios. Gracias a eso Day pasó de ser "una chica demasiado americana que cantaba y se desenvolvía con soltura" al referente de la nueva comedia. Aunque desde su liberación de la Warner en 1955 había participado en algun trabajo de interés, por ejemplo con Hitchcock en *El hombre que sabia demasiado*, o con Stanley Donen en la adaptación del musical de Broadway *The Pajama Game* (1958)[12] que no tuvo demasiado éxito en el cine, y varios títulos con actores como Clark Gable, David Niven o Jack Lemmon, su oportunidad llegaría en 1959 de la mano de *Confidencias de medianoche* (Michael Gordon) primero de sus tres trabajos con Rock Hudson, comedia pórtico de un estilo basado en la guerra de los sexos y apoyada en diálogos chispeantes llenos de referencias y sutiles dobles sentidos en los que creó un personaje de "mujer virgen americana" permanentemente acechada. De no haber sido por este formato siempre producido por Melcher, Doris Day nunca hubiera alcanzado el estatus de icono y de estrella de la comedia de los 60 y su carrera podría haber languidecido en historias sentimentales sin el sentido de las nuevas que estaban empapadas de una concepción estética y social muy propia de su tiempo. El modelo funcionó hasta poco más allá de la mitad de la década antes de quedar rapidamente "anticuado" y aparecer Day como un estereotipo del más convencional "american way of life". Sin embargo con el paso del tiempo destacan elementos que en aquel momento apenas se valoraron, como una cierta capacidad autoparódica de la propia actriz que en sus últimas películas dirigida por Frank Tashlin la mostraban casi como una cómica al borde del exceso, películas que además no funcionaron en taquilla. Dentro de esa carrera con su marido como productor Doris Day reconoce tremendos errores de elección como rodar *Capricho* (Tashlin, 1967) donde prácticamente aparecía como una Jerry Lewis femenina. Y especialmente su negativa a interpretar a la Sra Robinson de *El graduado* (Mike Nichols, 1967) primera elección de director y productor, en un personaje que encumbraría a Anne Bancroft.

El final del sistema de estudios había permitido crear el mito Doris Day, a pesar de las veinte películas anteriores, dentro de un género de comedia diferente. Day como Greta Garbo dejó el cine definitivamente en 1969 poco después de quedar viuda de Melcher (quien además había adoptado a su hijo Terry que fallecería de cáncer a los 62 años en 2004). Melcher había firmado para sorpresa de ella una comedia de situación para la pequeña pantalla, "The Doris Day Show" (1968-73) de gran popularidad. Descubrió tiempo más adelante otra desagradable novedad: su fortuna había sido malgastada y ahora estaba arruinada, demandando al socio de su marido por estafa. Durante largos años el pleito tuvo una enorme repercusión no solo en los juzgados de California sino en los medios de comunicación hasta una tardía sentencia que le permitió recuperar veinte millones de dólares. Totalmente retirada (aunque ha hecho alguna entrevista telefónica para programas de radio y televisión en los últimos años) se dedica a fundaciones para la protección de los animales. Su fobia a los aviones (solo salió dos veces de Estados Unidos para rodar exteriores en Marrakech de *El hombre que sabía demasiado* y en Londres para *Un grito en la niebla*) le ha impedido recoger un Oscar honorario y la medalla de la Libertad. Ni siquiera hay imágenes de ella en las

---

12. La censura española de la época prohibió esta comedia sentimental por un argumento que nos resulta increíble. En la historia aparecía una huelga de trabajadoras del textil y en ese momento la huelga estaba absolutamente prohibida en España.

últimas décadas, después de su programa de entrevistas de los 80 en la televisión. A diferencia de Esther Williams la carta de libertad por parte de los estudios le permitió a Doris Day crearse el personaje, luego muy criticado y hasta enterrado antes de tiempo, y en la actualidad en clave de franca recuperación de una imagen que la ha hecho célebre más allá de sus abundantes papeles de "alegre y optimista chica americana" de sus películas en la Warner del periodo 1948-1955.

En esa mezcla de debacle y decadencia absoluta de muchos de los que habían sido auténticas estrellas de los estudios en las décadas anteriores se produjeron intentos casi patéticos de buscar trabajo. Gene Tierny (1920-1991) había sido uno de los rostros más atractivos que se asomaron a la pantalla, con un largo contrato en la Fox en el que entre otras hizo el personaje protagonista de *Que el cielo la juzgue* (John M. Stahl, 1946) intenso melodrama con una de las más atrayentes fotografías en color de la época. Tierny que había sido una gran estrella trabajó hasta los años 60 y en la mitad de esa década vino a España para rodar *En busca del amor* con Negulesco en un pequeño papel. Y le ofrecieron una coproducción con varios actores españoles en el reparto[13]. De la modestia de la producción da idea que el dinero se acabó a la semana de iniciado el rodaje y se interrumpió para siempre. Del mismo modo, Robert Taylor que había sido uno de los puntales de la Metro durante varias décadas, viajó a España para rodar en Madrid una segunda versión de *Pampa salvaje* (Hugo Fregonesse, 1967), una producción "sin identificar" de Samuel Bronston cuando su gran imperio se había desmoronado prácticamente (en sus películas siempre utilizaba estrellas, directores y equipos de clase "a" cualquiera que fuera su precio). En esta ocasión se trataba de un relativamente modesto producto que no tuvo repercusión alguna; lo mismo que la última película de Taylor en este caso con Charles Boyer *El rublo de dos cabezas* una coproduccion con Italia y Francia rodada en Barcelona que pasó directamente al olvido. Patetica situación de estrellas que querían trabajar (por necesidad económica) y solo encontraban productos destinados a mercados de segunda o tercera.

Los repartos de muchas películas de género italianas y también coproducciones españolas se llenaron de nombres norteamericanos venidos a menos. Presencias como la de Lex Barker, el "Tarzán" que había reemplazado a Johnny Weissmuller en la RKO a lo largo de cinco títulos, que protagonizó una serie de películas de aventuras en Italia y Alemania, y de paso fue reclutado para *La dolce vita* (Federico Fellini, 1959), donde el director mostraba ese nuevo escenario identificado en Roma por una Vía Venetto por la que paseaban actores en decadencia y aspirantes que empezaban. Igualmente ocurrió en la España de los 60 donde llegaron primeras estrellas para las superproducciones clase "a" de Samuel Bronston, enormemente costosas pero que prácticamente ninguna tuvo éxito en el mercado anglosajón; también lo habían hecho actores en declive en busca de las últimas oportunidades dentro del cine de género. En ese camino de ida sin vuelta hubo alguna excepción. La principal: Clint Eastwood, que de

---

13. *Cuatro noches de luna llena* era el título de esta coproducción aireada en la prensa madrileña del momento que iba a ser dirigida por Sobey Martin con Gene Tierny, Dan Dailey, Jaime de Mora y Aragón y Analía Gadé en el reparto. Se rodaron solo unas cuantas escenas pues el dinero "se evaporó" o no llegó a cubrir la totalidad del rodaje.

hacer seriales de televisión se convirtió en estrella gracias a los tres "spaghetti-western" filmados en Almería con Sergio Leone. Eastwood se dejó caer en esta película por un argumento que hoy nos puede parecer desconcertante: pedía menos dinero que el actor inicialmente previsto para *Por un puñado de dólares*: Rory Calhoum (1922-1999) que ya había trabajado con Leone en el "peplum" *El coloso de Rodas* (1960). Años antes Calhoum disputaba con Robert Mitchum a Marilyn Monroe en *Río sin retorno* (Otto Preminger, 1954). Terminaría haciendo "westerns" de segunda en localizaciones españolas.

Además al final de los años 50 la crítica francesa de "Cahiers du cinema" generó un nuevo sistema de estrellato basado en los directores y no en los actores, incluso con desprecio de muchos de ellos. El "star system" correspondería a partir de entonces al director compartido o no con los actores. Teniendo en cuenta que las películas en el Hollywood clásico (y a veces también en el contemporáneo) se completaban sin que los directores controlaran el montaje, el producto final estaba a cargo absolutamente del productor dentro de un sistema de titularidad capitalista en el que ni siquiera se reconocía ninguna clase de "derechos morales" como en las legislaciones europeas; modelo que sin embargo aparece hoy en riesgo de recesión y de revisión en Europa bajo una clave puramente mercantilista.

En los años 60 las estrellas empezaban a ser los directores, algunos actores y especialmente las figuras surgidas desde el mundo de la música, con Los Beatles como estandarte. Ellos eran ahora el modelo y el icono de referencia de nuevos estilos de vida, compartiéndolo con las figuras surgidas desde el medio televisión. Y con las nuevas estrellas del deporte, fundamentalmente del balompié en Europa, del fútbol americano y de algún otra actividad, como la televisión en Estados Unidos. Las películas en los años 60 eran más caras y la serie "b" había pasado a mejor vida frente a la fuerte competencia de la televisión. Los filmes se producían uno a uno sin los largos contratos de antaño, y ya no había departamentos de producción para proteger a las estrellas como antaño y hacerlas parecer ensoñaciones vivas.

La siguiente fase de la revolución se inició al final de los años 80. Habían desaparecido o estaban jubilados los grandes productores de otra época y las compañías empezaron a pasar a manos de las financieras, los bancos y los grandes "trusts" económicos. Ya no se consideraba la producción o la dirección de un estudio una profesión en sí misma, sino que podía ser ejercida por un manager o un financiero procedente de la Bolsa. En ese esquema los estudios fueron adquiridos primero por compañías de comunicación y por bancos, y más tarde por corporaciones de electrónica de consumo. El ejemplo más claro fue Columbia (CBS) reconvertida en Sony Pictures o Sony Music tras la llegada del capital japonés. Universal entraba en el conglomerado de Vivendi. Y Warner en el de Time como un apartado de un concepto de multimedia en el que se integran prensa escrita, revistas, libros, televisión e intereses sobre espectáculos deportivos. Mientras Metro quedaba relegada a un segundo plano lo mismo que United Artists con acuerdos parciales con sus antiguas competidoras. El deambular financiero de Metro hizo que acabara en los negocios hoteleros y de los casinos que se convirtieron en un pozo sin fondo, hasta la debacle económica de 2010 que la situaba al borde de ser fagocitada por otra pequeña compañía pero con capital fresco o echar el cierre como lo hiciera RKO a finales de los 50. En tanto Fox extendía sus tentáculos hacia sectores del ámbito de la comunicación. En su momento, final de los años 50, la televisión se había comido a varios estudios que prácticamente desaparecieron como tales. El más significativo RKO después de la desastrosa política de Howard Hughes; cuyas instalaciones terminaron por ser vendidas a la compañía de Lucille Ball, la nueva estrella de la televisión.

Dentro de esa creciente presencia de la pequeña pantalla en la que los estudios empezaban a ser prolongaciones de los intereses de las empresas de comunicación y de los bancos, el estrellato de cine había pasado a mejor vida. Entre los 80 y los 90 se murieron o al menos ya no podían trabajar los que habían sido grandes figuras del sistema en otras épocas. Ni siquiera los nombres de los actores garantizaban como antaño la distribución y el éxito de una película. Uno de los mayores fracasos del Hollywood de los 80 fue una cara producción de Columbia, *Ishtar* (Elaine May, 1987) con Warren Beatty y Dustin Hoffman, cuyos resultados de taquilla fueron ridículos. Ni siquiera había necesidad de fabricar una personalidad a la estrella, ni generar un aura de artificio como en los viejos tiempos, a pesar de que se mantenía dentro del sistema norteamericano el control absoluto de la propiedad económica sobre la creación artística. Aún así una parte de ese control con el que antaño se fabricaron las antiguas estrellas derivó hacia la entonces poderosa industria del disco, con el lanzamiento de auténticos pre-fabricados, de artistas de estudio, de productos de usar y tirar, de "obras sin biografía detrás". Como la historia que cuenta Jerzy Korzinski en su novela "El millón" (Argos Vergara, 1987) en la que un cantante desconocido y sin imagen pone la voz y las canciones de un producto en el que otro "se limita" a prestar la imagen [14]. Ni en el Hollywood clásico se hubiera inventado mejor un "frankenstein" comercial de estas características. El esterotipo de la estrella devorada por el sistema repetido en tantas películas de Hollywood se había desplazado abiertamente al mundo de la músi-

---

14. Jerzy Korzinski (1933-1991) de origen polaco aunque nacionalizado en Estados Unidos utilizó en varias ocasiones el argumento de "el doble" en sus novelas, como la que daría pie a la historia de la película *Bienvenido, Mister Chance* donde un jardinero (Peter Sellers) se convierte en sosias del presidente de los Estados Unidos. Korzinski sin embargo no se libró en vida de ser algo así como el verdadero protagonista de sus argumentos. Sobre su más famosa novela "El pájaro pintado" el escritor y editor Elliot Weinberger puso en duda su autoría total habida cuenta que cuando se publicó Korzinski solo llevaba seis años viviendo en Norteamérica y parecía difícil que escribiera con tal dominio del inglés sin alguna "colaboración" externa. Otros comentarios apuntaron a que su texto "Desde el jardín" se inspiraba en una novela polaca de 1932 que no había trascendido más allá de su país de origen. Además surgieron rumores sobre "negros literarios" o escritores anónimos que "participaban" en sus novelas. En "El millón" un cantante vendía millones de discos pero su imagen externa estaba "alquilada".

Algo parecido a lo sucedido con el grupo Milli Vanilli: dos modelos llamados Fabrice Morvan y Rob Pilates que ponían imagen a las canciones que otros interpretaban. Producción de Frank Farian creada en Alemania en pleno auge de la música "disco" Milli Vanilli ganaron en 1992 el Grammy al mejor artista revelación y vendieron millones de discos. Pero tras el fallo del "play back" en una de sus actuaciones que los dejó literalmente "desnudos" en un escenario se confirmaron los rumores sobre el fraude, siendo obligados a devolver el premio. En 1998 Pilates aparecería muerto por sobredosis en Frankfurt, ilustración del rápido artificio de la entronización y de la fulminante caída en los infiernos a través de los medios de comunicación.

ca. Ahora el protagonista era el triunfador o la triunfadora iluminada de la noche a la mañana por el éxito y el reconocimiento público, explotada por la industria, y devorada por el alcohol o las drogas en un proceso autodestructivo que acababa en tragedia.

Con el cambio entre un siglo y otro la industria del disco sufría el más grande hundimiento jamás conocido en la industria del espectáculo. Internet mataba al disco como soporte físico. De la misma manera que se aceleraba la dependencia del cine de la televisión con una clara concepción de corporación-conglomerado en el que confluyen distintos intereses que abarcan ramas muy distintas de la actividad. Hasta quienes antaño representaban la creación artística se veían desplazados en su reconocimiento icónico por las nuevas "estrellas" surgidas del deporte o fabricadas expresamente por la televisión, con su enorme capacidad para crear de la nada una figura a la que extraer el suficiente jugo de rentabilidad y dejarla caer en el cubo de la basura social cuando ya no sirve para hacer negocio.

La Agencia de Estadísticas Laborales de Norteamérica evalua en un tercio menos desde 1980 el número de trabajadores perdidos en los servicios industriales. Mientras, los servicios generan, casi treinta años después, practicamente el 80 % del PIB de Estados Unidos. Cifras parecidas se podrían recordar en otros países "industrializados". El viejo modelo de capitalismo apoyado en la producción y en la industria está en franco declive frente a un modelo basado fundamentalmente en los servicios, en el ocio, en el valor añadido, en la creación de contenidos y no tanto en la producción de los sectores industriales. Se trata de una nueva división del trabajo en la que la producción vendría a corresponder a las economías emergentes como China o India, con mano de obra barata, escasos derechos de sindicación y todavía distanciados de los sistemas de protección social del llamado estado de bienestar. Dentro de ese modelo de servicios la proyección de contenidos, la creación de figuras icónicas, y ya no solamente de "estrellas" se convierte en una necesidad no por razones ideológicas como en los años de la guerra fría en los que se contrastaban a la luz pública dos modelos de sociedad sino por razones exclusivamente económicas y de mercado. Los países emergentes también han dispuesto de un potente estrellato. No solo en China o la India (con un intento de entrada de capital americano en Bollywood) sino también en Egipto o en Nigeria (el mayor productor de cine o de DVD de toda África puesto que han desaparecido los locales de exhibición) de la misma manera que también la antigua URSS creó un peculiar estrellato a veces a la rémora de los propios modelos occidentales (como alguno de los vacuos intentos de crear un 007 soviético).

Ahora las estrellas ya no son los actores, o solo muy ocasionalmente alcanzan ese estatus y de manera fugaz. Han de compartirlo con otras muchas categorías, en un momento en el que los productos culturales dependen de los medios de comunicación. Hasta los antiguos límites se difuminan entre literatura de "best seller" y "literatura de calidad" o dirigida hacia un público más selectivo. En los festivales de cine de primer nivel no se establece hoy distinción alguna entre "película de autor" y "superproducción": lo comercial coexiste plenamente con lo puramente artístico. Los modelos se combinan y yuxtaponen.

Dentro de un nuevo sistema económico basado en el consumo y no en la producción, en el sector terciario y no en el industrial desplazado hacia las economías de los países emergentes, ha cobrado importancia un elemento tan fundamental como es la extrema rotación de los productos y la efímera vida de los mismos. Se trata de un sistema en el que participan desde las tiendas y almacenes de moda que varían en plazos de vértigo sus colecciones donde el diseño pero no la calidad del producto es la clave, a los medios de comunicación y la industria del espectáculo que necesita promocionar continuamente nuevas "figuras". Los lanzamientos se consumen en el tiempo que dura una bengala encendida. Se trata de un proceso antagónico a los conceptos y valores sobre los que se estableció más de un siglo atrás una forma de capitalismo en el que se valoraba positivamente la constancia, la continuidad en el trabajo, la antigüedad y la fidelidad laboral que merecía una recompensa, mientras el acabado o la calidad de la producción adquiría un alto reconocimiento. Hoy sin embargo, lo importante es la rotación de los productos, muchos de los cuales han sido fabricados en China a precios muy bajos, con un diseño adecuado al gusto de los mercados locales. Un producto de usar y tirar, en el que se incluye desde la ropa y los complementos a los objetos antaño puramente culturales. Las estanterías y los escaparates deben ser cambiados semanalmente e incluso casi a diario para llamar la atención de ese consumidor al que cada día hay que provocar y atraer con nuevos impulsos. "Lo nuevo" dura demasiado poco más allá del tiempo de un suspiro.

Los medios electrónicos y fundamentalmente la televisión y sus campos colaterales, incluida la red, necesitan por lo tanto fabricar figuras en un proceso de nacimiento, de estallido y olvido. En los contratos del Hollywood clásico tanto como en los de las discográficas de los últimos 50 y 60 dentro del "pop" y del "rock" se valoraba la permanencia. Las estrellas se veían muy influenciadas, incluso moldeadas o pre–fabricadas por las compañías, quienes las habían creado una imagen y condicionaban absolutamente su carrera. Se trataba de una auténtica "inversión" a medio o a largo plazo con la que se buscaba una rentabilidad a través de un sistema de permanencia dilatado en el tiempo. En una etapa de cambios súbitos de accionariado en las compañías, de fusiones y absorciones aceleradas, de extrema influencia de los "broker" en la gestión de las compañías, de presencia de un capital especulativo en busca de rápidos beneficios a través de un simple "pasamanos", el viejo concepto quedaba hecho añicos. El sistema ha saltado por los aires especialmente en el caso de las discográficas con una desrregulación que no ha provocado como hubiera sido positivo la liberación de los artistas, la creatividad sin intermediarios, sino la acracia del capital, un mayor tributo a la "energía destructiva" del capitalismo. Ya no hace falta estrellas. Se crean en un escaso tiempo para que su jugo pueda ser exprimido con rapidez. Y luego destruirse.

Además las nuevas formas de explotación de la industria audiovisual y la propia transformación de los públicos ha deteriorado el viejo sistema de estrellas. Las películas americanas se hicieron mucho más caras a medida que la tecnología y los efectos especiales iban cobrando mayor importancia y las salas de cine empezaban a contar básicamente con un público juvenil, condicionando los propios contenidos de la producción. Prácticamente empezaban a desaparecer muchos géneros o a tener una vida languideciente frente al auge de la ciencia ficcion, el nuevo "comic", la acción tecnológica con super-héroes, el terror o las comedias de adolescentes. Además en esa extrema rotación los productos se explotan en un tiempo record. En otras épocas el periodo de comercialización era mucho más dilatado en cualquiera de los soportes culturales. Un libro o un disco tenían una vida propia durante meses y años que permanecían en las tiendas, una película una vía de explotación que podía durar mucho tiempo. Esto se ha acabado totalmente: un largometraje tiene que funcionar en su primer fin de semana de estreno y de lo contrario pasará enseguida a mejor vida. Las novedades serán continuas en un tiempo de explotación más que exiguo, pero en el que la rentabilidad se obtendrá de manera inmediata, con miles de salas exhibiendo el mismo título hasta su rápida sustitución por el siguiente. La digitalización de cines en Estados Unidos y Europa con el fín de las pesadas latas de película de 35 milímetros que deben ser transportadas físicamente y cargadas en las cabinas de proyección permitirá que sin soporte físico muchas más salas sean capaces de ofrecer el mismo título en idéntico tiempo. Ello hace a la vez imprescindible el recurso a las grandes inversiones publicitarias capaces de focalizar la atención en unos productos que deben ser consumidos a un ritmo vertiginoso.

Bajo ese pulso frenético las estrellas como las de antaño no garantizan la repercusión comercial del producto que antes se basaba en los repartos ,–el "una de Bogart", "dos de John Wayne" y "tres de Doris Day"–, y ahora en los efectos y en la producción, en la "pirotecnia" del audiovisual. La mayor parte de los nombres que aparecen hoy en las cabeceras de cartel han tenido fracasos de "record". Como Tom Cruise con *Misión imposible, III* (2007) e incluso *Valkiria* (2009) y *Noche y día* (2010) especialmente en el mercado norteamericano, o los sucesivos encadenados de desastres comerciales con Nicole Kidman de protagonista: *Embrujada* (2006), *Mujeres perfectas* (2007), *La brújula dorada* (2007), en una lista que podría extenderse hacia el infinito. Si el cine americano utiliza los nombres como reclamo lo hace pensando más en los mercados exteriores que en el interior. Buena parte de los estrepitosos fracasos en su propia casa se logran compensar con las recaudaciones en el extranjero donde el cine americano sigue teniendo a través de sus redes comerciales una presencia arrolladora. Pero se trata de un tiempo muy distinto al del pasado.

Segunda parte

...Y CAÍDA EN LOS INFIERNOS

Capítulo 2

ESCALERA DE SUBIDA Y DE BAJADA

Después de dejar la Casa Blanca el expresidente demócrata Harry S. Truman, cuya imagen permanece asociada para siempre a los tiempos más duros de la "guerra fría", escribió unas curiosas memorias tituladas "De presidente a ciudadano" en las que describía el laborioso y no precisamente fácil proceso de cambiar una vida anterior en el ojo de la atención de todo el mundo hasta convertirse en "otro más". Ese tránsito al status social de "ex" se ha convertido en un verdadero drama para muchos de sus protagonistas. Sobre todo cuando se trata de primeros mandatarios desplazados de la noche al día del poder por un golpe de estado o en el sistema democrático por las veleidades del electorado. Y sus repercusiones se podrían extender como una oleada a muchas otras personas con un status todavía menor. Dejar un puesto de responsabilidad, abandonar el protagonismo para ejercer una labor de secundario representa un serio drama para el que difícilmente se está preparado. Por más que se diga que los cargos, el reconocimiento publico, la fama o la popularidad son fases y no garantías de estabilidad en el tiempo o una condición adquirida a modo de una monarquía hereditaria, la asunción de ese hecho no siempre es sencilla. Mucho más problemático sería el caso de los artistas, de los llamados "divos", de las "estrellas" del cine, la televisión o la música, entronizados de la noche al día, drogados por una adulación con tanta facilidad para seducir. Aquéllos que como en un sueño, o mejor en una pesadilla, sin explicación alguna, sin saber por qué se ven inmersos en un súbito apagón, en un precipitado crepúsculo. Un olvido que significa algo parecido a una muerte en vida.

Viene a ocurrir lo mismo con el resto de las realidades humanas. Que son verdaderamente "préstamos". La vida es un pasar, un fluir, en la que la palabra "propiedad" expresada en todo su sentido es incompleta. Los altibajos, los cambios y los inesperados azares están a la orden del día, así como las probables o precipitadas transformaciones de ritmo vital, las decadencias, los desgastes, los ocasos… Asumir ese cambio de condición es un aprendizaje que exige un gran esfuerzo, que no todos son capaces de aceptar. El terrible destino de los expulsados o desplazados de las parcelas de poder tratando efímeramente de volver sobre sus pasos, manipulando para influir en los sucesores, desestabilizando para actuar sobre los herederos está terriblemente a la orden del día. Viajamos con el éxito y el fracaso a nuestras espaldas, pero no siempre se es capaz de aprender que ambos productos figuran dentro de la misma valija. Todavía más difícil es la posición de aquéllos que parecen no haber conocido otra personalidad que la del reconocimiento público o de la fama, los que desde muy jóvenes se han acostumbrado a ese status de "estrella" que nunca parece que vaya a declinar o a apagarse.

La "estrella" no siempre tiene otra vida propia para inventarse o adaptar su personalidad a otra fase muy distinta de su vida. En los personajes del mundo del espectáculo "fabricados" a la medida del éxito un repentino cambio de dirección puede ser un pasaporte hacia el abismo sino han sabido buscarse otra nueva identidad. El endiosamiento o la mitificación se cobran un elevado precio. No siempre es fácil asumir el cambio de signo o la derrota impredecible. Bajo el mito (invirtiendo las sílabas en castellano resulta la palabra "ti-mo") subyace la misma materia humana de la que estamos todos fabricados, por mucho que se quiera disfrazar de perfección inexistente. Es esa moneda de falsedades que aparece tantas veces en las estereotipadas biografías de "santos" o de "héroes" cuyo destino parece designado desde su concepción, vidas que se presentan sin dudas, sin contradicciones o vacilaciones. Biografías "oficiales" de santos, iluminados y profetas, de líderes de masas en todas sus dimensiones: políticas, artísticas, sociales, deportivas… Tan falsas como un sueño. De la misma manera que la estática "belleza" de la publicidad forma parte de un puro artificio. No existe nadie físicamente perfecto porque la belleza es un concepto subjetivo antes que una regla, sometido además a los dictados de la moda: las mujeres de Rubens nada hubieran tenido que hacer en los tiempos de la anorexia.

La política, las artes, el cine, la música o el deporte generaron en el siglo XX mitos "indestructibles" descritos a través de escuálidas pinceladas, de la misma manera en que en los siglos anteriores se presentaban los signos de santidad. "Santos" que podían haber sido percibidos por sus coetáneos como "perfectamente insufribles" en ciertas situaciones de su vida. Los nuevos mitos del siglo XX vistos bajo perspectivas mucho más completas nos muestran perfiles de auténtica imperfección humana. Picasso podía ser maravilloso como creador de mundos artísticos pero también un déspota en su relación con alguna de esas mujeres que en teoría llenaban su vida. Marilyn Monroe absolutamente seductora pero totalmente insoportable en la forma de trabajar. Alfred Hithcock un maestro en la manera de acercarse a historias de muchas aristas pero un personaje tan atormentado y "carne de diván" como muchos de los que poblaban sus relatos. Stanley Kubrick un creador de deslumbrantes historias pero un ser humano frío y cruel hasta lo despreciable en su relación con los demás. Peter Sellers un actor genial con su expresión de cinismo pero a la vez un personaje complejo, difícil, de mal carácter, capaz de obligar a despedir a alguien de un rodaje solo porque no le gustaba el color de la ropa que llevaba. La lista podría ser infinita e interminable. La cara y la cruz forman parte de la misma moneda.

De la misma manera que el éxito y el fracaso caminan en el mismo cuerpo y ambos ingredientes pugnan entre sí. Pero cuando se está subido en una torre de marfil nunca se piensa que pueda estrellarte contra la superficie de la tierra porque falle la base en la que reposa el pedestal o por un fuerte golpe de viento. La actual sociedad predispone para el triunfo exclusivamente y se alimenta de vender éxitos. Se educa para el triunfo y no para saber asumir el fracaso, aprender a reaccionar frente a las depresiones, aminorar el impacto de los declives que necesariamente se tendrán que producir. Desde ese olimpo es difícil intuir que llegarán situaciones que no son las de la belleza, el triunfo, la juventud y el dinero. Una mística de los triunfadores personales y sociales los describe como seres "tocados de la vara de la suerte", afortunados viajeros de la peripecia de la vida, triunfadores a prueba de contingencias… Ese modelo se ofrece y se vende por cualquier parte. La publicidad "garantiza" un éxito consumiendo un producto. Instantánea belleza de photoshop. Y no solo a los jóvenes, sino también a los mayores y hasta a las personas ancianas. Triunfo asociado a la exhibición, a la mimetización con respecto a unos modelos etéreos, casi perfectos, al alcance ¿de cualquiera? Saber perder no está incluido en la hoja de ruta. Muy difícil lo tiene el perdedor desde el punto de vista social.

Sin embargo la caída desde la cima social a la más profunda de las simas es una realidad que siempre está latente. En la construcción del mito nunca se habla de fracasos. El mito posee algo de componente inmaterial y por lo tanto es imperecedero. Pero esto constituye una falacia. Por una sola o por varias razones al mismo tiempo: políticas, sociales, sexuales, por falta de preparación psicológica para asumir el éxito, por problema de personalidad, mercado, transformación de los gustos o influencia de las modas, de la multitud a la soledad puede haber solo una pizca de tiempo. Los triunfadores pueden caer por tierra por causas absolutamente impensables. A veces cuando es necesario elegir entre la vida, la dignidad personal, las ideas, la ética, la libertad para no engañarse a uno mismo.

Argentina años 70. El retorno a la Casa Rosada de un Perón envejecido y debilitado en el que las distintas facciones se enfrentaban a sangre y fuego estaba generando un clima de desasosiego. A la violencia contra el sistema detrás de la que aparecían extremistas del peronismo se respondía con una intensa represión, una cruel "caza humana" que daba carta de protagonismo a la extrema derecha. Con su viuda, María Estela Martínez, nominalmente en el poder y las decisiones en manos del todopoderoso ministro de Bienestar Social (tremenda paradoja) López Rega, se generó desde arriba un poderoso mecanismo de amenazas y de liquidación de la disidencia. Al terrorismo extremista de la base se respondía con el terrorismo de estado. Servicios para-policiales creados bajo la sombra con la protección o la influencia de jefes militares y policiales generaron una amenaza de detenciones arbitrarias y cárceles secretas, y de eliminación física de los disidentes: simplemente "desaparecidos". Una represión que terminó por salpicar a una porción de la sociedad argentina. Incluso a quien jamás había tocado un árma con sus dedos.

"También" a los actores. O mejor dicho con especial saña contra intelectuales, artistas y medios de comunicación por lo que tenían de emblema. Dentro del diseño de la "Operación Condor" con gobiernos represivos en Chile, Argentina y Uruguay y el beneplácito de la política de Nixon-Kissinger muchos de esos artistas fueron amenazados o eliminados. El chileno Victor Jara, cantante y actor, por ejemplo, al que se le mató a las pocas horas del golpe de Pinochet. En Argentina, además se produjo un hecho sorprendente: una generación de actores que ya eran populares, caras conocidas o emergentes en el cine, el teatro o la televisión, que estaban empezando a formar parte del "star system" de ese país vieron como su "status" y reconocimiento social pasaba a convertirse en papel mojado. Quienes creyeron abrazar la antesala o el salón del prestigio hubieron de correr hacia el extranjero para salvar el pellejo. De nada valía que aparecieran en los carteles de los teatros y que sus rostros fueran reconocidos. Se trataba de personajes, cuyas ideologías no tenían por que ser homogéneas, que pensaban de manera diferente y su vinculación política personal no era coincidente. De ser "admirados y conocidos" a convertirse en estatuas de barro tiradas por tierra no había más que un corto trecho.

Otros muchos artistas en el mundo han pasado del "camarote vip" o de la "primera clase" a la muerte o el olvido. Dentro de un abigarrado mosaico de razones: políticas, personales, sexuales, adicciones o sencillamente cambio espectacular de la moda y la valoración de una obra. Del todo a la nada. Rompiendo una errónea lectura de la fama como un proceso siempre de menos a más. Nadie es nada aunque haya tocado con sus dedos el cetro del reconocimiento público.

El caso argentino es ejemplar por la rapidez con el que se produjo. En 1974 el actor Luis Brandoni ya era reconocido por su trabajo en el teatro y en la televisión, y acababa de rodar *La tregua* (Sergio Renán) basada en una historia de Mario Benedetti, que se convertiría en una de las películas estrella del cine de su país. Pero eso no le sirvió de nada. Según Brandoni (1940) cuenta a Silvana Avellaneda en "Clarín" (11 de febrero de 2007): «En 1974 recibí una sentencia de muerte si no abandonaba el país en veinticuatro horas (…) Alterio (Héctor) estaba en el Festival de San Sebastián en España y se quedó allí. Los otros se fueron sin familia y yo salí cuatro días después costeando con nuestros propios recursos para salvar la vida. Me acompaña mi entonces mujer (la también actriz Marta Bianchi) y mis dos hijos pequeños». Brandoni era secretario general de la Asociación Argentina de Actores: «No éramos un sindicato peronista, éramos un sindicato democrático donde participaban actores de las más diversas tendencias y yo había tenido una muy activa (…) El exilio fue muy duro, lo viví muy mal».[15]

Menos de un año después regresó en solitario a Argentina. «Si hubierra tenido miedo me hubiera quedado diez años. Pero lo pasaba muy mal en el exilio. Contra la opinión de mucha gente, entre ellos mi padre y mi mujer decidí volver. El clima no había cambiado en 1975 (…) Se cometían las mismas barbaridades. Todo era muy violento tanto por parte de la "Triple A" como de las organizaciones subversivas». Después de producirse el golpe militar del 76, el 9 de julio de ese año a la salida del teatro Lavalle, en pleno centro de Buenos Aires, fue secuestrado junto a su mujer por un grupo liderado por Anibal Gordon antiguo miembro de la "Triple A" siendo trasladado a la prisión clandestina abierta en la antigua fábrica de Automotores Orletti. Después de la restauración del sistema democrático Brandoni conoció que se libró de la muerte gracias

---

15. Parecido relato fue contado por Luis Brandoni en Buenos Aires al autor de este libro mencionando la terrible dureza de un exilio en México «donde nadie nos conocía y hubimos de empezar desde cero»,a gradeciendo los apoyos recibidos entre otros de algunos actores españoles que se interesaron por su situación.

al general Corbetta que mandaba la policía federal, quien sintió piedad de ellos por su imagen popular de artistas. «Sobreviví porque no me dejé ganar por el miedo y tuve la firme convicción de que eso se iba a acabar en algún momento». Luis Brandoni ha alternado su trabajo como actor con el político. En 1993 fue elegido diputado por la capital federal de Buenos Aires con la Unión Cívica Radical, y en 1997 con el mismo partido asociado al FREPASO. Antes, con Alfonsín en el poder con quien mantuvo una estrecha colaboración fue asesor cultural de su gobierno. En 2007 no salió elegido en la candidatura a vicegobernador; siempre apoyando a su amigo personal Raul Alfonsín artífice de la transición en Argentina fallecido en 2009.

El antes mencionado Héctor Alterio (1929) decidió quedarse en España visto que había sido amenazado de muerte. Y esas amenazas no eran meramente declaratorias. Hubo de sobrevivir económicamente en duras circunstancias durante muchos meses con la ayuda de amigos de la colonia argentina en España negándose a aceptar trabajos muy menores por consejo de su representante española, hasta que le empezaron a llegar buenos trabajos. Durante el llamado "periodo", la sangrienta dictadura militar, su nombre estaba prohibido en los medios. Incluso se eliminó su personaje en la versión estrenada en los cines argentinos de *Asignatura pendiente* (Jose Luis Garci, 1977) primer trabajo del actor en España.

Dentro de esa generación de actores en pleno proceso de consolidación Norma Aleandro (1936) después de ser amenazada de muerte se exilió a Uruguay y más tarde a España de donde procedían sus antepasados, lo mismo que su hermana la destacada actriz María Vaner –1935-2008– (famosa también entre otras cosas por haber sido la esposa de Leonardo Favio, director y cantante, otro de los "grandes" del estrellato de ese país). Aleandro, luego bendecida por el éxito a partir de su regreso a Argentina en 1985 con películas como *La historia oficial* (Luis Puenzo, 1985, Oscar de Hollywood a la mejor película extranjera), *Gaby, una historia verdadera* (1986, que le valió la nominación al Oscar a la mejor actriz protagonista) o *El hijo de la novia* (Campanella, 2002), sobrevivió en España sin que apenas lograra trabajo, debutando ocasionalmente en un teatro donde pasó prácticamente inadvertida, en una situación parecida en su exilio español a la de su hermana María Vaner que desde los años 60 era una popular y reconocida actriz en su país, y que en España hubo de volver a empezar de la nada, fracasando en ese intento de reconocimiento.

Nacha Guevara, cantante y actriz tardó menos de un día en huir de Argentina con sus hijos y su pareja de entonces, el músico Alberto Favero. En 1975 en el ensayo general de una versión de "Las mil y una noches" en el complejo teatral Estrellas estalló una bomba luego reivindicada por la "Triple A" (primero denominada Alianza Antiimperialista Argentina y luego reconvertida en Alianza Anticomunista) con el resultado de un operario muerto y varios heridos. Ella se encontraba en la lista de veintiséis actores amenazados de muerte por la organización terrorista. Se refugió en Perú y luego en México, residiendo en España entre 1978-82 después de su éxito en un teatro de Madrid en el que se mantuvo su función durante nueve meses seguidos en cartel. En 2009 se presentó a las elecciones a diputada por el número 3 de Buenos Aires dentro de la lista oficial del Partido Justicialista. De la noche al día hubo de escapar de Argentina al ser amenazada de muerte por la Triple "A".

Dicho grupo terrorista formado por sindicalistas ultraderechistas peronistas, para-militares y retirados del ejército y de la policía y neo-nazis también amenazó de muerte a su ex-marido el actor y director teatral Norman Briski (1938) entonces también muy popular en Argentina. Durante diez años no volvería a pisar su país. «En determinado momento me censuraban los militares, me pusieron bombas, me hicieron de todo…En realidad nos censuraban a miles de personas (…) Después que volví también me censuraron algunos radicales, el Canal 7 que no lo pisaba, si no fuera por Brandoni no hubiera trabajado (…) siempre hubo sectarios que opinan que soy un radicalizado y un anticapitalista, cosa que es cierta» (Entrevista de Valeria Carrizo en "Comunicarte 44" (27 de diciembre de 2006).

En Uruguay las condiciones de la dictadura impusieron muchos rápidos cambios de "status". Personajes con un reconocimiento público o con una "vida hecha" tuvieron que salir precipitadamente de su país. Walter Achugar, productor y distribuidor de cine ligado a la Fundación del Cine Latinoamericano fue detenido y torturado. Más tarde expulsado de Uruguay como apátrida y gracias a que varios nombres del cine europeo y norteamericano suscribieron un manifiesto exigiendo su liberación.

Así explica hoy esa situación desde la distancia que proporcionan los años: «Respecto a Uruguay hay un caso emblemático que se debería estudiar e investigar. La de la institución "El Galpón". Atahualpa del Cioppo fue su nombre más conocido, incluso llegaron a actuar en España y otros países. Fueron de lo mejor del teatro desde los últimos años 50 y 60 en el Cono Sur: tenían su propio local donde representaban funciones. Se vieron obligados a emigrar en masa a México para salvar su vida. Cuando llegaron a ese nuevo país no los conocía nadie. Tuvieron que empezar desde la más absoluta nada. Yo mismo antes de decidirme por el cine en 1955 había hecho con ellos un curso de teatro como actor. Recuerdo que realicé mi examen de admisión con un fragmento de "La muerte de un viajante" de Miller, con otro actor entonces joven que hoy es una de las figuras más importantes de nuestro país. Logré aprobar.

»No me hundí pese a tenerme que verme obligado a exiliar. Antes había sido objeto de toda clase de torturas físicas y psíquicas. El exilio me obligó a salir a luchar por sobrevivir por el mundo (estuve en tres países como exilado, primero como apátrida, ese castigo al que nos sometió la dictadura que nos negó hasta nuestra nacionalidad) y con el paso del tiempo me llegué a considerar hasta afortunado. Porque llegué a España y allí aprendí más de lo que llevaba conmigo y pude hacerme un lugar al sol de ese maravilloso país. Llevaba algo casi invalorable y yo no lo sabía: podía hablar, leer y escribir en español, inglés, francés, italiano o portugués». Testimonio personal (2009).

En la actualidad reside de nuevo en Montevideo.

Otros tuvieron mucha menos suerte. Se vieron obligados a aceptar trabajos escasamente gratificantes solo para poder sobrevivir desde el punto de vista económico. Como los actores y técnicos judíos, muchos de ellos con una gran popularidad que debieron abandonar Alemania, Austria o Hungría y los países ocupados por los nazis en los que se impusieron severas leyes que les impedían trabajar. Un largometraje documental alemán de 2003 repasa la patética historia de esas grandes estrellas de los años 30 en estudios de Viena o de Budapest condenadas a malvivir en la más terrible de las miserias, después de haber sido auténticos "ídolos" del público de la época.

Ésta es por lo tanto una historia de ganadores y de perdedores. Una colección de perfiles sobre personajes preparados para ganar y no siempre acostumbrados a asumir la derrota. O la propia victoria en otros casos: porque no siempre es fácil administrar algunos éxitos. La existencia humana es contemplada como una trayectoria rectilínea del nacimiento a la muerte y no como una sucesión de éxitos y de fracasos. Ese aspecto se acentúa mucho más en aquellos personajes que han adquirido notoriedad pública o en algún momento de sus vidas han tenido la suerte o la desdicha de aparecer como espejos sociales, elementos de identificación, como símbolo o como vector por encima de sus propias intenciones. Las sociedades humanas necesitan mitos. Y algunos buscan "dioses" aunque sea con pasiones terrenales como los de Grecia, y otros tratan de mostrar a humanos con todas sus imperfecciones como deidades. Pero fue precisamente en el siglo XX con el auge de los medios de comunicación cuando esa mitificación definió personajes absolutamente creados de la nada, de la misma manera que en la Antigüedad, en la Edad Media o en el Renacimiento se generaron "dioses" terrenales de leyendas o temores ancestrales.

Dentro de esa mitificación personajes tan frágiles o tan seguros de sí mismos como los humanos han ido dando lugar a perfiles biográficos la mayoría de las veces contados bajo la perspectiva de unas "vidas ejemplares" o de una trayectoria de santidad, con versiones oficiales en las que los grandes personajes de la Historia aparecen como iluminados, seguros de su importante misión en la Tierra o poseídos de sí mismos. Buena parte de las biografías oficiales como las de los "biopic" (género de películas biográficas creado en Hollywood) tiende a presentar a esos mitos con impronta bajo un perfil de "iluminados" y "seguros de sí mismos", de una esencia rectilínea, aunque siempre en permanente lucha, hasta la esperada llegada del triunfo final. Pero es mucho más interesante conocer al Simón Bolivar incomprendido e incluso fracasado frente a los intereses de las camarillas y las oligarquías locales en su sueño panamericano o acercarse a la vida de Teresa de Calcuta cuando tiene dudas religiosas y no cuando es presentada dictando sentencias para la posteridad. Sin duda, en ese claroscuro están las claves de las biografías, la grandeza y también la miseria de los seres humanos.

A través de los perfiles recogidos en este trabajo que habla sobre historias personales de triunfadores que se quiebran estrepitosamente por las más variadas razones, y de aquéllos que triunfan y realmente con la vida solo saben hacer fuego, autoinmolarse a sí mismos, destruirse cuando tenían todas las posibilidades para alcanzar el máximo reconocimiento social, se pueden reflejar perspectivas de muy diferentes orígenes. Del mundo de la política, de la ciencia, del arte, de las actividades económicas… Cada cual con sus propias características. Aunque las contradicciones más dramáticas estallan en el mundo del espectáculo por la propia velocidad con la que se producen esos cambios. Nombres perfectamente reconocibles muchos de los cuales han sido admirados y envidiados por las masas, que en un momento de su vida y sin ser capaces de controlarlo se ven inmersos en la quiebra vital más absoluta, arrastrados hacia la ignominia o la miseria, reconvertidos de ídolos en puñados de barro, expulsados de su particular paraíso para transformarse como unos nuevos parias. Sea por un periodo de sus vidas o para siempre.

Uno de los más famosos relatos de Mark Twain, "El príncipe y el mendigo" cuenta en clave de fábula la peripecia de un niño que ha crecido en una cuna privilegiada y que en sus juegos palaciegos se hace pasar por un mendigo y es tratado (o mejor maltratado) como tal sin que nadie llegue a creerlo. A muchos de los personajes de estas historias personales les ha pasado como al protagonista de la obra de Twain. Reconocidos como auténticos "príncipes", "astros", "privilegiados" tocados por la vara de la fortuna, "ángeles", admirados en un momento de su vida hasta el delirio de manera súbita o gradual descendieron a una imprevisible sima de la que muy pocos pudieron salir. Por un abanico variado de motivos. Sea por factores en los que tiene mucho que ver la identidad personal, o el duro contraste entre realidades que no son como parecen en un principio, con la liberación de traumas y la magnificación de las semillas psíquicas que arrastra en su mente todo ser humano sin que necesariamente tengan por que ser dramáticas; con todas sus secuelas en forma de inmadurez, vanidad, autocomplacencia, disfunciones sexuales, o bien adicciones. Por otro lado bajo la influencia de factores totalmente imprecedibles: unos ligados a las coyunturas del mercado, a las imposiciones de la moda, a los bruscos cambios de los gustos estéticos, a la fragilidad de la fama. Y muchos más a elementos tan difíciles de controlar como los cambios de coyuntura histórica, los violentos bandazos en la política, los seismos en la historia de las sociedades, tan terribles en una buena parte del pasado siglo XX.

La sociedad tiende a manejar un concepto idealizado de la trayectoria humana, siempre de menos a más. Utilizando una rígida descripción potenciada en los tiempos del primer liberalismo que se ha mantenido sorprendentemente viva pese a sus muchas variantes: el progreso continuo. La idea es aplicable tanto a las sociedades como a las biografías personales. Según ese diseño los seres humanos son piezas de una sola trayectoria sin idas y vueltas dentro de un camino abierto pero siempre hacia el horizonte, ininterrumpido en el que se admiten las detenciones o el cambio de los ritmos pero no los retornos hacia atrás. Las religiones fundamentan además esa trayectoria rectilínea: quizás puedan aparecer en el camino de los seres humanos terribles padecimientos y la vida convertirse en un auténtico horror; pero "al final" aparece una "gloria" prácticamente asegurada en "otra dimensión" si se cumplen unos preceptos y se siguen unas prácticas. Es la famosa frase del "Dios aprieta, pero no ahoga", probablemente inventada por alguien nacido y crecido entre rasos y algodones, pero que se convierte en un cruel sarcasmo cuando es esgrimida ante esos seres para quien su tránsito por la vida es lo más parecido a un desplazamiento por una cámara de torturas.

La idea de avance personal rectilíneo es un concepto que empapa a lo psicológico y está en la esencia de la idea de progreso creado con la Revolución Industrial. De la misma manera que se difundió muy brevemente tras la última guerra mundial y en otras ocasiones más recientes una fugaz sensación de paz sin límites, de progreso sin cortapisas casi a salvo de vueltas hacia atrás, donde ya no habría sitio para el odio, el racismo, la violencia o la tiranía. Pero como se ha descrito suficientemente: todo imperio forma parte de un ciclo en el que cabe también la decadencia. De la misma manera que en un ser humano. Aunque difícilmente un imperio sea político o industrial va a ser capaz de admitir en su máxima expansión que también lleva en sus cromosomas el de la decadencia. Como en las propias leyes de la naturaleza que se rigen por ciclos.

A lo largo de la mayor parte de la historia humana no se ha concido un elemento tan importante para nuestras sociedades actuales como el de la movilidad social. Saltar de la base a la élite era auténticamente un milagro, incluso en una época relativamente más abierta que las precedentes como fue el final del siglo XIX. Los personajes de las novelas de ese tiempo podían pasar de la miseria a un trono a lo largo de varios centenares de páginas; pero difícilmente iban a volver atrás y regresar al lugar de partida. Ese argumento estaba presente en las "novelas por entregas" tanto como en la literatura para otros públicos no habituales como los "libros para señoritas" o las "historias sentimentales". Entre tanto "Madame Bovary" o "Ana Karenina" terminan mal por haber transgredido unas normas sociales y a la vez como pago al precio de su "liberación" las heroínas de las novelas populares tenían mucho que ver con las protagonistas de los "culebrones" actuales: sufrían, se cruzaban en su camino grandes problemas y obstáculos pero finalmente el triunfo se alcanzaba al final. Con la misma técnica del "happy end" del cine y la novela de masas de las primeras décadas del siglo XX. Las protagonistas de muchas de esas historiasrrío eran mujeres que transitaban de la pobreza a la riqueza, volvían a caer en la miseria por un golpe de fortuna pero finalmente lograban alzarse con el triunfo.

Esa trayectoria rectilínea está presente en buena parte de las "biografías oficiales" de los personajes de nuestro tiempo, cualquiera que sea la actividad que desarrollen: un periodo de sacrificios generalmente ubicado en la infancia y la primera juventud, de incomprensiones pero también de suerte infinita que un día cambia radicalmente por un golpe de fortuna hasta tomar el camino de la rampa que conduce al éxito. Y a partir de ahí todo vendría a formar parte de una progresión "infinita". Sin embargo es mucho más difícil administrar el éxito de lo que parece a primera vista. Llegar tiene su dificultad y no está al alcance de cualquiera, pero lo que tiene verdadero mérito es la permanencia. Y esto vale lo mismo para artistas que para cualquier otra empresa humana.

Bajo una superficial perspectiva como la que es descrita desde las nuevas leyendas urbanas el éxito personal aparece cifrado por factores que tienen demasiado que ver con el azar. Todavía muchos adolescentes creen en las condiciones innatas, en virtudes que se alcanzan de forma natural; cuestión que nos remitiría a esperar incluso unos "milagros sociales" que casi nunca existen, en la apariencia de personajes-maravilla, en "cazatalentos" capaces de cambiar el carbón en azabache. Desde ese planteamiento el éxito se entendería como un simple producto derivado de la casualidad, de la veleta invisible del azar, de la lotería de lo inexplicable, de factores totalmente externos pero que según esa descripción están ahí fuera y son más numerosos de lo que parecen. En realidad es una reedición del "milagro" en un sentido religioso en el que aparecen seres "elegidos" por designios sobrenaturales e inexplicables mientras otras personas son totalmente "olvidadas".

Esa descripción desplaza a uno de los elementos que apenas es exhibido: el trabajo, la formación, la continuidad… Un componente que tampoco garantiza una permanencia en lo seguro. Así todo formaría parte de una vertiginosa combinación de elementos que se pueden controlar o al menos ejercer una cierta influencia sobre ellos y otros absolutamente imprecedibles debidos a factores totalmente debidos a la casualidad. Es una nueva versión de la "teoría del caos" aplicada a la trayectoria humana.

Aparece además otro concepto: el éxito tiene diferentes varas de medir para los seres humanos y distintos estilos de valoración. El éxito puede ser (o no) el reconocimiento público, el dinero, la imagen, el triunfo. Mientras para otras personas lo será encontrarse uno mismo, incluso en el espacio de la sociedad humana más aparentemente irrelevante a los ojos de los demás. La meta deberá ponerla cada cual a su antojo, e incluso ésta se puede graduar. Lamentablemente el modelo social imperante que se difunde a través de los medios de comunicación genera un solo modelo de éxito apoyado en la imagen social y en el dinero. Y el acceso a ese "estatus" es descrito siempre como una curva ascendente en la que no parecen existir toboganes ni caídas, rampas ni cortados. Es el modelo de los concursos televisivos con el "triunfo" como objetivo. ¿Cuánto tiempo puede durar una vez conseguido? Esas estancias en determinados olimpos a veces pueden ser traumáticas y hacer infelices a personas que tan solo tienen oportunidad de conocer una de sus caras. La sociedad actual impone un único modelo ligado a la imagen y al dinero, con un cuello de botella cada vez más reducido de posibilidades de desarrollar un estilo personal. No es baladí la lección del emperador criado entre algodones y sometido a unas terribles tensiones a lo largo de su vida porque tiene que representar un papel a través de un proceso de aprendizaje de por vida que descubre al final de la misma que es más feliz de jardinero, contemplando el discurrir de los astros y de los días, o disfrazado de humilde campesino.

Empero lo que se transmite es un acceso al éxito basado en una impostación que implica asumir un papel para el que muchas veces no se está preparado. Muchos de los personajes que aparecen en esta historia tuvieron suficiente conocimiento sobre la cara más visible del éxito pero muy poco por las servidumbres del mito. La mayor parte de esos personajes , —en este caso de la industria del espectáculo pero podría haber valido lo mismo para otras categorías sociales, desde políticos a modernos ejecutivos–, pudieron oír hablar del éxito y de sus servidumbres pero consideraron que podía formar parte de la descripción de un estereotipo que nunca les habría de salpicar. Acaso en muchas otras ocasiones ese conocimiento de los riesgos implicaba una atribución ajena a los demás, de la misma manera que pese a la reiteración de noticias sobre accidentes de tráfico se repite una actitud sintetizada en una frase cómo: «Eso les puede pasar a otros; pero a mí ¿por qué me va a pasar?».

Dentro de esta "historia de pequeñas historias", de perfiles y de retratos, de letra grande y pequeña se podrían describir muchas categorías. La de aquellos que alzados al altar de la adoración, el reconocimiento y el triunfo pasaron de la miel a la hiel por un cambio en los vientos de la historia, por un maremoto político. Ya fuera por un ideal, por la defensa de una ideología en concreto, o por una actitud ante la vida. En unos casos por mantener una dignidad frente a la ignominia, la violencia, la intolerancia o el crimen. En otros, sencillamente, por dejarse adormecer por el narcótico de la indiferencia ante la sangre humana. Por sentirse "tótem" fuera de circulación de las pasiones humanas, falso dios convertido de la noche a la mañana en monigote de papel.

Ivor Novello (1893-1951). Cantante, actor y autor de musicales. El más popular de los artistas británicos de la primera parte del siglo XX. Trabajó con Hitchcock y acabó con sus huesos en la cárcel por falsificar cartillas de racionamiento de gasolina durante la II Guerra Mundial.

Arletty (1898-1992). Uno de los rostros históricos del estrellato francés: cantante, modelo y actriz. Protagonizó algunas de las películas más prestigiosas de finales de los 30 y principios de los 40. Considerada todavía hoy uno de los emblemas de la cultura francesa de la época.

Arletty
Durante la ocupación alemana tuvo un hijo con un oficial de la Luftwaffe. Condenada por colaboracionista, estuvo a punto de ser ejecutada, pasó por prisión y un campo de concentración y fue desterrada de París. Su carrera zozobró.

Miguel de Molina (1908-1993). Con una biografía que parece extraída de un folletín, este mito de la copla terminó por convertirse en un emblema de lo "gay" de otra época, envuelto en un abalorio de sofisticación y artificio.

Angelillo (1908-1973). El cantante masculino más popular durante la República, que pasó del flamenco al bolero: "Soy un presidiario", "La hija de Juan Simón", "Camino verde", "Dos cruces", a su vez actor de cine de la mano de Filmófono, a la "sombra" de Buñuel.

Angelillo.
El desenlace de la guerra civil le obligó a un largo exilio en Argentina del que no pudo regresar hasta los años 50. Su espacio ya había sido ocupado por otra generación.

Rosita Díaz Gimeno (1908 ó 1911-1986). Después de Imperio Argentina la figura más conocida del cine de la República. Trabajó en Hollywood y en 1936 Cifesa estaba a punto de lanzarla como estrella. Pareja de Juan Negrín, presidente del Gobierno de la República, nunca volvería a trabajar en España, e intentó hacerse un sitio en América.

Emil Jannings (1884-1950). Nacido en la Suiza alemana fue el actor más relevante de la cultura alemana de principios de siglo. Protagonista con Murnau, saltó a Hollywood y ganó el primer Oscar de la historia por dos películas al mismo tiempo. El cine sonoro le obligó a regresar a Alemania, donde protagonizaría El ángel azul. Cercano al nazismo terminó por convertirse en responsable de la Ufa y personaje-fetiche de la cultura del III Reich. Después de 1945 mendigó un trabajo que los aliados nunca le permitieron.

Emil Jannings.

Gale Sondergaard (1899-1985).
Ganadora de un Oscar en 1936, pasó
a ser una de las actrices más
prestigiosas de la época. Casada con el
director Herbert Biberman en los
tiempos de McCarthy fue acusada de
"comunista" y al ser incluida en las
listas negras apenas pudo volver a
trabajar.

*John Garfield (1913-1952).
De origen judío fue
protagonista de algunos de
los títulos más prestigiosos
de los años 30 y 40, estuvo
dos veces nominado al
Oscar y fue estrella de la
Warner, aunque su papel
más visto lo logró en la
Metro (El cartero llama
siempre dos veces).*

*John Garfield.
Casado con una mujer
que militaba en el PC
desde los días de la II
Guerra Mundial con el
"macarthysmo" sería
acusado de "pasar
información a los
comunistas". Vetado en
su carrera se hundió
estrepitosamente. Al poco
de morir de un problema
cardiaco publicó un
escrito póstumo: "Soy un
patriota americano".*

*Buster Keaton. (1895-1966).
La figura cómica más
popular y reconocida de los
años 20 junto a Chaplin. En
esa década rodó alguna de
las películas más importantes
del género, entre ellas* El
maquinista de La General
*(1927), reconocida muchas
décadas después como una
de las grandes joyas del cine.*

Buster Keaton. Su carrera se precipitó hacia el abismo tras firmar contrato con la Metro. «El peor error de mi vida» confesaría años después. Obligado a trabajar en títulos mediocres en los que la estrella es el locuaz Jimmy Durante, el creador de El navegante *acabó sin dinero y alcoholizado.*

Buster Keaton

Lena Horne
(1917-2010).
Cantante y actriz de
singular distinción
que pasó del jazz y
las grandes bandas a
los estandar
("Stormy Wather").
Fue considerada "la
Hedy Lamarr de
color" por su gran
belleza y elegancia.

Lena Horne.
Activista de los derechos
civiles y a favor de la
igualdad, sobrina de un
asesor de Roosevelt, se le
prohibía dormir en los
"hoteles para blancos".
Tras casarse en secreto con
un blanco fue vetada y
acusada de "subversiva".
Pese a aparecer en 16
películas nunca llegó a ser
estrella de cine por sus
inquietudes sociales y
personales.

Billie Holiday (1915-1959). Con una maravillosa pero escasa voz alcanzó la categoría de voz más representativa del "jazz", y máximo exponente femenino con Ella Fitzgerald. Con una vida que parece extraída de un sórdido melodrama, pasó de la gloria al infierno. Los consumos de alcohol, marihuana y heroína le pasaron factura: prisión, prohibiciones de actuar, arrestos domiciliarios... Murió en la peor situación imaginable para quien había sido una estrella y se convertiría en mito.

Capítulo 3
ESCENARIOS EN CLAVE DE HISTORIA

El siglo XX fue pródigo en cambios radicales de las condiciones sociales, con tremendas conmociones en el continente europeo. Hasta bien avanzado el siglo XIX los artistas lo fueron de corte o al servicio de mecenas como la Iglesia, los príncipes y aristócratas y más tarde de los señores burgueses con capacidad para pagar artistas. De esa absoluta dependencia de reyes y poderosos dependieron gigantes de la talla de Miguel Ángel, Mozart o Goya todos ellos artistas de "corte". Sólo en el XIX en la medida en la que se generó una sociedad liberal con grados muy diversos de relación con el poder los artistas fueron ganando una independencia a la vez que se perfilaba un atisbo de mercado que ya no dependía exclusivamente de los gustos de los señores que financiaban actividades. Aún así en la mitad del XIX seguía habiendo pintores, músicos y artistas que dependían de la protección de las cortes y de la Iglesia, los grandes poderes sociales. Con el auge de la lírica y el género musical, la ópera y la danza, emergerían nuevas figuras. Pero ya no lo eran tanto de una sola corte sino de diversas cortes en plural.

La figura-tipo de esa segunda mitad del siglo XIX podía ser el cantante lírico. Especialmente en aquellas monarquías e incluso repúblicas donde había una afición a la música y a la ópera. Uno de los casos que mejor han sido descritos es el de Isabel II en España gran entusiasta de la lírica y a su vez ella misma cantante, y su papel como protectora de un sistema de lo que hoy llamaríamos "estrellas" que recorrían teatros y palacios por Europa y América. En España como en otros países se era "de" o "contra" una figura del canto, despertándose pasiones como las que hoy dividen a las aficiones de fútbol. Ese estrellato generó un sistema de popularidades en el que a finales del siglo XIX participaban también algunos actores teatrales convertidos en mitos, y un poco más tarde, ya en los albores del siglo XX, además personajes surgidos del mundo de la danza. Nómina en la que desde luego estaban presentes los compositores líricos.

Muchos de esos músicos (como era el caso de Giussepe Verdi) gozaron de una enorme popularidad y participaron decididamente en las luchas de su tiempo con tomas de postura muy claras. En esa sociedad la transmisión de las noticias apenas había sufrido espectaculares reducciones de tiempo, y solo la aparición del telégrafo a finales de siglo inauguraba una nueva era en las comunicaciones. La reducción de tiempo que podía suponer la entrada en el mercado desde la mitad del XIX del ferrocarril, y un poco más tarde de los barcos a vapor y los sistemas de navegación aérea que reemplazaron a la vieja navegación a vela favorecieron la amplitud de los desplazamientos y la mayor cercanía en las noticias. Pero aún a finales del XIX la distancia entre los hechos y su difusión podía parecer una eternidad desde la puesta en servicio de los modernos sistemas de comunicación que se implantarían en las primeras décadas del siglo XX.

Tendría que generarse una nueva mitología y un estrellato diferente a partir del invento del cine, inicialmente un simple juego de barraca, que se creía una pésima extensión del teatro; de la misma manera que en los albores de la televisión se pensó erróneamente que podía ser lo mismo que un teatro mostrado a través de una cámara, ignorando que cada medio tenía su propio y radicalmente diferenciado lenguaje. Cualquiera de las escasas imágenes en movimiento que se conservan de los grandes nombres del espectáculo en las primeras décadas del siglo XX nos parecen hoy al borde del ridículo. Incluida Sarah Bernard o Margarita Xirgu, de la misma manera que las danzas de Nijinski o los discos de pizarra de Enrico Caruso, estrellas indiscutibles, permiten apreciar muy poco las características de su arte.

Pero con los medios aparecía una nueva forma de estrellato. A finales de la década de los 10 pero especialmente en la de los 20 se generaría un sistema de estrellas de cine en Hollywood y en Alemania, pero también en Francia, Italia y el Reino Unido con la creación de una mitología arrolladora. Era una época de mitificación a través de un cada vez más creciente y poderoso sistema de promoción y creación de imágenes, que se extendía a través del cine y de los discos de pizarra, y a partir de los primeros años de la década de los 20 de la radio. Los artistas incluidos en ese sistema de estrellas eran seres etéreos, con unas características humanas que a veces no iban más allá de la simple utilización de un rostro o de una figura, aparentemente sin alma, o con vidas inventadas o creadas artificialmente. El sistema fue utilizado por una parte por los artistas de comedia, y por otra por los mitos del melodrama generados a través de una aureola de artificio. El más reconocible de todos ellos fue un Valentino de poses afectadas y apariencia atildada, aspecto recargado y estilo perfectamente envarado, cuya simbología se extendía no sólo a partir de sus películas sino de sus apariciones públicas, sus imágenes en la prensa y hasta los cromos y postales que utilizaban su imagen de puro artificio de guardarropía. Se podría decir otro tanto de toda una constelación de estrellas atildadas de la época, con una forma de virilidad que la acerca a lo que denominaríamos hoy una "ambigüedad sexual". El ejemplo más evidente fue el del mito Ivor Novello (1893-1951) generado en Inglaterra y extendido también al cine sonoro. La más grande estrella del cine británico mudo protagonizó en 1927 dos títulos de Alfred Hitchcock y en la década siguiente se hizo un nombre como autor de operetas. Era toda una gran estrella de ambigua apariencia, pareja del actor Robert Andrews[16] y del poéta Siegfrid Sassoon[17], cuya popularidad se mantuvo contra vien-

---

16. Andrews (1893-1951) fue un conocido actor británico de larga carrera unido tanto de manera artística como sentimental a Novello durante nada menos que treinta y cinco años.

17. Siegfrid Sassoon (1886-1967) escritor y poéta se inició con textos de contenido antimilitarista en la oleada crítica que siguió a esa auténtica carnicería humana que fue la Gran Guerra para variar poco a poco de contenidos. Destacado militante activo del Partido Laborista al final de su vida evolucionó hacia formas de cristianismo. Se le atribuyen relaciones sentimentales con Ivor Novello.

to y marea incluso en los días de la Segunda Guerra Mundial en los que Ivor Novello fue condenado a ocho semanas de prisión por haber falsificado cupones de racionamiento de gasolina. Esa estancia en prisión parece extraida del más increíble de los melodramas carcelarios: al mito le tocó compartir rejas con un célebre condenado por asesinato.

La transición entre el éxito y el olvido en demasiadas ocasiones se ha debido a violentos cambios en los vientos de la historia. Podemos fijarnos, en principio en situaciones muy distintas: guerra civil española y guerra mundial, años del "maccarthysmo", dictaduras del Cono Sur durante los años 70. Pero también en las terribles condiciones del estalinismo, donde muchos artistas pasaron de la gloria revolucionaria al ostracismo, al destierro o a la muerte por designio del sátrapa. Momentos en los que artistas encumbrados a un reconocimiento público fueron violentamente arrojados de su pedestal por razones directamente políticas, la imposición de modelos dictatoriales, por la intolerancia o el fanatismo. Y a la vez esos periodos convulsos sirvieron para poner de manifiesto la actitud de complacencia, de tibieza o de indiferencia ante situaciones de violación de los derechos humanos, frente al crimen o la más feroz de las represiones. Con el resultado de que cuando mejoraron las condiciones sociales y políticas con el restablecimiento de los estados de derecho se acabó pasando factura a muchos de los que colaboraron por activa o por pasiva con los genocidas, dentro de un abanico muy amplio de casos y de situaciones.

Algunos de esos escenarios como el de la Francia ocupada por los nazis y del gobierno-títere de Vichy no son suficientemente conocidos en el mundo hispano. El papel de la cultura, de los artistas e intelectuales en Francia no tiene parangón con el resto de Europa. Dentro de los modelos culturales y de los sistemas occidentales se han descrito dos referencias nada homogéneas. Por una parte la industria cultural americana, verdadero generador industrial de enorme peso desde el punto de vista de su importancia económica explotado y gestionado por poderosos conglomerados privados favorecidos directa o indirectamente por las administraciones públicas por su importante peso comercial. A veces se olvida que Estados Unidos en la mayor parte de sus tratados o acuerdos comerciales con otros países desde 1945 incluye cláusulas o contenidos específicos en los que las naciones signatarias se obligan a reducir al máximo las cortapisas para la explotación del cine y su industria cultural. Todo ello es debido a que el cine es considerado un sector estratégico por razones puramente económicas, pero indirectamente sociopolíticas: la industria cultural ha prestado un enorme servicio a la difusión de modelos económicos y estilos de vida. Hollywood ha hecho más por Estados Unidos que todas las flotas y las fuerzas aéreas en su conjunto. La implantación del modelo de vida occidental se debe mucho al cine americano. Todavía hoy con Obama la industria del cine al hilo de la crisis económica de finales de la primera década del siglo XXI ha recibido beneficios fiscales de las instituciones norteamericanas dentro de un proteccionismo "sui géneris" no siempre bien conocido fuera de sus fronteras.

El otro modelo es el de Francia. Se trata del país europeo donde la cultura ha gozado de una mayor valoración por parte de la ciudadanía, dentro de una consideración de "sector prioritario", evidentemente por razones distintas a las de Estados Unidos.

Incluso cuando Francia mantenía todavía un gran imperio colonial en las primeras décadas del siglo XX la cultura estaba considerada un auténtico "elemento estratégico" porque su identidad como nación está ligada a lo cultural desde 1789. Después de la pérdida de su imperio y los procesos de descolonización todavía más. La imagen de Francia en el mundo la aporta "su cultura" y no ha sido extraño que sus caras más visibles vengan recibiendo tratamiento de "semi-dioses" a nivel interno o que las polémicas culturales alcancen resonancia incluso entre sectores sin una formación académica. El concepto de la "francofonía" no tiene parangón en ningún otro país europeo[18]. Responde a un argumento expresado de manera sintética: si Francia pinta algo en el resto del mundo es gracias a la cultura. El resto es subsidiario o depende de la imagen de la primera. Esta versión se simbolizaba muy bien en tiempos de De Gaulle cuando se decía que Brigitte Bardot aportaba a Francia más divisas que la Renault o la Citröen juntas, porque detrás de las películas de B.B. llegaban el resto de los productos industriales franceses.

Dentro de esa valoración especial de "su cultura" con una relación ciudadanía-artistas como no existe en muchos otros países sus actores y cantantes han sido tan "venerados" como en los mejores tiempos del "star system" industrial del cine americano clásico. Por ello la presencia de contextos históricos tan traumáticos como el de la rápida caída de Francia en manos del ejército nazi y la creación de un régimen pelele de los intereses fascistas en Vichy debió ser aún más destructivo de lo esperado para el mundo de la cultura francesa, tan acostumbrado al debate y a la toma de posiciones. Todavía más cuando los alemanes y el régimen de Petain desarrollaron una política anti-judía radical, minoría con una amplia implantación dentro de la cultura europea y francesa en concreto. Como en toda la Europa de la época varias de las caras más conocidas del espectáculo se marcharon. En la Francia de 1940 lo hicieron estrellas como Jean Gabin, Michele Morgan o Charles Boyer que encontraron acomodo ocasional o definitivo en Hollywood, o el gran actor sobre todo teatral Louis Jouvet. Al frente de una amplia nómina de actores, cantantes, de directores de cine como Jean Renoir, René Clair, Pierre Chenal, Julián Duvivier y Max Ophüls (que no podía trabajar por su origen judío) y muchos otros, escritores y personajes del mundo artístico y del espectáculo.

Pero no todos se marcharon, ni mucho menos. Durante la ocupación siguió habiendo una intensa vida cultural en Francia tanto en la zona ocupada como en Vichy, se rodaron películas muy importantes, funcionaron los espectáculos, las representaciones teatrales, las grandes exposiciones culturales… En todos los casos a pesar de las leyes racistas y anti–judías. Después de 1945 la Historia era re-escrita en función de los nuevos vientos y practicamente "todos" los franceses habrían colaborado en la Resistencia o se opusieron al invasor nazi. Con rapidez se "maquillaron" toda clase de

---

18. Pensemos en acciones exteriores de esa francofonía tan relevantes pero desconocidas en el ámbito hispano como las desarrolladas en los últimos tiempos en Rumanía con presencia de diversos jefes de estado de países de habla francesa.

biografías, para acercar esos perfiles a los de quienes realmente sí habían combatido al fascismo. Buena parte de esas biografías trataban de aproximarse a la de un juvenil Gerard Philippe [19], mito del cine galo muerto en plena juventud que siendo prácticamente adolescente colaboró ciertamente con la Resistencia. Sin embargo hubo otros muchos franceses, también actores y personajes del mundo de la cultura, que encontraron fácil acomodo al sol de los ocupantes alemanes y sus aliados locales , sin que se sepa si llegaron a expresar alguna vez sentimiento de repulsa por la política de odio y racismo y de represión contra las minorías que se aplicaba. Entre los que se quedaron estaba Maurice Chevalier que pasó de puntillas por un cementerio de horrores como si no ocurriera nada, y actores como Fernandel, Jean Louis Barrault, Michel Simon o Edwige Feuillere, alguno de los cuales miliaría o expresaría simpatías en los años después de la liberación por el Partido Comunista Francés. Y Danielle Darrieux que en 1942 fue recibida en Berlín por el propio Goebbels con un grupo de actores franceses. O escritores-directores como Sacha Guitry que permaneció trabajando en Francia como si todo siguiera siendo igual. Y como Jean Cocteau y su pareja Jean Marais, emblemas de la cultura de Francia durante mucho tiempo. Mucho se ha dicho y escrito sobre ese acomodamiento, justificado según unas versiones por un "peaje" de Cocteau a las nuevas autoridades para que no se adoptara ninguna medida contra su eterno amante el actor Jean Marais, de la misma manera que Picasso mantuvo una extraña situación justificada aparentemente por la protección con la que el pintor defendía a una de sus modelos de origen judío. En ese contexto cultural Marcel Carné pudo rodar una de las más grandes películas del cine galo, *Les visiteurs du soir*. Además siguieron trabajando en la Francia ocupada y en Vichy directores como H.G. Clouzot, Maurice Tourneur, André Cayate, Christian Jaque, Georges Lacombe o Henri Decoin, que compondrían la columna vertebral del cine galo de los años 50.

Fue precisamente una conocida actriz, un verdadero mito del cine galo, Arletty, quien más sufriría las consecuencias por esa sospecha de colaboracionismo. Tras la liberación, Arletty que ya era una auténtica gloria nacional en Francia pasó a convertirse prácticamente en una proscrita en un tiempo récord. Su caso sintetiza muy bien lo que es un "descenso a los infiernos" desde la cima de la popularidad. Muy mal conocida en España donde su nombre apenas ha dicho nunca nada, Leonic Bathiat que adoptó el pseudónimo de Arletty (1898-1992) fue uno de los auténticos "monstruos" del espectáculo en Francia a lo largo del siglo XX. A finales de la década de los

---

19. Gerard Philippe (1922-1959) siendo muy joven luchó en la clandestinidad para la Francia libre. Actor de teatro y especialmente de cine había debutado en 1943 en la pantalla. A partir de 1946 con *El idiota* (Georges Lampin) se convertiría en el actor de cine más prestigioso de su generación trabajando tanto con los directores más academicistas como con los nuevos nombres que surgieron en la década de los años 50. En su carrera figuran títulos tan representativos como *El diablo en el cuerpo* (Autant-Lara, 1947), *La cartuja de Parma* (Christian Jaque, 1948), *La ronda* (Max Opüls, 1950), *Fanfan la tulipe* (Jaque, 1951), *Los orgullosos* (Yves Allegret, 1953), *Montparnasse 19* (Jacques Becker, 1957), *Las relaciones peligrosas* (Vadim, 1959) o *La fiebre sube a El Pao* (Luis Buñuel, 1959). Ubicado en la izquierda política, crítico con la invasión soviética de Hungría visitó la Cuba de Fidel Castro de la primera hora para conocer de cerca la revolución cubana.

90 el Gobierno francés le dedicaba en su centenario una moneda de 500 francos con su nombre y efigie grabada. Pero en la mitad de los 40 no sólo su carrera se hundió estrepitosamente acusada de colaboracionismo con los ocupantes nazis sino que estuvo a punto de ser condenada a muerte. Arletty fue actriz, cantante y estrella tanto dramática como del "music hall" combinando una doble perspectiva de comediante de máximo prestigio y artista totalmente popular. De orígenes modestos se había iniciado en el cabaret y más tarde en el teatro, saltando al cine por vez primera en 1930. En esa década interpretaría a alguna de las heroínas del cine francés generalmente en un personaje que repetiría más de una vez: la prostituta sufrida y maltratada.

En 1940 tras la caída de Francia en manos alemanas el industrial germano Alfred Greven había creado con dinero del otro lado de la frontera una productora, Continental Films, dedicada a producir películas en francés con dinero nazi. Francia poseía una gran tradición dentro del mundo del espectáculo y los capitales alemanes bajo la atenta mirada de Goebbels intuyeron que podía haber un buen negocio en la explotación de ese mercado totalmente desabastecido de otros productos que no fueran los alemanes e italianos. Por increíble que parezca en los cuatro años de ocupación alemana se rodaron en Francia la sorprendente cifra de 220 películas, de las que solo una treintena de ellas lo fueron por la Continental Films, que tenía fama de pagar mucho dinero para contratar a los mejores directores y equipos franceses. Tal fue el impacto de esa producción enteramente financiada por alemanes y en la que unicamente intervenían grupos de técnicos y artistas galos que se intentó trasplantar a algunos de esos nombres conocidos a películas rodadas en Alemania, pero prácticamente casi todos rechazaron la idea. Un actor francés Harry Baur (1880-1943) desafió a todo lo imaginable protagonizando una película, *Sinfonía de una vida* (Hans Bertram, 1942) en Alemania. Baur nunca había contado a nadie públicamente que era judío. Pero la GESTAPO lo descubrió y fue encarcelado varios meses. A su salida de la prisión había adelgazado hasta 40 kilos y murió a los pocos meses como consecuencia de su detención. Otra historia que parece extraída de un argumento de ficción.

Esa extraña situación en la que capitales nazis pagaban enteramente películas francesas llegó a preocupar seriamente a Goebbels que entendía que el nacionalismo cultural francés se estaba financiando con capital alemán. Naturalmente estaba totalmente prohibido que judío alguno trabajara en las películas ni tampoco en el teatro francés ni en el mundo del espectáculo. Ni siquiera en labores auxiliares. Pero como ocurrió en varios otros países algunos judíos intentaron no siempre con éxito hacer pasar como que no lo eran para conservar el trabajo y quizás la vida.

Precisamente durante la ocupación nazi se rodaron algunos títulos que luego serían reconocidos como "clásicos" del cine galo, principalmente las películas de Marcel Carné creador de un estilo denominado "realismo poético". Cuatro de esos filmes tuvieron a Arletty como protagonista, que ya había interpretado en la década anterior películas como *Hotel du nord* o *Le jour se léve*, y en los primeros años 40 *Les visiteurs du soir* y *Les enfants du paradise*. En total la actriz-cantante rodó unas siete películas durante los años de la ocupación, confirmando la gran estrella que ya venía siendo desde la mitad de los años 30. Sin embargo tras la liberación las cosas se torcieron radicalmente. Arletty fue acusada de "colaboracionista" lo mismo que otros nombres del espectáculo francés como la actriz Corinne Luchaire o el prestigioso actor Pierre Fresnay[20], de la misma manera que directores como Sacha Guitry, Henri Decoin o Albert Valentin, en un tiempo en el que la acusación de colaboracionista podía acabar ante un tribunal e incluso con una sentencia de muerte. En el caso de Arletty existía además una prueba personal: no fue un secreto que había mantenido una relación sentimental con un oficial alemán. Ese oficial se llamaba Hans Jurgen Soehring y según confesión de la propia Arletty muchos años más tarde: «Era un escritor al que nombraron embajador en el Congo, que murió precisamente ahogado en Zaire en 1960»; un escritor que publicó algun libro entre otros un volumen sobre el secuestro del hijo del aviador norteamericano y simpatizante de la extrema derecha Lindberg. Otras versiones apuntaban a otros perfiles menos intelectuales en torno a la pareja alemana de la actriz en los días de la ocupación.

De acaparar con su nombre las carteleras de los cines y llenar las carteleras de las fachadas precisamente cuando en 1945 se acababa de estrenar *Les enfants du paradise* rodada meses atrás, hasta permanecer detenida en una mazmorra, con el riesgo de ser condenada a muerte por haber colaborado con el ocupante alemán había solo unos pocos pasos. Sobrevivió tres meses en la cárcel pendiente de un juicio que no se llegó a celebrar. Se salvó de milagro de la pena de muerte. En su cautiverio permaneció custodiada por un carcelero que había sido acusado de haber matado a su esposa. Extrema paradoja: su nombre seguía apareciendo en las carteras pero ella estaba en la cárcel y se había convertido de la noche al día de la más envidiada a la más odiada de todas las francesas. Cuando salió de la prisión inició un auténtico calvario profesional. Ninguno de los directores le ofreció trabajo por la leyenda negra que rodeaba a su nombre. Arletty se defendía: «Soy una mujer, nadie me había comunicado que amar era un delito». Y además pronunciaría una frase que haría época y que parece extraída de un vulgar folletín pícaro: «Mi corazón es francés, mi c… es internacional».

Marcel Carné se libró de cualquier acusación. Tanto en *Les visiteurs de la nuit* (1942) como en *Les enfents du paradise* (estrenada en 1946) se habían infringido las severas leyes racistas, por la intervención del decorador Alexandre Tauner[21] y del músico

---

20. Pierre Fresnay (1897-1975) fue una referencia indiscutible entre los actores franceses. Caracterizado por su brillante dicción empezó a trabajar a edad muy temprana dentro de la Comedie Française, representando en los años 20 y 30 algunos de los mejores papeles del repertorio clásico y contemporáneo. Su carrera cinematográfica fue muy brillante, trabajando con Hitchcock (en la primera versión de *El hombre que sabía demasiado*, 1936), Abel Gance, Renoir (*La gran ilusion*, 1937) o Clouzot (*El asesino habita en el 21*, 1942). Tras la liberación fue encarcelado durante varias semanas acusado de un "colaboracionismo" que nunca pudo ser probado, por su trabajo para la Continental Films de Alfred Greven creada con dinero alemán. En 1954 publicaba unas memorias con el expresivo título "Je suis comedien" donde reivindicaba su "independencia".

21. Alexandre Tauner (1906-1993) había nacido en Budapest cuando todavía formaba parte del Imperio Austro-Húngaro. Se le ha considerado uno de los mejores decoradores y diseñadores de la historia del cine. Además de las películas que rodó con Marcel Carné y con Orson Welles (*Othelo*, 1952) es renocido por el monumental decorado de la oficina de *El apartamento* (Billy Wilder, 1960) volviendo a rodar con este último *Irma la dulce* (1963) y *Fedora* (1978). Además diseñó los decorados de *Historia de una monja* (Fred Zinneman, 1959).

Joseph Kosma[22], ambos judíos y a los que se prohibía trabajar en los medios de comunicación, en el cine o en cualquier otra actividad de resonancia pública. Eran "tapados" que sobrevivían emboscados a las leyes racistas de los amigos del III Reich.

Arletty no consiguió trabajar hasta la década siguiente y en el teatro. Protagonizó la versión francesa de *Un tranvía llamado deseo* de Tennesse Williams adaptada por Jean Cocteu. Se cuenta que en su personaje tenía que decir una frase como: «Siempre confié en la amabilidad de los forasteros» que en su caso podía adquirir un doble sentido ante los espectadores y recordar la relación sentimental de quien pasó poco menos que de reina a pordiosera y ahora pedía una nueva oportunidad para subirse a un pedestal. Cocteau cambió la frase por «Siempre he confiado en la amabilidad de los desconocidos».

Arletty trabajó principalmente en teatro y algo en cine hasta quedar prácticamente ciega al principio de los años 60, siempre cargando con esa sombra que le acompañó en el resto de su larga vida. Cuando en los 70 se produjeron manifestaciones de prostitutas en Paris Arletty se solidarizó con sus reivindicaciones. «Siempre me recibieron como una de la casa», comentaba recordando los papeles que había interpretado en su juventud. Figura nacional de nuevo al final de su vida cargó con el peso de esa supuesta imagen de colaboracionista que arruinó durante algunos años su carrera. La sombra de sospecha de su colaboracionismo convirtió a muchas de esas estrellas en estatuas derribadas y hechas añicos contra el suelo, por lo menos durante los primeros años de la posguerra europea.

---

22. Joseph Kosma (1905-1969) también del mismo origen que el anterior, fue alumno de Béla Bartok alcanzando más tarde el puesto de director de la orquesta de la Ópera de Berlín, que abandonó por la compañía de teatro de Bertol Brecht. En Francia llegaría a convertirse en uno de los compositores más prestigiosos ya fuera como autor de música para películas, entre otras *La gran ilusión* (Renoir, 1937) o *Calle Mayor* (Bardem, 1956), y también como autor de canciones sobre textos de Jean Paul Sartre o Quenau. Pero su máxima popularidad llegaría por el terreno de las canciones para artistas como Yves Montand o Juliette Greco. Entre ellas la más famosa de todas: "Las hojas muertas" sobre texto de Jacques Prevért; un auténtico clásico del siglo XX que ha llegado a tener centenares de versiones, y quizás el emblema de la "canción francesa".

Capítulo 4

EL CANTO EN EL ABISMO

Analizar la construcción del mito Miguel de Molina obliga a tener en cuenta determinados elementos que implican a veces plantear una arriesgada conjetura: ¿qué hubiera sido de la carrera de De Molina de haber seguido viviendo en España? ¿Se estaría hoy hablando de una estrella? Se mantuvo como leyenda "en voz baja" en los años 40 por las circunstancias de su personalidad y por el contexto histórico, pero su perfil se difuminó prácticamente años más tarde víctima del estrepitoso hundimiento de determinados estilos musicales en los años 60 que a los ojos de las nuevas generaciones aparecían "anticuados" o merecedores de una atención exclusivamente por su condición "kitchs", pero también de un mito reconstruido en los años 80 y absolutamente reivindicado y revalorizado por nuevos elementos de valoración como su adscripción a una cultura "gay" y por una lectura en clave "política" muy típica de la época. La película *Las cosas del querer* (Jaime Chávarri, 1986), donde por cierto no aparecía su nombre pero sí su historia, sirvió para focalizar la atención en torno a la estrella dentro de un momento histórico muy propicio. Sería interesante muchos años después valorar si el mito debe tener vigencia por su propia obra más allá de por sus connotaciones "gay"; especialmente si se asume este hecho desde una perspectiva de normalización en la que la característica "homosexual" debería aparecer como un elemento más de una personalidad, no como "el elemento básico". De la misma manera que Lorca sería "toda su obra" y su opción sexual un aspecto más, pero nunca "el único aspecto".

Se repite en abundantes biografías una oscilación casi sísmica entre el prestigio y la degradación debida a causas muy complejas. En el perfil de Miguel de Molina (1908-1993) confluyen varias de ellas. Molina pasó de la cumbre a la sima en muy poco tiempo por un entrelazado de motivos que han contribuido a configurar un auténtico perfil en claroscuro. Esos elementos terminaron por construir un personaje de leyenda en el que es difícil deslindar aquello que pertenece al mito fabricado o inventado por el propio personaje, y lo que procede de la realidad.

En este completo trazado de confluencias De Molina se convierte en un personaje casi novelesco, el protagonista de un folletinesco serial donde convergen diferentes géneros: desde la pura tragedia a la comedia bufa, del melodrama al costumbrismo... Por lo tanto se configura en una especie de artista que sirve de itinerario para describir algunos de los recovecos de la atribulada sociedad española de una parte del siglo XX. Miguel de Molina que en condiciones de normalidad social podría haber sido recibido como una cierta aportación a un género derivado del cuplé y de la canción andaluza, y una evolución de una lírica de los sentimientos que en principio parecía pensada para ser cantada por una mujer y no por un hombre de gesto amanerado, termina por erigirse en una especie de mito simbólico un tanto artificioso a pesar suyo, con referencias a lo político o a lo "gay". Siempre desde una perspectiva demasiado mistificada. Dentro de esa sucesión de capas superpuestas parece haber distintas formas de contemplar al mito. Como en cualquiera de ellos esas lecturas están directamente relacionadas con elementos de muy variado origen y dentro de ellos el contexto histórico adquiere un amplio peso. Más allá de Miguel de Molina es la propia "copla" la que ha sido contemplada con distintas actitudes: desde la extensiva glorificación al desprecio, de la ciega y exaltada sublimación nostálgica a la pura contemplación de un testimonio casi "arqueológico". Las generalizaciones siempre son injustas y en este caso mucho más. Habrá por lo tanto que contemplar muchos juegos de espejos respecto al género. Tantos como sobre el propio Miguel de Molina, personaje en el que como se ha comentado confluyen distintos verbos.

Hay un primer De Molina que parece extraído de una novela naturalista de principios del siglo XX. En ese relato se presenta a un niño llamado Miguel Frías de Molina nacido en Málaga en 1908, que da sus primeros pasos en un hogar regido por las mujeres: su madre, hermana y cuatro tías. El padre epiléptico y postrado casi permanentemente en la cama es una figura distante, aparentemente severa, ante la que parece difícil la identificación del niño en una figura masculina. Conocemos a través de la propia memoria de De Molina abundantes estampas de su vida, la mayoría expresadas con una franqueza sorprendente para la época en la que le tocó vivir aunque sospechosamente como en toda autobiografía[23] sobrevuela una patina correctora que ofrece bríos de poética a lo que muchas veces no es más que vulgaridad, lo mismo que en su expresiva entrevista al final de su vida para la pequeña pantalla[24], y el testimonio, por lo tanto es el de su propia memoria.

Dentro de ese perfil hay que creer que a los ocho años bailando con cuatro chicos y dos chicas,y como les faltaban estas últimas para formar pareja, el niño Miguel se puso ropa de chica con la mayor naturalidad. Todo ello en una época en la que se vestía de manera muy distinta a la de nuestro tiempo: con una enorme rigidez, ausencia de abalorios y severidad de colores en los trajes masculinos frente a la fantasía que le era permitido a los femeninos. A lo largo de su carrera como cantante, Miguel de Molina se responsabilizaría del diseño de su propio vestuario, que llamó la atención precisamente por ese colorido, variedad e incluso barroquismo, dentro de un tono de una cierta ambigüedad muy distinta a la de la pura "feminización" o al profundo "kistch" de alguno de los seguidores que trataron de llenar su hueco dentro del géne-

---

23."Botín de guerra" autobiografía de Migel de Molina, Ed. Planeta, Barcelona 1998.
24. Larga entrevista de Carlos Herrera para Canal Sur ("Coplas" 6-IV-1990) primera declaracion en muchas décadas a un medio español con importantes revelaciones sobre las circunstancias de su pasado.

ro. Del mismo modo que ya al final de los años 20 y especialmente en la década de los 30 Carmen Amaya rompía tabúes apareciendo bailando con pantalones lo que fue interpretado como un provocador desconcierto dentro de una sociedad tan rigurosa como la española. Según el itinerario de esa biografía Miguel Frías empezó a estudiar en un colegio de religiosos del que recordaba que «un cura intentó besarle sin conseguirlo» en un atisbo de víctima de pederastia presente en ciertos espacios, pero habitualmente silenciada, en una adolescencia sobre la que al menos habría que presumir una cierta confusión sexual. Fue expulsado del colegio pasando a ingresar en otro de monjas donde parece que se sintió mucho más cómodo y sin problemas. En su propia memoria se presenta como un niño que prácticamente sale a la calle para vender golosinas y con lo que obtiene adquirir entradas para los espectáculos de variedades, hasta que a los trece años abandona definitivamente el colegio.

La siguiente fase pertenece a los tonos más naturalistas de su relato. En Algeciras empieza a trabajar en el burdel de "Pepa la Limpia" donde ayuda a la limpieza, y trabaja en las compras y en la cocina. Esa experiencia de su vida parece determinante. Pinta esa etapa de su vida como la de un doncel de suaves apariencias que se mueve entre personajes muy variopintos, mujeres y clientes que pertenecen a otras clases sociales. El burdel como expresión difuminada pero admitida de una hipócrita sexualidad. Miguel toma conciencia de su sexualidad en ese trabajo: una chica del burdel se mete con él en la cama pero no siente atracción por ella. Es el momento en el que se plantea su propia identidad sexual. Miguel de Molina no va a reducir esa parte de su personalidad a sus aspectos más íntimos sino que la hará pública de una manera explícita, sin ocultamientos, a través de sus gestos, de su manera de vestir y de desenvolverse, lo que le marcará para siempre y en su momento le acarreará nefastas consecuencias. De Molina no ocultó una homosexualidad que en apariencia era evidente pero sin exhibirla, especialmente porque en el contexto histórico que le tocó vivir asumir públicamente esa forma de sexualidad hubiera equivalido prácticamente a un suicidio. Pero dentro de la estética y los usos que representaba, esa cultura estaba implícita aún en tiempos de oscurantismo. Aún así conocemos de propia confesión de De Molina, pero ya en la parte final de su vida, una primera experiencia sexual con un joven de origen árabe llamado Samido, conocido en el mundo artístico de la época en la capital hispalense.

Las siguientes etapas de su vida le llevaron a Tetuán, en el antiguo Marruecos español, y a Granada y Sevilla, donde conoce los espectáculos y lleva y trae a turistas y viajeros por un itinerario de fiestas y tablaos. Durante mucho tiempo siguió manteniendo la relación con "Pepa la Limpia". Por una parte en compañía de la dueña del burdel y de su amante. Miguel de Molina viajó a Granada donde pudo ver un espectáculo de Falla y de Lorca, por el que sentiría admiración y al que luego conocería aunque de manera ocasional. Por la otra Pepa le resolvió un problema: el cumplimiento del servicio militar. Destinado a Madrid las amistades militares de Pepa probables clientes de su burdel le permitieron llevarle a Algeciras donde cumplió el servicio pero de manera muy aleatoria al rebajársele del servicio gracias a las relaciones de la señora.

El primer Miguel de Molina nació como bailarín y más tarde cantante en colmaos y teatros de la capital. En 1931 bailaba en el teatro Romea de Madrid. De aquel debú recuerda en sus memorias que se puso por vez primera «una blusa de fantasía de seda verde Nilo con grandes lunares de terciopelo y con pedrería con mangas muy anchas que producían el efecto del revoloteo cuando movía los brazos». Representaba una forma muy peculiar de vestir en el escenario con ropa muy llamativa. De Molina era también el diseñador de la mayor parte de su vestuario personal.

De aquel ambiente de colmaos al que él atribuía una parte de la "escuela" de aprendizaje pasó a escenarios de mucho mayor calado. En 1933 participaba en el teatro del Liceo de Barcelona en el estreno de "El amor brujo" de Falla. Frente a una mitificación entorno al estreno de ese título clave en una forma de entender una temática musical muy representativa del siglo XX en España, De Molina parecía extraer una sensación de desconcierto, «con una gran improvisación, sacando cada figura que trataba de imponer su soberbia y vanidad, pero el gran Manuel de Falla y la belleza de su música pudieron con todo», según el balance del artista en sus memorias.

Se puede decir que la verdadera carrera como artista de Miguel de Molina se inicia en los años de la República y vive su primera gran apoteosis en esos tiempos. Miguel ofrece unas canciones entroncadas con un andalucismo muy depurado que se distancia de una banalización de un género que ha derivado hacia la cancioncilla y el cuplé. No es raro descubrir en su figura esa fascinación por lo que significan, por separado, figuras como Manuel de Falla o Federico García Lorca. Lorca emplea una poética basada en una idealización retórica de lo andaluz a partir de elementos populares convenientemente depurados. Ese género que se denominará posteriormente "lorquismo" ejerció una gran influencia en una parte de la propia canción popular, o al menos ambas líneas bebían de parecidas fuentes. Lorca sin embargo, utilizaba lo popular desde una perspectiva de elitismo cultural compartida por casi toda su generación. El espacio de ese "lorquismo" una vez desaparecido el propio Lorca trataría de ser ocupado por presencias muy distintas, muchas de las cuales se quedaron en la mera exaltación de la retórica.

De Molina además mostraba en sus primeros trabajos de los años 30 un componente de lo que hoy llamaríamos "diseño" enmarcado en un concepto de un relativo "buen gusto", tanto en el vestuario, con sus chaquetillas ajustadas y floreadas, como en decorados e iluminación, así como en el cuidado de la propia parte musical, dentro de un barroquismo muy personal, no ajeno a alguno de los excesos del género. Todo inspirado directamente por su personalidad, que intervenía directamente en buena parte de los contenidos artísticos, incluido sus ropas y adornos, los decorados, las coreografías o la estética general.

Al final de su vida De Molina mostraba que también pintaba cuando ya no podía dedicarse a cantar como en su juventud. Dentro de un género "femenino" por excelencia, en una época en la que la expresión de la sensibilidad y de los sentimientos parecía patrimonio exclusivo de las mujeres y un hombre "sensible" corría todo el riesgo de ser confundido con un "afeminado" Miguel de Molina expresaba sensaciones que no era fácil escuchar en voces masculinas. Gracias en buena medida a unos autores que sabían interpretar muy bien lo que el cantante podía expresar y que de alguna manera venían a beber en algunas de las mismas fuentes que habían inspirado al propio Lorca aunque con una distinta proyección. En ese contexto Miguel de Molina se hizo un nombre en los teatros de los años republicanos. Empezó a tener una popularidad rivalizando ampliamente con el otro cantante, Angelillo, representativo del género en los años de la República. De la misma manera, ese barroquismo "kitchs" combinado con un tono que antes se llamaba "amanerado" y hoy podríamos calificar de "estética "gay" pero menos depurada que en Miguel de Molina, está presente en "secuelas como Tomás de Antequera"[25], "muy popular en los años 50, Antonio Amaya, y algo más tarde en Pedrito Rico[26] definido por lo exagerado de su vestuario.

Cuando estalló la guerra civil se produjo una diáspora de los artistas españoles. Mientras algunas compañías en gira por América se mantuvieron durante meses en un azaroso juego de posiciones entre los bandos, unas pocas figuras se convertirían en rápidos iconos de los sublevados, como la estrella de revista Celia Gámez (que cantó en 1939 "¡Ya hemos pasao!") chotis réplica falangista al "¡No pasarán!" de Dolores Ibarruri) e Imperio Argentina, gran estrella de Cifesa en los años 30 (dividida durante el periodo 36-39 en dos: una republicana y otra nacional) llegando a rodar en los estudios del III Reich y en los de la Italia fascista.

En julio de 1936 De Molina estaba en Barcelona para el rodaje de una película que no pudo llegar a terminarse. Durante buena parte de la guerra residiría en Valencia, en donde adquirió una vivienda para su madre. La mayoría de los artistas –entre otras cosas porque las ciudades con más actividad teatral, Madrid, Barcelona y Valencia, quedaron en el bando republicano–, se mantuvieron lejos de los sublevados. Varios de ellos como Miguel de Molina o Angelillo cantaron en distintas ocasiones para el ejército de la República, incluso en la cercanía de los propios frentes. De Molina lo haría en Teruel. En mitad de la actuación una ofensiva del ejército franquista le obligó a interrumpir su repertorio.

Mientras Angelillo en el curso final de la guerra huyó a Orán (Argelia) de donde logró salir hasta América para residir durante catorce años en Buenos Aires, Miguel de Molina no tuvo ocasión de escapar de España. Debió pensar que la condición de artista le eximía de cualquier represalia. Estaba muy equivocado. En las horas finales de la Valencia republicana con las tropas de Franco entrando en la que había sido la sede del gobierno de la República varios artistas como Miguel de Molina vivirían una situación que parece extraída del más trágico de los esperpentos. Para hacerse perdonar varios artistas fueron prácticamente obligados a recibir con flores a las tropas desde una tribuna y a hacerlo con el saludo fascista. «Cuando terminó la guerra, –con-

---

25. Tomás de Antequera (1920-1993) se desenvolvió dentro del "cuplé" andalucista (pese a haber nacido en Valdepeñas, Ciudad Real) y de lo que hoy se denomina "copla". Durante la guerra civil cantó para las tropas republicanas en el frente de Madrid. Sometido a un ostracismo se convertiría al final de esa década y en la siguiente en toda una estrella a través del teatro de variedades y la radio con canciones tan populares como "Doce cascabeles" o "Romance de la Reina Mercedes". También diseñaba su propio vestuario y sus llamativas chaquetillas, dentro de un tono desbordante y exagerado, al que una lectura actual adscribiría plenamente a una estética "gay".

26. Pedrito Rico (1920-1993) nacido en Elda (Alicante) actuó en los años 50 y en los 60 tanto en España como en Argentina participando en distintas películas de muy mala calidad. Su estilo dentro del "cuplé" aflamencado era tan excesivo como el tono de su llamativa vestimenta.

27. Entrevista con Carlos Herrera en Canal Sur (6-IV-1990) luego difundida en otras televisiones.

taba desde Buenos Aires a Carlos Herrera en su famosa entrevista para la televisión[27]–, (…) y estaban entrando las tropas triunfadoras del cuerpo de Galicia , allí estábamos Don Jacinto Benavente, Milagritos Leal (la mamá de esa chica)[28], Amalia de Isaura[29] y yo. La Leal andaba vestida de valenciana, la Isaura con un mantón de Manila y yo estaba vestido con traje corto con los colores de la chaquetilla y nos habían dado unas grandes cestas de flores para que las arrojáramos nosotros al ejército triunfador. Nosotros, ni Don Jacinto ni ninguno de nosotros éramos políticos pero a los triunfadores de la guerra había que tirarlos flores. Y ya estaba armado todo el tinglado para apropiarse de nosotros como de un "botín de guerra". En dos días se armó el espectáculo y nos presentaron en Madrid en el Teatro Rialto (…) Hicimos otra pretemporada en la Zarzuela, en el puro centro de Madrid con unos éxitos… y después salimos de gira por el Norte».

La historia de Miguel de Molina en los primeros meses de la posguerra alcanza todos los caracteres de un relato repleto de zonas oscuras. La mayor parte de los artistas de la época empezaban a sobrevivir como peces fuera del agua en un ambiente muy adverso y sometido a una censura extremadamente rigurosa en una situación social paupérrima, de verdadera lucha por la vida, de hambre y miseria, de vencedores y vencidos con una profunda sima entre ambos sin posibilidad alguna de establecer puentes. Dentro de esa necesidad de sobrevivir algunos artistas se organizaron para montar un espectáculo de variedades, tan habitual en los teatros de la época. En un par de días se organizó esa función con presencia de Miguel de Molina y otros nombres, lo que ya da idea de la precariedad con la que se desenvolvían los artistas de ese momento. Después de actuar en el Teatro Rialto, –que como sala de cine en los primeros meses de la guerra civil había acogido al gran éxito de Cifesa *Morena clara* (1936, Florián Rey) y a su estrella Imperio Argentina–, se trasladaron al de la Zarzuela, de donde más tarde salieron en gira hacia el norte de España. A la vuelta recalaron en el teatro Pavón de Madrid.

En este punto se cruzaron distintas líneas de conflicto. Según el propio De Molina había un empresario que sabiendo la mala posición en la que se encontraba frente a los recientes vencedores de la guerra le pagó una ínfima cantidad revisando las condiciones de un anterior contrato. Y sobre todo apareció la "mano negra" de un influyente personaje que le persiguió y le hizo la vida imposible. Ese importante personaje bien situado dentro de la administración franquista le hostigó con auténtica saña. Se trataba de un aristócrata consorte por su matrimonio con una atractiva y elegante título, una dama triunfante en todos los círculos sociales, oficialmente padre de otros hijos, aunque esa paternidad parecía en algún caso sólo legal habida cuenta de que sirvió

---

28. Se refiere a Milagros Leal (1902-1975) actriz especialmente de teatro y madre de la también actriz Amparo Soler Leal.

29. Amalia de Isaura fue una popular cantante cómica de larga carrera especialmente en los escenarios teatrales. Hija de una triple cómica y de un director de orquestas de zarzuela fue ocasionalmente pareja artística de Miguel de Molina en un precedente de lo que en los 50 serían Pepe Blanco y Carmen Morell y algo más tarde Juanito Valderrama y Dolores Abril en forma de coplas y réplicas. Cuando se separaron Isaura se buscó otros replicantes sin demasiada suerte y Miguel de Molina continuó su carrera en solitario.

para camuflar algo tan socialmente reprobado en aquella época como una adulterio y un vástago de su esposa dentro de su matrimonio; auténtico "escándalo social" aunque en voz muy baja se mencionaran varios más en las cercanías del poder franquista. La saña de ese perseguidor se podría interpretar hoy desde muchos vértices: venganza política, insidia, envidia, y desde luego sería posible atribuirle una homosexualidad reprimida o por lo menos oculta hacia el exterior de un inquisidor que frente a los valores de exaltación de machismo y camaradería de frente de combate terminaba por odiar esa condición interna que en el fondo podía quemarle, canalizándola hacia alguien como De Molina a quien se atribuía en el escenario un "gusto estético" que contrastaba severamente con el elemento "rigor", "austeridad" y "marcialidad" que se hacían presentes en la primera posguerra[30]. En ese combinado,–empresario teatral desaprensivo, influyente personaje que odia a De Molina por lo que es y por lo que representa–, están algunas de las claves de lo que ocurrirá en los tiempos siguientes. Pero desde luego el contexto social y político de arbitrariedad y de dictadura es esencial para entenderlo.

A De Molina se le empieza a prohibir trabajar. Sabe que no le renuevan los contratos, y que hay una "sombra negra", "alguien importante" que le persigue. Solo ocasionalmente logrará autorización para subirse a un escenario. En esos tiempos participa en tres cortos musicales dirigidos por Claudio de la Torre.

Un día recibe la visita de tres desconocidos que lo llevan en un vehículo a un descampado al final de la Castellana y que actúan en connivencia con la propia policía. Allí De Molina será torturado, golpeado, arrancándole el pelo y rompiéndole dientes hasta desfigurarle el rostro. Según el testimonio del artista sus agresores le pegan «por ser rojo y maricón». Su negativa a actuar para aquel empresario que quería pagarle una miseria le costaría demasiado. El perseguidor en la sombra le ha dado la puntilla a través de sicarios, aunque su nombre y apellido estaba presente en esos tiempos de "leyendas en voz baja" que se difundían como obscenos secretos en tiempos de oscuridades y censuras, al final de su vida De Molina se lo contaba a Carlos Herrera en su última entrevista identificando a su mortificador como "al secretario privado del Cuñadísimo" (Serrano Suñer, ministro de Asuntos Exteriores hasta 1942 en el periodo de mayor cercanía del Régimen al III Reich y al Eje en los que España adoptó una peculiar posición de "no beligerancia" ante la guerra mundial reemplazada tras la caída de Serrano y la llegada del Conde de Jordana al Ministerio por la de "neutralidad").

De Molina nunca llegó a conocer personalmente a su perseguidor. De resultas de la brutal agresión se retira un breve tiempo para recuperarse. Cuando quiere volver a subirse a un escenario se lo prohíben de nuevo. Un día recibe una notificación a través de la cual se le confina en Cáceres. Cuando al cabo del tiempo se le levanta el confinamiento y quiere volver a actuar, ahora en Buñol (Valencia) tampoco se le concede

---

30. Ángel Zúñiga que fue un cronista a veces irónico y divertido sobre el mundo de las variedades escribió una referencia sobre Miguel de Molina en "Historia del cuplé" (1954) que se puede interpretar de muchas maneras diferentes: «El éxito de este cantante cuyo amaneramiento salta a la vista, representa uno de esos fenómenos únicos con los que es muy difícil luchar, aunque se deba hacerlo a ultranza».

autorización para subirse a un escenario. Durante un corto espacio de tiempo vuelve a residir en Valencia. Desde allí consigue una actuación en Zaragoza, pero de nuevo le vuelven a prohibir trabajar. Su dinero se está agotando y no tiene posibilidad alguna de poder cantar en el teatro. Proscrito y arruinado logra a través de un amigo suyo un pasaporte para viajar a Buenos Aires en 1942.

Allí podrá volver a ser de nuevo reconocido como artista. Se sube otra vez a las tablas para reencontrarse con un renovado público. Vuelve a actuar, tiene éxito, empieza a tener bienes propios… Pero sigue siendo un "apestado". La embajada española se movilizará ante las autoridades argentinas en un momento en el que en el país se desata una fuerte guerra de influencias entre el Eje y los aliados, en la que los gobiernos argentinos manifestan una sospechosa atracción por los fascismos. De Molina es detenido y encerrado una semana en la cárcel y va a ser devuelto de nuevo a España. En este punto de su agitada biografía Miguel de Molina se siente engañado por ese extraño "amigo" que le consiguió el pasaporte y viajó con él a Argentina y también manipulado por ese misterioso "compañero" ocasional que le va a expoliar en su dinero y sus propiedades: vestidos, cuadros, joyas…

Se abre otra etapa más en la azarosa trayectoria del cantante: México. Allí va a conseguir nuevos contratos pero también aparecerán nuevos problemas. Y más enemigos. El control de los sindicatos de la época es muy estrecho. Según el propio De Molina en su autobiografía el sindicato que preside el cantante Jorge Negrete «controla teatros y él no se somete a esa presión». Por ello le revientan los espectáculos y ponen pretextos para sus actuaciones. De Molina acusa muchos años después de boicotear sus espectáculos al secretario del sindicato de Negrete a quien identifica como Mario Moreno "Cantinflas". En un comunicado de 1948 Jorge Negrete y Mario Moreno "Cantinflas" se manifiestan contra Miguel de Molina «el farsante danzarín expulsado vergonzosamente de la República Argentina y que ahora pretende pisotear los más sagrados derechos de los trabajadores auténticos de México traicionándolos cobardemente y burlándolos al ocupar su "arte" híbrido un escenario que está vedado a los artistas que no han hecho causa común con líderes nefastos para nuestra profesión». Y el documento se dirige a los españoles en México para pedirles que no asistan al «vergonzoso espectáculo (de Miguel de Molina) en el teatro Iris».

El artista volvió a poner sus ojos en Argentina donde el Coronel Perón acababa de llegar al poder. Una llamada de Eva Perón representó una luz de esperanza en su vida. Ahora tiene una protectora. Es invitado a actuar en un festival benéfico. Gracias a ello trabajará sin cortapisas. Se inicia un idilio con Argentina que durará hasta su muerte. Argentina será la casa de Miguel de Molina con algunas interrupciones. En ese país rodará *Esta es mi vida* (Ramón Viñoly Barreto, 1952) un largometraje pseudo-biográfico de interés muy relativo, al que sin embargo pertenecen la mayor parte de las imágenes que se conocen y se conservan actualmente de Miguel. En esos números musicales aparece un artista con una estética muy peculiar, iluminaciones de un cierto expresionismo, un vestuario que se desenvuelve con descaro tanto por el terreno de la idealización como por el del barroquismo, directamente diseñado por el artista. En Argentina se convierte en una referencia dentro de la canción española, vuelve a tener dinero, a actuar en público, a realizar giras. Y aparece en el cine en 1956 en *Luces de candilejas* (Enrique Carreras) una mediocre recopilación de números con un argumento muy convencional. Además actúa en la pequeña pantalla.

Pero las cosas han cambiado mucho en Argentina. Perón ha sido derrocado por un golpe de estado de sus antiguos compañeros de armas iniciando un largo camino hacia el exilio. En 1957 Miguel de Molina siente la tentación de volver a España para cantar de nuevo en los escenarios. En principio no se le ponen las cortapisas que sufren otros personajes de la época republicana como Margarita Xirgu, que quiso volver ya en la ancianidad y su intento fue abortado por un comentario en la prensa de Madrid encabezado por la frase: «¿Para qué quiere regresar esa indeseable?». A pesar de todo Miguel es un incomprendido, malvive en el Madrid de la época y tiene que regresar a Argentina. Es prácticamente recibido como un fantasma del pasado.

En los primeros años 60 volvió a grabar algunos de sus clásicos con arreglos de una gran personalidad. En un momento en el que la canción española estaba en vías de mistificación por el intento de acercarla a un nuevo tipo de público (lo que no fue obstáculo para que tratara de buscarse a sí misma en variados elementos incluso los más populacheros), De Molina pareció viajar en sentido contrario: sus canciones de esa época muestran un gusto refinado con la utilización de unos coros de un cierto barroquismo insólitos dentro del género, desarrollando piezas que pese a la distancia poseen un carácter definitorio. De Molina sin embargo en la España de los 60 y 70 no es más que una sombra, un perfil de leyenda, construido a través de medias palabras e imágenes incompletas. Apenas vende discos y ni siquiera es reconocido por los círculos más exquisitos. Se encuentra en una auténtica tierra de nadie. Será al principio de los 80 cuando empiece a ser reivindicado como lo que se denomina una "estrella de culto". Ahora se pude hablar del elemento "homosexualidad" que está presente en su estética y en el contexto de sus canciones sin ninguna clase de sonrojo, sin tapujos, como un sello de su personalidad.

En la mitad de los años 80 es revindicado por *Las cosas del querer* un "biopic" no confesado que utiliza datos de su trayectoria y su figura para construir una historia aderezada de canciones que tiene un gran éxito de taquilla especialmente en España y en Argentina. Miguel de Molina no recibió ni un solo céntimo por esta película en la que además el protagonista no aparecía con su verdadero nombre, hecho que molestó profundamente al artista. El impacto en Argentina obligó a rodar una segunda parte, *Las cosas del querer II* (Jaime Chávarri, 1991) en la que se describe la trayectoria en América dentro de un relato mucho más falseado en el que aparecen personajes históricos como Eva Perón. La película algo más artificiosa que la primera parte no funcionó en las salas de cine de España y no tuvo el arrollador empuje de la anterior entrega e incluso fue mal despachada por la crítica, pese a que sirvió para mantener la pervivencia del mito.

Además superada una primera etapa de la Transición en la que la copla o una parte de ella se asoció a una lectura en clave del franquismo empezó a ser reivindicada por la confluencia de distintos elementos: moda nostalgia, recuperación de mitos del pasado, reivindicación de personajes mal tratados o insuficientemente conocidos… Entre los beneficiados estaba Miguel de Molina que sería recuperado con un aroma del pasado. De hecho la propia lejanía había hecho que creciera la aureola de mitificación,

Ssin "contaminarse" por la terrible debacle del género en los últimos años 60 y en los 70. En los 80 recibía medallas y homenajes, era objeto de nueva atención y presentado casi como un emblema. Ahora le acompañaban dos etiquetas apresuradas: "republicano" y "gay". En los 90 después de recibir la medalla a las Bellas Artes se confesaba poco antes de su muerte en la entrevista de Carlos Herrera: «Es cierto que en España gracias la democracia, a su monarquía y al pueblo se barrió el fantasma de Caín, pero esa reparación que quería simbolizarse con la medallita, me llegaba demasiado tarde. De 1940 a 1992 España tardó cincuenta y dos años en darse cuenta de que habían tronchado la vida de un hombre que hubiera querido crecer artísticamente y desarrollarse en la tierra en la que nació, sin ser ingrato con la Argentina que me cobijó».

Desde que llegó a Argentina Miguel de Molina creó un nuevo mercado y definió un nuevo público a través de una canción que aportaba un punto de sofisticación a un género que posteriormente ha sido definido como "copla". De Molina bebía como algunos otros nombres del género en esa época de una fuente de "lorquismo", que ahora asumían los cantables de esos temas que se escuchaban en los teatros y en las emisoras de radio, y que corrían de patio en patio. Rafael de León aportaba en sus textos esa referencia ocupando un lugar vacío después de la desaparición del poeta de Granada. Según De Molina en su conocida entrevista antes mencionada «(De León) tenía un origen aristocrático, era grande de España (…) y un creador (que) no necesitaba basarse en Federico, pero como seguía su misma línea todo el mundo tenía la obsesión de que Rafael copiaba a Federico y no era así». De la misma manera el otro polo femenino del género en esa época, Conchita Piquer, fue presentada en distintas ocasiones como "antagonista" de Miguel de Molina. En sus declaraciones el cantante se expresaba así: «Me conoció en su casa, en el edificio del cine Coliseum, la casa de Jacinto Guerrero, y allí vive desde que está hecha esa casa; yo hacía (entonces) una cosa que se llamaba "Coplas del Burrero" y hacía un bailecillo muy gracioso y ella la quería cantar y me dijo: "Miguel tú no me pondrías los pasos y yo…". Y respondí: "¿Por que no Concha?, yo voy a tu casa y te lo pongo". Cuando yo la vi con las piernas así, abiertas como las doce y media, dije: "Concha tú no vas a hacer nunca esa carrerilla flamenca que yo hago porque para bailar flamenco no se pueden tener los pies así abiertos, así que tenlos juntos. Sin maldad te lo digo, pero no te empeñes, por flamenco no vas a bailar nunca". Y de ahí nació ya un poquito de roce que se encargaron los eternos hacedores de líos (de ampliar)».

Miguel de Molina fue posiblemente un artista muy completo que aunque no era el autor de sus canciones, intervenía directamente en todos sus espectáculos, en elementos como el vestuario (buena parte de él diseñado o confeccionado directamente por el artista), la iluminación (con esas sombras que presiden sus escenografías tal y como la conocemos en las imágenes de las películas que filmó y que se reproducen en muchas de las fotos posiblemente inspiradas por él mismo aunque no fuera él quien las tomara) o los decorados y fondos de escenario (De Molina también pintaba tal como se dio a conocer en la última parte de su vida). Se le tendría que atribuir además una participación en los arreglos de sus canciones, o por lo menos se debía atender a sus opiniones, puesto que en bastantes de ellos se encuentra una cierta unidad muy característica como la de esos subrayados melodramáticos, la forma de decir los textos o la utilización más o menos ocasional de unos coros no habituales en el género en aquella época. Pudo haber sido De Molina, además una figura para el mundo de la imagen, aunque su extraña carrera dictada por las circunstancias políticas y personales del artista, le condicionó absolutamente. Se conserva su imagen en algunas películas, en general, haciendo números musicales, como en *Alhambra* o *El suspiro del moro*, (Antonio Graciani, 1936) y en *Luces de candilejas* (1956, largometraje rodado en Argentina); y entre medias en algunos trabajos en cortometrajes musicales. Este formato, muy propio de los años 30 y 40, venía a avanzar lo que en los 80 serían los videoclips: una alianza entre imagen y música para públicos que no solo querían "oír" a sus artistas sino también "verlos". Miguel de Molina rodó varios de esos cortos en los primeros años 40 bajo la dirección de López Rubio (*Luna de sangre*) y especialmente de Claudio de la Torre (*Chuflillas, Manolo Reyes* y *Pregones de Embrujo*). En el primero de ellos al lado del actor Fernando Fresno.

Es necesario detenerse en la personalidad de alguno de estos nombres que trabajaron con Miguel de Molina porque aportan ciertos perfiles sobre lo que era el espectáculo de la época. Claudio de la Torre (1895-1973) poeta, novelista, y director de cine nacido en Las Palmas de Gran Canaria y perteneciente a la saga familiar de los Millares, fue un personaje ligado a la generación del 27 y uno de los pocos que permaneció en España después de la guerra civil. Hijo de una familia con muchos recursos económicos estudiaba en Londres cuando se inició la Primera Guerra Mundial lo que motivó que se trasladara a Madrid. En 1924 ganó el Premio Nacional de Literatura; el mismo que volvería a recibir en 1950. Creador en su casa familiar de la playa de las Canteras de Las Palmas del llamado "Teatro mínimo", donde sus textos alternaban con los de autores de una cierta vanguardia, al lado de su hermana Josefina de la Torre, "voz femenina del 27", poetisa, actriz y rapsoda (además de ocasional novia de Luis Buñuel), se había sentido atraído por el cine como muchos representantes del 27. En los estudios de Paramount en París dirigía su primera película interpretada por Simone Simon (la que luego sería en 1942 en Hollywood *La mujer pantera* de Jacques Tourneur) para volver a España en los primeros años 30 y dirigir la delegación española de Paramount. En la posguerra Claudio de la Torre rodaba sus primeras películas en España. De los tres cortos musicales con Miguel de Molina hechos en 1941 y unos meses después en 1942, "La blanca paloma", supuso el inicio en el cine de la que sería durante los 40 y 50 una de las estrellas del género: Juanita Reina. Una muestra del interés que ese contenido despertaba en muchos intelectuales del 27.

Así lo ve hoy el pintor y escritor Jaime Hernández de la Torre, nieto de Claudio y sobrino-nieto de Josefina:

«Parece extraño ese polifacetismo de mi abuelo contemplado con ojos actuales. Podía pasar de hacer teatro muy exigente y escribir novela a dirigir cine con Miguel de Molina o Juanita Reina. Pero es que aparte de que la generación del 27 tenía una gran cercanía a las formas populares (véase Lorca) estaban empapados en un ambiente en el que la creación cultural aparecía como un hecho casi cotidiano. En el caso de mi familia todos habían recibido una formación muy cosmopolita. Mi propio bisabuelo residía la mitad del tiempo en España, en Canarias, y la otra en París o en Londres, entre otras cosas porque se ocupaban de temas relacionados con el comercio exterior.

Hasta los primos de mi abuelo se sentían muy cerca del arte. Compartían actividades como con su primo Nestor Fernández de la Torre que era un elegantísimo pintor de la época. Además sus amistades les influyeron mucho, especialmente a mi abuelo y mi tía Josefina en la Residencia de Estudiantes. Antes en Las Palmas de Gran Canaría habían creado el Teatro Mínimo donde representaban obras y publicaban "La Novela Ideal" que eran unas narraciones por entregas que escribían todos ellos incluido mi abuelo, sus hermanos, sus padres…

»Quizás haber permanecido en España después de la guerra civil perjudicó mucho su imagen posterior. Mi abuelo era un hombre liberal. Pero su imagen era muy distinta a la de otros personajes del 27. Lorca se convirtió en un mártir tras su trágica muerte, Alberti, Salinas o Cernura se fueron. Los que se quedaron perdieron imagen para generaciones posteriores, aunque evidentemente tampoco eran del Régimen ni estaban con la oposición. La prueba de esa pérdida de imagen es que a mi tía Josefina solo al final de su vida, cuando se encontraba ya muy mayor, en 2000 o por esa fecha le hicieron un homenaje en la Residencia de Estudiantes. Y además gracias a que un estudioso investigador norteamericano sobre la generación del 27 había descubierto unos poémas que le gustaron mucho y quiso saber quién era esa voz femenina del 27, que además había sido novia de Luis Buñuel y que aparecía como una personalidad casi desconocida para las generaciones posteriores. A mi abuelo lo han reeditado hace poco una guía por el Cabildo de Gran Canaria pero su teatro sigue sin ser conocido por las generaciones actuales, y sus muchas novelas hoy prácticamente no se pueden leer porque hace mucho que no han vuelto a ser editadas.

»Esa proximidad a las figuras de la canción como Miguel de Molina o Juanita Reina a las que dirigió en el cine también venía porque muchos en la familia componían o cantaban. Sin ir más lejos mi tía Josefina de la Torre. A mi abuelo no llegué a conocerlo, a mi tía sí. Tenía un gran sentido del humor y una gran personalidad, era muy vital y había sido una mujer muy avanzada para su tiempo. A ella le gustaba recordar la parte central de su vida, cuando eran amigos de Lorca, su noviazgo con Buñuel, cuando estaban en París porque mi abuelo rodaba para la Paramount. Hubo que esperar demasiado tiempo para que fuera objeto de un homenaje, poco antes de morir».

Otro caso singular de figura que aparece en alguno de esos cortos con Miguel de Molina de la primera posguerra, es la de Fernando Fresno (1881-1949), una mezcla de actor, hombre de teatro y espléndido dibujante y caricaturista de gran popularidad en su tiempo, cuya hija sería una de las actrices dramáticas más conocidas en el cine de la posguerra, Maruchi Fresno (1916-2003), y un raro caso de mujer licenciada (en esta ocasión en Química) de su época. Fresno que era un hombre de espectáculo había trabajado como actor en el cine mudo pero sobre todo en los años 40, coincidiendo en alguno de aquellos cortos musicales con Miguel de Molina.

Su nieto Antonio Guerrero Gómez-Pamo, hijo a su vez de la actriz Maruchi Fresno y químico de profesion, describe así a este personaje: «Mi abuelo era farmacéutico de profesión. Se llamaba Fernando Gómez-Pamo Fresno pero en el teatro y el cine se hacía llamar Fernando Fresno y en sus dibujos firmaba a menudo como F. G.-P. Fresno. Pero lo que desde jóven le gustaba más era el teatro. La caricatura vino como una consecuencia de ese amor que tuvo a las artes escénicas y al dibujo. Si no interpretaba "veía"; el profesional del teatro además "sabía ver" de una manera muy distinta los personajes y los llevaba a sus trabajos con el lápiz y la cartulina. Aunque no llegué a conocer a mi abuelo sus caricaturas siempre estuvieron presentes en mi casa porque mi madre las coleccionaba. Ella intentó sacar un libro pero no fue posible, tan solo consigió el homenaje que se celebró en forma de exposición en el Círculo de Bellas Artes de Madrid en su centenario en 1981. Lamentablemente hoy muy pocos conocen a esos personajes que él retrataba en sus dibujos. En mi casa tengo caricaturas de nombres que hoy nos son unos desconocidos. Además como actor trabajó con artistas de estilos muy variados. También con Miguel de Molina en ese corto.

»Mi madre (Maruchi Fresno) había estudiado la carrera de Químicas en los años de la República. No era la única mujer universitaria pués yo llegué a conocer a algunas amigas suyas pero efectivamente eran muy pocas las que estudiaban carrera en aquella época. Mi madre trabajo en una película *Agua en el suelo* (Eusebio Fernández Ardavín) antes de la guerra. Cuando estalló mi abuelo permanecía en Buenos Aires con la compañía de Margarita Xirgu. Consiguió que toda la familia pudiera salir de España para reunirse con él hasta que regresaron en el 39. A mi madre le hubiera gustado trabajar como química pero en aquella época de posguerra el único trabajo que le ofrecían era el de actriz, y como los tiempos eran muy malos se decantó por la interpretación. Rodó películas dignas a pesar de la precariedad de los medios tan distintos a los actuales y tuvo una larga carrera. Murió a los 87 años y hasta poco tiempo antes había estado trabajando. Incluso en la Transición. Era una mujer de ideas personales muy claras pero respetaba a todo el mundo tanto en lo político como en lo religioso. Fui con ella a algunas giras teatrales en mis vacaciones y pude ver que tenía una buena relación con la gente y se llevaba muy bien con sus compañeros».

Cruce de destinos biográficos entre personajes que tuvieron mejor o peor suerte en función de los avatares de la historia.

Capítulo 5

DE VALLECAS AL OLVIDO

Si Miguel de Molina tuvo un inesperado reconocimiento al final de su vida hasta el punto de adquirir el "status" de icono, resurgiendo por sorpresa de los abismos no tuvo la misma suerte la otra gran estrella masculina de la canción popular durante la república: Angelillo. Llamado a ser la cara más conocida del cine de Filmófono muy representativo de los años de la República, la guerra civil significó un auténtico tajo en su trayectoria. Perderla y tener que buscarse una nueva carrera en América donde se convertiría de nuevo en figura popular fue un sacrificio a costa del silencio absoluto en España, silencio interrumpido en un regreso en los primeros años 50 de tonos más bien grises y sin el brillo de los años de juventud ysin aportar el "plus" añadido de la leyenda como lo tuvo De Molina ni el de la mitificación "gay". A pesar suyo se convirtió en espectro republicano deshilvanado y vacío de contenido.

Ángel Sampedro Montero (1908-1973) conocido artísticamente como Angelillo era hijo de un gallego emigrante a los arrabales de Madrid, al Puente de Vallecas, en un tiempo en el que todavía era un pueblo del extrarradio. A los catorce años ganó un concurso de cante celebrado en su barrio con un premio consistente en una moneda de diez duros. En esa época había pasado por diversos oficios. Tras la actuación le ofrecieron cantar en el teatro Pavón y comenzó a perfilarse un cantante que desde el flamenco y la copla empezó a girar hacia otros géneros. Después de pasar por buena parte de los teatros y de los cines con actuaciones de Madrid, apareció en locales de Barcelona, Sevilla y otras ciudades, y a finales de los años veinte ya participaba en la primera de sus giras por América, aunque todavía no como la figura que llegaría a ser en los años republicanos.

Angelillo no se parecía en nada a los otros artistas del género. Tenía facciones finas y tez pálida e incluso le sentaba mucho mejor el smoking o la corbata que las chaquetas con chorreras. En ese sentido las fotos que se conservan de él no se parecen plasticamente a las de Miguel de Molina. En Angelillo no había barroquismo, y su andalucismo era artificial puesto que ni siquiera había nacido en Andalucía. Era un cantante de coplas o de canciones aflamencadas que hacía fandangos, soleares y otros estilos que venían del flamenco, pero que también terminó por sentirse cómodo con la canción, e incluso en el bolero y el fox trot, tal y como se viene a demostrar por su amplísimo repertorio. Naturalmente los puristas del cante no podían reconocerle entre los suyos, pero él ni siquiera debía haberlo pretendido.

Esa distancia fue todavía más manifiesta cuando Angelillo se convirtió en la estrella masculina más popular del cine de los años de la República. En 1934 rodaba para Cifesa *El negro que tenía el alma blanca,* nueva versión que Benito Perojo hacía sobre una historia que ya se filmó en el cine mudo. Pero en aquellos momentos de expansión y triunfo del sonoro el cine para los grandes públicos se sentía muy influenciado por el estilo que todos querían imitar de los musicales americanos: del primer Busby Berkeley a las frescas, ágiles y sueltas comedias de Lubitch o de René Clair.

En aquellos años dos productoras trataron de ocupar un sitio en el terreno del cine para las masas populares y lo consiguieron rivalizando sin complejo alguno con las películas sonoras que venían de Hollywood y con las comedietas y operetas centroeuropeas. Por una parte estaba Cifesa ligada a capitales cercanos a la derecha conservadora y con la entrada de los Casanova[31] a la alta burguesía regional valenciana. Cifesa supo crear una gran estrella: Imperio Argentina. Por la otra estaba Filmófono de la mano de un empresario como Urgoiti[32] que provenía de una familia liberal del País Vasco. En ambos casos las productoras tenían relación con empresas de comunicación. Cifesa con "El Debate", Filmófono con el diario "El Sol" y con Unión Radio, precedente de lo que con el transcurso de los tiempos se convertiría en la Cadena SER. El estilo de Cifesa y el de Filmófono tenían muchos puntos en común. Ambas trataban de aplicar el sistema de los estudios de Hollywood, con actores, directores y equipos técnicos contratados para varios trabajos continuados y no por una sola película. Y muchos de los directores que trabajaban en estas películas fuera con Cifesa (Florián Rey, Benito Perojo…) o con Filmófono estaban entonces muy influidos por el aire de las comedias musicales que llegaban de América.

Filmófono además poseía su propia distribuidora y controlaba salas de exhibición. Como distribuidora había estrenado en España varios filmes clásicos del cine soviético. En esta área trabajaba como seleccionador y asesor del material el crítico y escritor de cine del entorno del Partido Comunista de España Juan Piqueras[33], muerto en los

---

31. Vicente Casanova provenía de una familia con intereses en el sector del aceite. En 1932 se había creado Cifesa en Valencia como distribuidora y productora. Logró el monopolio de Columbia para España, con un éxito comercial como el de *Sucedió una noche* (1934) a la vez que desarrollaba un producción que llegaría a ser muy popular. Casanova vinculó Cifesa a los intereses del Régimen hasta ser incluida a partir de la victoria aliada en una "lista negra" lo que le impedía el acceso a la película virgen y la exportación de sus películas a otros mercados, asunto que fue debatido en las más altas instancias del franquismo.
32. Ricardo Urgoiti (1900-1979) combinó diversas facetas como la de deportista (fue campeón de España de esquí y motonáutica) y empresario ligado a los medios de comunicación. En 1924 participó en la fundación de Unión Radio embrión de la futura Sociedad Española de Radiodifusión y en la década de los 30 en la empresa Filmófono. Procedente de una familia de la burguesía vasca se exilió hasta 1942 en Argentina. Interesado por la ciencia creó en la España de la posguerra la empresa Antibióticos dedicada a la explotación comercial de la penicilina.
33. El valenciano Juan Piqueras (1904-1936) crítico y escritor de cine en medios como "Popular Film" y "Mundo obrero" participó en rodajes de películas españolas y fue corresponsal de Filmófono, además de participar en los primeros "cine-clubs" en los que se presentó el cine soviético de los años 20. Aproximadamente una decena de días después del 18 de julio en un cruce ferroviario en Venta de Baños (Palencia) Piqueras militante del PCE fue ejecutado por los sublevados

primeros días de la guerra. Buñuel había podido estrenar *La edad de oro* en una sesión de cine club con el propio Piqueras.

El aragonés invirtió algún dinero familiar en Filmófono una productora que abordó la producción de películas comerciales dirigidas hacia el gran público tratando de crear como Cifesa una "fábrica de estrellas". La primera estrella de Filmófono se llamaba Angelillo. En esa productora Luis Buñuel actuaba como una especie de productor ejecutivo al lado de Eduardo Ugarte (1900-1955) activo colaborador de Federico García Lorca en la dirección de La Barraca. Ugarte que había trabajado como dialoguista en Hollywood, y que llegaría a casarse con la hija del escritor Carlos Arniches, estaba considerado cercano al PCE en la guerra civil, exilándose hacia México en 1939 donde retomaría el trabajo como guionista en títulos no demasiado distinguidos. Al igual que el escritor Max Aub sobrevivió económicamente en el cine mexicano participando en los guiones de películas melodramáticas que hoy nos parecen más bien tremebundas.

En Filmófono Angelillo rodó en 1935 *La hija de Juán Simón* donde encabezaba el reparto al lado de Pilar Muñoz y con Carmen Amaya en su primera actuación para el cine. Detrás de la cámara estaba José Luis Sáenz de Heredia, entonces gran amigo de Luis Buñuel. Sáenz de Heredia era además primo hermano de José Antonio Primo de Rivera, el fundador de Falange Española que representaba a los fascismos revolucionarios de la época.

La participación de Buñuel y Ugarte en esta película ha suscitado muchas versiones. Al parecer, *La hija de Juán Simón* estaba basada en una obra teatral estrenada en 1930 de dos autores como Nemesio Soldevila y Jose María Granados, inspirada a su vez en otra historia precedente de autores distintos, que el primero iba a dirigir también para el cine. Pero surgieron muchas discrepancias sobre el guión definitivo y el final de la historia, que en la versión teatral acababa mal para el protagonista, mientras en la cinematográfica Buñuel y Urgoiti, buscando claramente el éxito comercial, apostaron por el "happy end". Hasta el punto que los "factotum" de Filmófono entraron de lleno en la historia. Buñuel participó en el guión de *La hija de Juán Simón* e incluso pudo rodar algunas escenas de la película. Pero en general siempre fue escasamente expresivo sobre su etapa en Filmófono donde se hacía un cine comercial que se distanciaba de otro tipo de películas que posteriormente le aportaron prestigio. La película logró un gran éxito comercial creando un personaje que Angelillo repetiría en buena parte de los títulos de su filmografía: el chico modesto que logra triunfar gracias a su esfuerzo personal.

En 1936 Filmófono produjo *Centinela alerta* que habría de dirigir Jean Gremillon. Este realizador francés se aclimató muy bien al cine español de la República rodando títulos como *La Dolorosa* al servicio de Rosita Díaz Gimeno. Mostraba una cierta soltura en el género de la comedia y un mayor dominio de la técnica. Pero al parecer mantuvo fuertes discrepancias con la productora y los rápidos ritmos de trabajo que se le exigían, abandonando prácticamente el rodaje. Fue Buñuel quien le reemplazó detrás de la cámara también con una intervención muy directa en la historia de Eduardo Ugarte, el otro "cerebro" de la productora. El estallido de la guerra civil provocó un enorme desgarro. Mientras Cifesa se dividió en dos empresas, una en la zona "nacional" (Sevilla) y otra en la "roja" (Madrid y Valencia) Filmófono sobrevivió en el Madrid asediado y bombardeado. *Centinela alerta* no se pudo estrenar hasta 1937 y exclusivamente en la zona controlada por la República. Angelillo cantaba en la película una "marcha", "Pobre presidiario" que se convirtió en una de las canciones no bélicas más populares en los días de la guerra civil. La canción sonaba repetidamente en la radio y confirmó aún más la popularidad de Angelillo. *Centinela alerta* llenó las salas que sobrevivían a los bombardeos y a las difíciles condiciones de vida de la guerra en la zona republicana.

En ese periodo Angelillo no ocultó sus simpatías políticas. Cantó para los que defendían las posiciones del gobierno participando en distintos actos de apoyo. En cierta manera se había convertido en símbolo de las estrellas republicanas. Cuando las tropas de Franco entraron en Madrid en los últimos días de marzo de 1939 ya había desaparecido del país camino del exilio alcanzando milagrosamente Orán. Al lado del guitarrista flamenco Sabicas[34] empezaría a actuar algo más tarde en Argentina.

En el Cono Sur fue reconocido inmediatamente por la colonia española. Poco a poco empezó a encontrar un nuevo público. El emprendedor Urgoiti trató de inventar una Filmófono argentina rodando el largometraje *Mi cielo de Andalucía* en estudios y exteriores argentinos con Angelillo de protagonista. Pero era un vulgar sucedáneo rodado a miles de kilómetros de distancia de las películas que habían cimentado su éxito con la Filmófono española.

En España volvieron a reponerse después de la guerra algunas de las películas de Angelillo. Pero no tenía derecho alguno a usar su nombre. Solo se autorizaba a que la publicidad anunciara el texto "Por el protagonista de *El negro que tenía el alma blanca*, de la misma manera que en la primera posguerra se prohibió que figurara el nombre de muchos de los actores de Hollywood que habían apoyado a la II República, como James Cagney o Bette Davis, figurando en cambio la leyenda "Del mismo actor que". Ni los medios, ni las radios podían emitir canción alguna de Angelillo, a pesar de que unos pocos meses atrás sonaban incesantemente y habían sido utilizadas repetidamente como soniquete popular. De estrella al silencio absoluto.

En aquella diáspora muchos artistas que se habían ganado la vida en los escenarios o en los tablados tuvieron que inventarse una nueva biografía lejos de España. Dentro de ese listado, además de Sabicas se podría citar a la bailaora Carmen Amaya, que no regresó a España hasta finales de los años 40 y lo hizo besando el suelo del aeropuerto, y también a la pareja Rosario y Antonio que hasta los años 50 no obtuvieron la vía libre para poder trabajar en su país. Cuando Angelillo regresó en la mitad de los años 50 era un cantante conocido en el sur de América pero en España se había producido

---

34. Agustín Castellón Campos (1912-1990) conocido como "Sabicas" no era andaluz sino de Pamplona. Maestro de la guitarra flamenca se exilió después de la guerra civil actuando con Carmen Amaya en América del Sur para pasar posteriormente a Nueva York donde se afincaría. Mientras Amaya había regresado a España al final de los años 40 Sabicas solo lo haría por vez primera en 1967 y sin afincarse definitivamente en su país. Está considerado especialmente en Estados Unidos uno de los clásicos de la guitarra flamenca.

una brecha de más de quince años de silencio forzado. En 1955 rodaba *Suspiros de Triana* (Ramón Torrado) ahora con Perojo su antiguo director como productor y con Paquita Rico de compañera. Fue Perojo el que consiguió la autorización para que pudiera volver a España. Pero ahora Angelillo era demasiado mayor para el personaje que interpretaba, cantaba boleros (algunos tan populares como "Camino verde" y "Dos cruces") y seguía mostrando en su primera película en color que le sentaba mejor el "smoking" blanco que las chaquetillas llenas de volantes y chorreras. Otra película más sin pena ni gloria, *Tremolina* (1956) y un espectáculo teatral, pero Angelillo ya nunca volvería a residir permanentemente en España. Dicen que en aquellas actuaciones en los años 50 se le recibía en los teatros coreando su nombre casi como si se parafreseara en un silencioso símbolo de la República. Pero ya era un viajero por un mundo que no era el suyo. Volvió en otras ocasiones, especialmente en 1969 para grabar un programa de TVE cuando ya estaba semi-retirado.

Al contrario que Miguel de Molina nunca llegó a convertirse en icono ni en mito por las siguientes generaciones. Solo conservó una apagada ascua de símbolo hasta prácticamente su muerte: la figura más popular de la canción y del cine republicanos. La guerra como a tantos otros le llevó de ser uno de los personajes más conocidos al olvido forzado. Un muerto artísticamente en vida.

Capítulo 6

LA ESTRELLA PERDIDA REPUBLICANA

Probablemente sus trabajos y su trayectoria personal podrían haberla encumbrado a la trayectoria de mito. Sin embargo los avatares y el desenlace de la guerra civil se cebaron en esta mujer "con auténtica clase" que aunque disfrutó de otra carrera posterior en el exilio nunca volvió a tener un reconocimiento público en España. Una caída en picado de una estrella que pasó de ser reconocida y admirada a convertirse en una sombra y con su nombre borrado por obligación de los medios.

Rosa Díaz Gimeno había nacido en Madrid, en 1908 o en 1911, –hay distintos datos sobre la fecha de su llegada al mundo–, en el seno de una familia de clase media. Fue uno de los escasos y rarísimos ejemplos de mujer de la época que pasó por las aulas. En la Universidad Central de Madrid, antiguo nombre de la Complutense, empezó a cursar medicina, que terminó abandonando para estudiar declamación y música en el Conservatorio. Con cuentagotas se cuenta el número de mujeres que en la España de la época pisaban la universidad. Y entre esas excepciones había algunas actrices: Conchita Montes, compañera durante largas décadas de Edgar Neville, y Maruchi Fresno, hija de un famoso caricaturista y hombre de teatro, Fernándo Fresno, que en la posguerra se convertiría hasta el final de los años 50 en uno de los rostros más conocidos del cine. Tanto en esos casos como en los de Rosita Díaz Gimeno se trataba de mujeres con un estilo muy característico, una procedencia social determinada de la burguesía media y una inquietud cultural que entonces no parecía al alcance de cualquiera y menos de las mujeres. Rosita se inició en el teatro con la compañía de Gregorio Martínez Sierra, que firmaba algunas de las obras teatrales más representadas en la década de los años diez y veinte en España pero que en realidad escribía su inteligente esposa y "negro" literario, María Lejárraga, que llegaría ser diputada socialista en la República e iniciaría posteriormente un exilio en Francia, Estados Unidos, México y Argentina del que no regresaría jamás. Martínez Sierra, unido sentimentalmente a la actriz Catalina Bárcena con la que tenía una hija, pero a la vez manteniendo una aparentemente cordial relación matrimonial con Lejárraga, había sido un innovador del teatro en los años veinte, dando la primera oportunidad a un joven García Lorca. Rosita era una actriz de aire muy fresco y apariencia vivaracha, de una alegría contagiosa. Y su perfil estaba muy en la línea de las actrices que empezaban a triunfar en el primer cine sonoro. En 1931 había debutado en el cine con *Su noche de bodas* (Benito

Perojo) al que siguieron nuevos títulos que habrían de convertirla en el nombre más conocido del cine español durante la República detrás de Imperio Argentina.

Rosita que tenía un cierto parecido físico con Lilian Harvey, estrella de operetas centroeuropeas traspasada al cine americano, fue contratada para trabajar en las películas sonoras en español que Paramount rodaba en Joinville (París) antes de inventarse el doblaje y las que la Fox haría en Hollywood. Para la Fox Rosita Díaz Gimeno filmó dos títulos: *Angelina o el honor de un brigadier* (Louis King, 1935) versión de la obra de Jardiel Poncela, otro de los españoles en la meca del cine, y *Rosa de Francia* (Gordon Wills, 1935). Se conserva una entrevista muy ilustrativa sobre esa aventura en Hollyood publicada el 6 de octubre de 1935 en la revista "Cinegramas"firmada por Florentino Hernández Girbal y recogida en nuestros días en "Los que pasaron por Hollywood" de Juan B. Heinink (Verdoux, Madrid 1992). En ella Rosita contaba de manera casi deliciosa lo que había supuesto ese trabajo. La entrevista (mejor conversación) de Girbal se realizó a bordo de un coche adquirido en California y conducido por la propia actriz a lo largo de la carretera de La Coruña de Madrid en un tiempo en el que era rarísimo ver a una dama al volante. «Corremos juntos por la carretera de La Coruña ,–dice Girbal–, con dirección a El Plantío, donde nos espera el almuerzo (…) las manos en el volante y el pie en el acelerador, conduce con un dominio admirable».

Rosita Díaz Gimeno le contaba al periodista. «A las seis de la mañana teníamos que presentarnos en el estudio. De ocho y media a nueve empezaba el trabajo y asi estábamos hasta las nueve de la noche. Muchos días la cosa se alargaba hasta las doce o más. Claro que todo quedó compensado cuando vimos el filme (*Angelina o el honor de un brigadier*). A la "preview" (sic) asistieron muchos artistas, los actores de teatro shakeasperiano y casi todos los directores de las casas productoras. Fue un éxito completo. (…) (Después) descansé otros tres meses (rodé) *Rosa de Francia* con Antonio Moreno (…) adaptada por López Rubio de la comedia de Marquina y Ardavín (…)».

La actriz describía así aquel ambiente: «Hollywood es una ciudad ingenua y pueril. Allí pueden vivir felices los niños y los mayores que posean un espíritu infantil. Todo en ella tiene aspecto de juguete, las tiendas, los escaparates, los mil motivos de la vida ordinaria. Fíjese que venden otras cosas a cual más infaniles, unos sobrecitos con una porción de magnesia y esta leyenda: "Para la mañana siguiente" (…) claro es de los que bebieron con exceso la noche antes (…) Por lo demás es una ciudad burguesa, tranquila, amable y de un clima maravilloso.(…) Es una organización perfecta que ahorra tiempo y dinero. Aquí se improvisa mucho. Allí todo está previsto y meditado. *Rosa de Francia* se hizo solo en quince días. Cobré un sueldo que aquí resulta fabuloso[35]. Yo tenía un contrato por seis meses, prorrogable por el mismo espacio de tiempo, hasta el

---

35. Según J. B.Heinink en octubre de 1934 Rosita Díaz Gimeno había firmado un contrato con Fox Corporation por un salario semanal de 350 dólares, con veinte semanas garantizadas, contemplándose prórrogas de seis meses a 500 dólares, de un año a 600 dolares y de otro adicional a 700 dólares semanales, con cuarenta semanas aseguradas cada año. El contrato fue prorrogado por tres meses entre abril y junio de 1935 por 600 dólares a la semana. El 22 de julio Díaz Gimeno percibió 589 dólares a condición de pagarse plenamente el viaje de vuelta a España. Se trataba de cantidades "estratosféricas" para el nivel de renta de la España de la época.

límite de tres años y con un aumento progresivo, pero al cumplir el medio año fue anulado, para ofrecerme otro, con doble sueldo por seis meses más». De sus encuentros con personajes conocidos recordaba: «(…) Al lado de Gary Cooper era un átomo» y «Un día me puse para unas pruebas la ropa de Janet Gaynor y me estaba grande».

Díaz Gimeno era ya toda una actriz reconocida y estaba a punto de convertirse en una gran estrella del cine español. Tras Imperio Argentina era la actriz más popular del momento. Sus dos películas *La pícara molinera* y *La dolorosa* (Jean Gremillon, 1935) lograban cruzar con habilidad el camino el cine que aspiraba a ser popular sin perder su dignidad. Se conserva muy bien esta última producción gracias a la restauración de su negativo por la Filmoteca Española[36]. Díaz Gimeno con ojos de hoy se desenvolvía con una gran soltura aportando una gran frescura combinada con una cierta ironía, lo que parecía augurar un camino estelar dentro del cine de la II República.

Pertenecía a una generación que había encontrado en la República un clima muy favorable para el desarrollo de sus proyectos personales. Muy integrada en el ambiente teatral e intelectual de la época también lo estuvo en el político. Incluso con una relación que le costaría muy cara desde el punto de vista personal y que derribaría estrepitosamente su futura carrera y su propia permanencia en España.

A finales de la primavera de 1936 Rosita Díaz Gimeno se convertía en estrella de Cifesa, donde competía directamente con el otro gran mito de la época: Imperio Argentina. Cifesa producía la primera película de Díaz Gimeno en la compañía: la comedia andaluza *El genio alegre* basada en una historia original de Álvarez Quintero. Además del rodaje en los estudios madrileños los exteriores habrían de completarse en Córdoba. La historia de este rodaje podría haber sido extraída de un relato de ficción o de una comedia disparatada y adquiere un simbolismo mayor del que podían presentir quienes trabajaron en él para convertirse casi en un microcosmos de lo que empezaría a ocurrir en España a partir del 18 de julio. Rodaban en Córdoba en el cortijo Casablanca junto a Los Cansinos, una finca a unos pocos kilómetros de la capital, hospedándose el equipo en el hotel Simón de la avenida Gran Capitán. Allí llegaron las primeras y confusas noticias de que se había producido una acción militar contra la República y que las comunicaciones con Madrid estaban interrumpidas. La película la dirigía Fernando Delgado, un personaje que había venido trabajando en el cine mudo y que pertenecía a una saga continuada por su hijo dedicada al teatro y al cine.

En el equipo aparecía toda una representación de las ideologías que entraban violentamente en conflicto en aquella España: desde monárquicos y conservadores de la derecha más tradicional a la nueva revolucionaria-nacionalista de Falange, pasando por liberales, socialistas, anarquistas y comunistas. En pleno desconcierto dentro del hotel sin saber realmente qué estaba ocurriendo Rosita Díaz Gimeno, la protagonista de la película recibió una sorprendente llamada desde Madrid pese a la dificultad para establecer comunicaciones. Ella dijo que era su médico quien se interesaba por ella. Pero ya los rumores habían empezado a correr porque algunos lo sabían anteriormen-

---

36. Editada en 2005 por Divisa.

te: era la pareja de Juan Negrín, el hijo del futuro Presidente del Gobierno republicano del Frente Popular, (con el que terminaría casándose). Ella no se pronunció sobre esa relación con sus compañeros. En Córdoba el golpe había triunfado como en algunas otras capitales andaluzas. Dentro del equipo artístico se encontraba un curioso personaje, el ahora actor Fernando Fernández de Córdoba (1891-1982). Esta figura después de haber iniciado la carrera militar decidió convertirse en artista debutando en el teatro en 1919 y participando en varias películas del cine mudo. Dotado de una espléndida voz y el aire de apuesto galán de la época adquirió fama de gran rapsoda y recitador. Fernández de Córdoba era un convencido falangista y se incorporó desde los primeros momentos al golpe militar dejando de lado su trabajo de actor. Rosita Díaz Gimeno fue denunciada y sometida a vigilancia y detenida durante setenta y dos horas en Córdoba. El rodaje de *El genio alegre* quedó suspendido automáticamente.

Esta historia tiene muchas versiones, pero singularmente ha dado lugar a libros con descripciones encontradas. Fernández de Córdoba, alistado en los sublevados (igual que otro actor del reparto, Antonio Vico, también partidario del golpe) escribió "Memorias de un soldado locutor" publicado en Madrid en 1943 por E. Española en el que contaba cómo logró la rendición del gobernador militar republicano de Córdoba. Y la detención de Rosita Díaz Gimeno tras hablar con "el médico de la familia". En agosto de 1936 Fernández de Córdoba se integró como fotógrafo en las columnas de tropas nacionales que se dirigían hacia Madrid con intención de ocupar la capital de la República. Precisamente en Córdoba había tenido la oportunidad de debutar como locutor leyendo una arenga falangista y un poema del monárquico José María Pemán desde la emisora de radio de la ciudad. Ese trabajo se repetiría en los años de la guerra civil en los que como oficial de complemento seguiría la actividad en los frentes para divulgar los comunicados de guerra desde las antenas de Radio Nacional de España en Salamanca y Burgos. Fue precisamente Fernández de Córdoba el encargado de leer con su potente y marcial voz el histórico parte de abril de 1939 en el que Franco proclamaba su victoria total contra el "ejército rojo" y el final de la guerra civil. Parte original que parece no haber sido conservado en la voz de Fernández de Córdoba, utilizándose posteriormente en los medios una versión muy posterior que imita su tono de voz pero que no es la auténtica.

Después de la guerra este personaje realmente atípico pero representativo del franquismo de primera hora dejó la radio para volver a trabajar en el cine durante los años 40 siempre en papeles de galanes de reparto hasta convertirse en un verdadero característico del cine español de la época. En los primeros 60 era catedrático de dicción en el Real Conservatorio de Música, y a la vez profesor del Instituto de Investigaciones y Experiencias Cinematográficas (IIEC) nombre anterior de la futura Escuela Oficial de Cine (EOC) de donde saldría toda una generación de directores; centro que estaba considerado un "verdadero nido de rojos" en expresión de uno de sus alumnos, Miguel Picazo, el director de películas como *La tía Tula*. De la misma manera, Fernández de Córdoba en su peculiar carrera profesional acabaría como director de la Real Escuela de Arte Dramático (denominación anterior de la RESAD) y más tarde gerente de los Teatros Nacionales. La otra versión de lo ocurrido en Córdoba pertenece a Edmundo Barbero autor de "El infierno azul" (Ed. Talleres Socializados del

*Sylvia Kristel.
Nacida en 1952 en
Holanda, de "miss"
alcanzó la celebridad
como "Emanuelle" en
varios filmes, hasta
convertirse en la imagen
erótica de su generación.
Intentó sin suerte la
aventura de Hollywood.
Su estrella se apagó
fulminantemente después
de varios fracasos en sus
relaciones personales,
cuando apareció el
alcohol y la cocaína en
su vida haciéndole
pagar un fuerte tributo:
la ruina y la búsqueda
de salidas a sus
adicciones.*

Sor Sonrisa. Conocida como Jeannine Deckers (1933-1985) fue una monja de la orden de las Dominicas que alcanzó una rápida popularidad con la canción "Dominique"(1963) en tiempos del Concilio. Número 1 en EE.UU. la televisión americana la descubrió tambaleándose su vida anterior. Dejó la orden, tuvo conflictos con la Iglesia y grabó de nuevo con contenidos cada vez más extravagantes. Acabó suicidándose junto a la mujer con la que compartía su vida por sus problemas de alcohol y fuertes deudas a Hacienda.

Hedy Lamarr (1914-2001). Austriaca de origen judío tuvo una primera juventud que parece extraída de un melodrama. Su extrema belleza no le impidió estudiar ingeniería, en una época en la que la presencia de mujeres en las carreras técnicas era rarísima. En 1940 patentó un sistema de conmutación de frecuencias precedente de posteriores tecnologías.

Hedy Lamarr.
En el Hollywood de
los años 40 aportó la
imagen del
"glamour". La Metro
la convirtió en
estrella. Pero tras
Sansón y Dalila con
Cecil B. De Mille en
la Paramount su
carrera se derrumbó
estrepitósamente. Y
hasta apareció en las
secciones de sucesos
tras ser detenida por
cleptómana.

Hedy Lamarr. Las imágenes de Lamarr siguen inspirando actualmente buena parte de la estética publicitaria y conservan una gran vigencia. Nunca fue reconocida como "mujer científica" papel al que siempre quiso aspirar.

Veronica Lake (1922-1973). Indiscutible imagen de los primeros años 40, la Paramount convirtió a esta modelo en una estrella, aunque adquirió fama de "difícil" y se llevaba muy mal con sus compañeros de trabajo. El clásico de la "novela negra" Raymond Chandler durante el rodaje de La dalia azul (1946) le puso el mote "Morónica Lake" (algo así como "Idiota Lake").

*Veronica Lake.
Protagonizó varios
títulos dentro del "género
negro" al lado de Alan
Ladd (1913-1964).
Ambos tenían varias
cosas en común, entre
otras su baja estatura.
Al final de los 50 con su
carrera totalmente
hundida Lake fue
detenida por embriaguez
y escándalo público. Fue
descubierta por un
periodista trabajando
como camarera. El
alcohol, entre otras
posibles adicciones,
precipitó el final tanto de
Verónica como de Alan
Ladd.*

*Veronica Lake.
En Norteamérica la clásica
imagen del peculiar flequillo
de Lake está claramente
asociada a los días de la
guerra mundial, cuando se
hacía presente en las
taquillas de los soldados de
la época. Unos pocos años
después apenas era más que
un recuerdo.*

Barbara Payton (1927-1967). Una de las mujeres más atractivas del principio de los años 50, tras protagonizar películas con actores como Gregory Peck, James Cagney o Gary Cooper y convertirse en "carne de escándalo" de la prensa amarilla pasó a ejercer la prostitución (con amantes como Howard Hughes), acabando su trabajo en el cine a la velocidad de un rayo. El alcohol y las drogas se convirtieron en protagonistas de su vida. Acabó como meretriz callejera.

Jim Morrison (1943-1971). Hijo de un militar de alta graduación y al parecer testigo de situaciones de violencia de género adquirió una gran formación cultural y estudió en centros superiores de prestigio (compañero entre otros de Coppola). Fascinado por la literatura publicó libros de poesía. Solista de The Doors, pasó de la timidez al éxito popular. En un momento en el que las drogas estaban en auge y disfrutaban de prestigio social entre una élite cultural, éstas acabarían por tener una gran importancia en su vida. Uno de los grandes mitos del "rock".

Jean Seberg (1938-1979). Fue descubierta en la universidad americana donde estudiaba para rodar Santa Juana con Otto Preminger, que fracasó en taquilla. Europa y París cambiaron su vida radicalmente, hasta convertirse en la más francesa de las presencias. Rodó en Hollywood y en Europa, y tras su boda con Romain Gary fue una referencia dentro de una élite cultural.

Jean Seberg. "A bout de souffle" y Goddard la presentaron como icono de la "nouvelle vague". Identificada con proyectos políticos radicales de los años 60 los últimos años de su vida se volverían infernales. El alcohol y los barbitúricos se hicieron presentes. Los servicios secretos de los tiempos de Nixon han sido acusados de precipitar su tragedia. Habrá que esperar a la desclasificación de documentos para rellenar diversas lagunas de su biografía.

Michael Jackson (1958-2009). Producto artístico de un padre obsesivo con la fama, pasa en 1971 del grupo familiar Jackson 5 a triunfar como solista para convertirse en el nombre más popular del "pop" y el "rock" después de Elvis Presley. "Thriller" (1982) marca la cima de su imperio vocal y visual. Peter Pan que trató de inventarse a sí mismo, derivó hacia la extravagancia. Las continuas noticias y procesos sobre supuesta pederastia le convirtieron en "apestado". Su desenlace personal integra contenidos de melodrama y "thriller".

Jean Harlow
(1911-1937).
Arquetipo de la
"rubia-tonta" y
precedente de
Marilyn. En realidad
un producto de la
Metro que utilizó y
manipuló el
escándalo cuando
mejor le convenía.
Incluso con rumores
de que podía haber
matado a su marido.
Su breve carrera
estuvo llena de cimas
y de simas. Generó un
auténtico estereotipo.

Jerry Lee Lewis. Cantante y pianista que creó estilo. Nacido en 1935 y estaba llamado a ser "el competidor" de Elvis Presley de no cruzarse el escándalo en su camino. Con sucesivos y fracasados matrimonios con adolescentes, en 1958 un vidrioso asunto hundió su carrera: una boda secreta con su prima de trece años. A la par llegarían las drogas y el alcohol. Pese a todo artísticamente ha sido el más longevo de su generación.

Brian Wilson
Nacido en 1942 fundó
con sus hermanos Carl y
Dennis, su primo Mike y
otro amigo los Beach
Boys, uno de los grupos
vocales más importantes
de la historia, líderes de
los años 60, que
representaban una
imagen de chicos de clase
media amantes del surf y
del sol. En plena
psicodelia las drogas
ganaron presencia en su
vida. En 1975 los
problemas con la cocaina
obligaron a sus familiares
a poner los ojos en un
terapeuta que se
transformaría en un
autentico "vampiro" de
la personalidad, la obra
y la fortuna de Wilson.

John Gielgud (1904-2000). Con Laurence Olivier fue el más prestigioso actor clásico del Reino Unido. Tuvo una excelente carrera primero en el teatro y a partir de los primeros 50 en el cine, siempre como un actor shakeasperiano por excelencia. En el máximo periodo de gloria, convertido en "Sir" por la Reina fue detenido en unos urinarios públicos dentro de una "campaña contra la homosexualidad". Compareciente ante un tribunal bajo nombre supuesto para preservar su intimidad la prensa lo acabó descubriendo. Sus contratos se cancelaron y no pudo viajar a Hollywood para evitar ser detenido. Sus compañeros de profesión le apoyaron y le sacaron del hoyo en un momento de crisis en el que hasta pensó en suicidarse.

John Gilbert 1897-1936. Fue "el gran amante" del cine mudo, el exponente de la masculinidad al lado de Greta Garbo, la única estrella capaz de rivalizar en popularidad con Valentino. Pero el cine sonoro le hundió en la más absoluta de las miserias. Pasó a ser un alcohólico amargado en muy poco tiempo, una sombra de símismo. También la popularidad tiene fecha de caducidad. Se convirtió con rapidez en un "juguete roto" que no valía nada.

SUIG (CNT) Madrid, 1937). Barbero que pertenecía al equipo de rodaje de la película *El genio alegre* era un hombre de ideología anarcosindicalista. En el libro responsabilizaba a Fernández de Córdoba de haber denunciado a Rosita Díaz Gimeno. Pero a la vez Barbero se atribuía a favor suyo la liberación de la actriz. Extrañas y contradictorias versiones en todo caso. El falangista Fernández de Córdoba ¿la denunció o intercedió para que la liberaran quizás salvándola de morir como tantos otros en esas horas? Por otro lado ¿cómo es posible entender que un anarcosindicalista lograra de los sublevados salvar a aquella actriz de la muerte o de la cárcel?

Barbero seguía contando en el libro que con el resto del equipo, excluida Rosita Díaz Gimeno había viajado hasta Sevilla, casi un virreinato en manos de Queipo de Llano, desplazándose en un camión en el que transportaban cazas averiados para su puesta a punto al servicio de los nacionales. Desde Sevilla viajó a Huelva para pasar hacia Portugal y desde allí regresar de nuevo a España para incorporarse a la República. Tras la guerra civil este actor logró exilarse a América participando en pequeños papeles en diversas películas en México, entre ellas *La fiebre sube al Pao* (1958) de Luis Buñuel.

Otros miembros del equipo de *El genio alegre* también lo pasaron realmente mal. Cifesa había quedado artificialmente dividida en dos empresas: una republicana y otra nacional. Desde Sevilla se había decidido continuar el rodaje en exteriores. Pero las circunstancias eran muy distintas. El cónsul nazi en Sevilla denunció a Enrique Guerner[37] el director de fotografía, un judío huido del III Reich que desarrolló un amplio y destacado trabajo en el cine español. Calificado de "indeseable" se presionó a las nuevas autoridades para su expulsión de España. La actriz Anita Sevilla con simpatías izquierdistas temió por su supervivencia y su futuro, y desapareció como pudo de aquel rodaje.

Y queda por contar la peripecia más singular de este relato: la de su protagonista. Rosita Díaz Gimeno por su vinculación con los Negrín se consideraba un "rehén" de importancia. Tanto que sería canjeada por otros prisioneros nacionales en manos de la República. Tratada como una auténtica espía la actriz, entonces muy famosa en España, marchó a San Sebastián y de allí cruzó la frontera francesa para pasar a París. En esa ciudad se entrevistó con Benito Perojo. Este antiguo actor y ahora director y productor que había estado muy integrado dentro del cine republicano logrando en 1935 uno de sus grandes éxitos populares con *La verbena de la Paloma* y que en su momento podía haber simpatizado con la propia República ahora defendía un matiz puramente profesional. Ofreció a Rosita Díaz Gimeno una oportunidad para rodar en los estudios alemanes donde habrían de trabajar Imperio Argentina y Estrellita Castro. Admiradas por los nazis, especialmente la primera de ellas por Goebbels y el propio

---

37. Se llamaba en realidad Heinrich Gärtner Kolb (1895-1962) era alemán y había sido fotógrafo en la Primera Guerra Mundial. Con la llegada del III Reich y su politica antijudía se había trasladado a España para trabajar como operador con Cifesa. Aún protegido por el franquismo el propio "Caudillo" le recomendó en 1940 que se nacionalizara español para impedir una extradición a su país (y quizás haber terminado en una cámara de gas). Ya como Enrique Guerner desarrolló una espléndida carrera como director de fotografía dentro del cine español con trabajos tan brillantes como los que realizaría en los años 50 con Ladislao Vajda.

Adolf Hitler, eran un buen argumento para llegar con las producciones realizadas en Alemania al mercado de América del Sur. Perojo ofreció a Rosita Díaz Gimeno trabajo en los estudios alemanes. Pudo ser la tercera del trío de estrellas españolas. Pero ella rechazó esa posibilidad de plano. Abandonó París para regresar a la zona republicana y llegar a Madrid donde compartió con Juan Negrín hijo los distintos avatares del gobierno, la derrota y posteriormente un exilio en México y Estados Unidos hasta conseguir la nacionalidad norteamericana. En 1939 se estrenaba en la España recién salida de la guerra *El genio alegre*, acabada por Fernando Delgado de cualquier manera. El nombre de Rosita Díaz Gimeno y el de los otros actores republicanos fue totalmente eliminado del reparto y de los títulos de crédito, y doblado su personaje por otra voz que no era la suya. Como otros muchos estaba condenada a la invisibilidad. Ya no era en su país más que un fantasma. Una auténtica desconocida desde el final de la guerra civil. Sin derecho ni siquiera a su nombre.

La guerra significó un violento "antes" y "después" en su carrera en la que ya no habría posibilidad de volver atrás. Durante algunos años trató de retomar un nuevo impulso en México e incluso protagonizó películas destacadas ahora apareciendo en los carteles unicamente como "Rosita Díaz" o como "Rosa Díaz". Entre ellas *Pepita Jiménez* (Emilio Fernández, 1945) junto a Ricardo Montalbán basada en la novela de Juan Valera, *El último amor de Goya* (1945) y *Me enamoré de una sirena*. Perfectamente bilingüe y con magníficas relaciones sociales y dotada de una cultura que no era habitual en las actrices de la época, Rosita Díaz Gimeno empezó a hacer algunos personajes teatrales, el más importante de todos el de la obra "La casa de té de la luna de agosto" que estrenó en Broadway en inglés y más tarde en Ciudad de México en español. La prensa española de la época silenció totalmente aquel protagonismo de una actriz española en un personaje que en la versión cinematográfica representaría Marlon Brando. También apareció en "La visita de la vieja dama" de Dürremat representada en los escenarios mexicanos.

En adelante daría clases en las universidades de Princenton y en Yale y mantendría una magnífica vinculación con la vida intelectual y con los artistas españoles hasta su muerte. Fue muy alto su prestigio entre las colonias de republicanos españoles. Con su marido, el neurocirujano Juan Negrín de procedencia grancanaria y formado en el espíritu de la Institución Libre de Enseñanza, el matrimonio ejerció como referencia local de difusión de una forma de cultura española. Dentro de la vida norteamericana los Negrín fueron socialmente reconocidos por esa sensibilidad cultural. Mientras, en su país de origen, ella siguió para siempre siendo una desconocida. Su nombre se borró de la memoria colectiva. Ninguna de sus películas mexicanas llegó a ser estrenada jamás en España. Las que se rodaron aquí en la época republicana no se volvieron a poner o desaparecieron literalmente. *El genio alegre* se estrenó sin el éxito que se esperaba para una historia costumbrista como las que hacían las otras estrellas que triunfaban en la época; se distribuyó sin que apareciera la menor referencia a la protagonista, excepto su imagen. En la España de las décadas siguientes al final de la guerra ya no era nadie, no existía. Se difuminó en el aire la imagen de la que fue considerada en los años 30 la "otra estrella" después de Imperio. Aquella Rosita Díaz Gimeno de la que Chaplin dijo que había sido «una de las más grandes actrices que conocí». Del éxito a las pavesas.

Capítulo 7

ENTREGADOS A LOS NAZIS

A cualquiera de los alemanes o habitantes de Centroeruopa a los que en las primeras décadas del siglo XX se hubiera pedido que mencionaran el nombre de un actor, el de Emil Jannings sería con toda probabilidad el más citado. Jannings nacido en la Suiza de habla alemana en 1884 con el nombre de Theodore Friedrich Emil Janenz, aunque posteriormente adquirió la nacionalidad germana, tuvo un itinerario vital privilegiado en el que gozó de la oportunidad única de relacionarse y trabajar con lo mejor de la cultura alemana de las primeras décadas del siglo precisamente en un momento de turbulencias pero también de gran efervescencia creativa dentro de ese espacio cultural.

Jannings estudió en Zurich y en Görlitz y a los dieciocho años debutó en las tablas recorriendo el centro del continente con compañías ambulantes como las de la época en las que representaba toda clase de repertorio desde el clásico al naturalista contemporáneo. En 1906 se producía su primer encuentro con uno de los nombres capitales del teatro alemán: Max Reinhart que lo contrató para trabajar en un teatro berlinés. Naturalmente Reinhart estaba todavía en sus principios, pero ya era una de las personalidades más imaginativas del momento. De la mano de Reinhart, hoy otro de los mitos de la cultura germana, Emil Jannings debutó en el cine en 1914. Lo que vino después fue la primera de las hecatombes. La Primera Guerra Mundial segó vidas, devastó paises y desmanteló lo que había sido la Europa antes conocida del Imperio Austro-Húngaro. Con la derrota de las potencias centrales en 1918 y la explosión de estados que disolvió esa antigua y dilatada bolsa de territorios se dio paso al más convulso de los periodos que habría de vivir una derrotada Alemania a la que las potencias vencedoras impusieron severas sanciones, cuyo precio pagó con creces su población. Así Alemania se balanceó entre la revolución socialista y el fascismo, con un sistema liberal extremadamente débil y sometido a toda clase de amenazas.

La República de Weimar es uno de los más llamativos ejemplos de la historia humana en el que se ha conjugado plenamente el concepto de "crisis" con el de "explosión creativa". En un país con una inestabilidad política absoluta, una inflación descontrolada, ingentes masas de trabajadores afectados por el desempleo y el hambre, se generaron no solo los grandes grupos e intereses industriales de una forma de capitalismo sino uno de los momentos más brillantes, creativos e imaginativos en la historia mundial de la cultura y de la creación. Weimar es el escenario en el que se define una estética y una onda que salpica las artes plásticas, el cine, la música, el teatro, la arquitectura, el diseño, la novela…

En ese clima cultural el cine fue uno de los catalizadores en un doble sentido: industrial y artístico. Emil Jannings que había llegado a la pantalla de la mano de Max Reinhart trabajó con muchos otros nombres, entre ellos los de Lubitsch y Murnau. No es casual que muchos de esos artistas tuvieran orígenes judíos. Esa presencia se hacía muy presente en la cultura alemana y europea de su tiempo.

Jannings se convirtió en una de las grandes estrellas del cine alemán de la época de la mano de la Ufa, el único estudio que fue capaz de desafiar plenamente a los de Hollywood. Ufa o Universum Film AG había nacido en 1917 en la postrimerías de la Gran Guerra como una iniciativa de propaganda del gobierno del kaiser. Los gobiernos en guerra habían descubierto el poder de las imágenes de cine y empezaban a crear sus primeras estrategias de propaganda en un momento de expansión de la exhibición de cine. Tras la hecatombe y las durísimas sanciones a Alemania impuestas por los vencedores Ufa fue privatizada en 1921 desarrollando una línea de producción en la que se mezclaba la atención al mercado con unos tratamientos artísticos y un lenguaje muy original. En ese momento Ufa y las otras compañías que se generarían en los tiempos de Weimar hicieron compatible el cine experimental, los más avanzados tratamientos expresivos conocidos hasta entonces en el cine mudo y solo con la competencia de la vanguardia del cine soviético, el documental de nuevo cuño, con los grandes melodramas y los musicales acompañados de música en directo en las salas en un momento en el que el cine todavía era mudo. Además con la creación de géneros tan raros como el "cine de esquí" o el denominado "cine de montaña" con comedias que se desarrollaban entre la nieve o las montañas alpinas en género extremadamente popular en la Alemania de los 20 y 30 en el que se inició Leni Riefenstahl y que en la década de los 50 tendría un fallido intento de continuidad tanto en Alemania como en Austria o en la Suiza alemana, ahora con títulos rodados en color y con nuevas estrellas de efímero reinado como Erika Remberg o Tony Sailer.

Ufa venía a ser un punto de encuentro entre un capitalismo agresivo y una creación llena de audacia. Emil Jannings ya era una gran estrella del cine alemán con personajes en títulos como *Ana Bolena*, *Madame Dubarry* o *Danton* cuando se convirtió en el protagonista de Murnau para la gran *El último* (1925). Dentro de una gran colección de joyas la película de Murnau descolla por encima de las demás. Con un dominio de la técnica sorprendente, un juego de iluminaciones y de movimientos de cámara que aún hoy en la versión recientemente reconstruida manifiesta una absoluta modernidad, emerge más allá de su dominio del lenguaje como una ficción que viene a ofrecer una lectura perfecta de lo que era la sociedad de Weimar. A través de la historia de un pomposo portero de un gran hotel que se jacta de vestir un aparatoso uniforme y al que Jannings prestó una arquitectura física solemne se describe una sociedad en la que se sigue admirando a los uniformes pese a la derrota del militarismo en 1918. Ese orgulloso portero que sale de su modesta vivienda acorazado en su suntuoso uniforme, que suscita las miradas de envidia del vecindario se convertirá en el más infame de los mortales cuando sea degradado en su hotel hasta la categoría de simple auxiliar de la limpieza en los servicios. Un drama descrito en unos tonos absolutamente sobrecogedores a los que Jannings prestó un físico inponente capaz de transformarse del todo según los papeles.

Puede que hoy sus apariciones en el cine mudo parezcan demasiado dramáticas y afectadas, con un regusto teatralizante y gesto exagerado que estaba muy presente incluso en los montajes teatrales de Reinhard o en el propio expresionismo pero que era muy típico de su época. No siempre el cine mudo fue capaz de destacar el trabajo de los actores. Revisando en época contemporánea trabajos como el de Margarita Xirgu considerada "cumbre de la interpretación" en su momento nos encontramos con poses que hoy parecen demasiado afectadas y artificiales, muy presentes en otros de los grandes de esa época. Jannings al que se contempla "sobreactuado" y de gesto rígido en muchos de esos trabajos estaba realmente genial en *El último* donde no había ni un solo diálogo ni rótulo sin el que espectador, el de antes y el actual, los echara de menos dada la fuerza de sus imágenes. Janings ya sea en el teatro pero gracias especialmente al cine adquirió un enorme prestigio y popularidad en Alemania y luego en Europa. Y fue reclamado desde Hollywood en 1926 como una primera estrella. Tanto que sería el primer actor de la historia en ganar un Oscar en 1928 por dos trabajos en *La última orden* (Josef Von Sternberg) y *El destino de la carne* (Víctor Fleming). Entre Ufa y Hollywood Emil Jannings fue reconocido como una verdadera estrella mundial, ganó muchísimo dinero y trabajó con los mejores directores de la época.

Sólo una amenaza echó por tierra todo su prestigio: la aparición del sonoro. Aquellos que tenían una mala dicción o una pésima voz resultaban ridículos delante de un micrófono y los que no dominaban el inglés o tenían un fuerte acento aparecían ininteligibles o escasamente creíbles. Jannings rodó *Betrayal* ya en el cine sonoro pero tuvo que ser eliminado y transformado el personaje porque el fuerte acento alemán hacía que apenas se entendiera nada de sus diálogos. *Betrayal* la dirigía Lewis Milestones, realizador que rodaría algunas de las películas de la izquierda de Hollywood, judío por más señas, como muchísimos otros de los creadores con los que a lo largo de su vida había trabajado Jannings.

En 1930 el actor regresaba a Alemania con toda su aureola de estrella. Ufa había sido adquirida en 1927 por Alfred Hugenberg ligado a Krupp, el alto capitalismo alemán y a los intereses industriales de la época, con una altísima producción de películas e inversiones saldadas con fracasos estrepitosos de público como el de *Metrópolis* (1927) de Fritz Lang. De la mano de Josef Von Sternberg con quien trabajó en Hollywood Emil Jannings rodaba en 1930 *El ángel azul* con él de absoluto protagonista en una historia que le convertía en el profesor condenado a convertirse en un hazmerreír por la pasión que siente por una veleidosa mujer encarnada por una juvenil Marlene Dietrich en el papel de Lola-Lola que habría de lanzarla a la fama. Ese choque de personalidades estaba muy bien compuesto en la película y Emil Jannings lo resolvía acertadamente pasando del más terrible de los ridículos a la pura tragedia en unos breves instantes. *El ángel azul* fue un gran éxito comercial para el cine sonoro alemán y afianzó el prestigio de Emil Jannings mientras Marlene terminaría por instalarse con su "inventor" Von Stermberg en Hollywood.

En la convulsión de la crisis del 29 y su impacto en Alemania con la República de Weimar sometida a las fuertes tensiones generadas con la escalada de los fascismos europeos, Emil Jannings mantuvo su popularidad en Alemania a pesar de que sus trabajos en la pantalla se fueron espaciando poco a poco hasta casi desaparecer. Emergió entonces una nueva personalidad quizás latente en épocas anteriores pero ahora manifestada: colaborador y al parecer simpatizante del nazismo. En un momento en el que por vía democrática el pueblo alemán se entregó en brazos de un discurso nacionalista extremado y de exaltación racista la propia Ufa había transitado por un camino idéntico al que pasó una buena parte del capitalismo alemán que identificó en Hitler a su salvador. En 1933 Ufa empezaba a ser controlada por el nazismo cuando ya los nombres que apuntalaron su prestigio habían huido: Murnau, Lang, Wienne… Dentro de una larguísima lista de emigrantes artísticos que abarcaba a directores y a actores pero también a múltiples técnicos.

Jannings se integró plenamente en las estructuras culturales del nazismo. Pasando de ser el actor alemán de más popularidad y prestigio mundial a un altísimo ejecutivo de la Ufa ahora bajo el control de Joseph Goebbels.

Emil Jannings se debió sentir cómodo en aquel régimen en el que de actor había pasado a ser uno de los más altos responsables de la Ufa. Su prestigio social se mantuvo en esos años acomodado dentro de las estructuras del régimen nacional-socialista. Venía a ser algo parecido al "actor oficial" de los nazis aunque sus trabajos dramáticos se fueron demorando hasta casi desaparecer. Emil Jannins era una gloria nacional, un emblema de la cultura alemana y nazi en un momento en el que en los estudios se había prohibido el trabajo de los judíos, pese a la enorme presencia que tuvieron anteriormente tanto como en el teatro. Varios de los nombres que aparecían en los repartos o en las fichas técnicas de las películas rodadas en Viena, Praga, Budapest o Berlín incluido el género musical y las operetas acabaron en las cámaras de gas, en el mejor de los casos en trabajos de figuración en producciones de Hollywood o condenados prácticamente a la indigencia. Un retrato realmente patético sobre el modo como el nazismo actuó como una mano devastadora contra quienes fueron un día gigantes y pocos años después prácticamente despojos humanos[38].

Por el contrario Jannings recibió toda clase de reconocimientos durante el III Reich. En 1941 volvía al cine como protagonista de *El presidente Krüger (Ohm Krüger)* en este

---

38. Algunas de esas historias personales se sitúan a la altura de mitos mucho más conocidos como el de Ana Frank. Un caso singular es el de Imhyre Kértel (1915-1939) un actor nacido en Budapest hijo de comerciantes judíos qus se instaló en Polonia para no verse obligado a trabajar en el pequeño negocio familiar. En Varsovia se casó con Anna Brolin en 1939 con la que tuvo dos hijos. Kértel triunfó en los escenarios polacos. Cuando los nazis invadieron Polonia en octubre del 39 se escondió en un sótano con su familia acumulando unas provisiones que esperaban pudieran llegarles para los pocos días que creían que iba a durar la intervención nazi. Sin embargo las provisiones se fueron acabando semana tras semana y el antiguo actor ayunó para que pudiera alimentarse su familia. En ese cautiverio escribió y ocultó en las paredes extraños textos de tono místico, sobre Dios y el sufrimiento humano. En la Navidad del 39 murió de práctica inanición sin saber que su mujer estaba de nuevo embarazada. Poco después de fallecer los nazis descubrieron el refugio asesinando a su mujer y entregando a sus hijos en adopción forzosa mientras sus textos permanecían ocultos. En 1942 el local se entregó a un suboficial alemán que al realizar obras encontró los textos originales escondidos entre las paredes arrinconándolos entre material para la basura. Milagrosamente en 1948 el empresario polaco que compró el edificio descubrió aquellos textos confeccionados por el actor judío.

caso para la Tobis, clara competidora comercial de la antigua Ufa. En esta película Emil Jannings encarnaba al presidente de Transvaal que luchaba contra los británicos en África del Sur en 1899. Una película realizada con grandes medios y en plena guerra contra el Reino Unido de contenido claramente anti-británico. Jannings recibió los mayores parabienes del régimen por su trabajo dramático en un momento de euforia sobre las conquistas alemanas en el terreno bélico en el que aparecía como "invencible" la maquinaria militar del III Reich.

Emil Jannings mantuvo su gloria hasta la caída del nazismo. Entonces las lanzas se volvieron contra él. Como muchos otros de los sobrevientes de aquel crepúsculo trató de presentarse ante las nuevas autoridades aliadas como un «colaborador ocasional», «utilizado por el nazismo», que «no quiso abandonar su país para trabajar en otras cinematografías». De nada le debió servir esgrimir que desde el principio de su carrera había trabajado con tantos nombres de origen judío si «miraba hacia otro lado» cuando los nazis prohibieron trabajar en el cine a los judíos o se propusieron su eliminación física. Pasó de mito indiscutible a un simple viejo y decrépito actor que pedía una oportunidad y que le permitieran trabajar de nuevo en la Alemania ocupada. Y lo peor de todo: desacreditado ante los ojos de los alemanes que despertaban de la pesadilla. De haber sido el primer actor que ganó un Oscar, el más famoso actor de habla alemana de la historia a quedar como un "maldito" por sus compromisos con el nazismo. Nunca volvería a trabajar por la prohibición de las nuevas autoridades. De nada le había valido su impresionante currículum. Ahora era casi un indeseable.

Fue un destino compartido con otros grandes del cine de los años del nazismo como la estrella Magda Schneider, la madre de una actriz tan sensible y un mito de la enorme dignidad de Romy Schneider. Magda (1909-1996) una bávara con una excelente formación como actriz había debutado en 1930 en los escenarios de Viena con Ernest Marischka, –quien en la década de los 50 dirigiría la trilogía de "Sissi"–, apareciendo enseguida en el cine. En 1933 Magda Schneider que había empezando en la pantalla representando personajes de muchachas sanas e inocentes en comedias y operetas musicales muy populares era la protagonista del sombrío drama *Amorios* (*Liebeli*) rodada por un Max Ophüls en auténtico estado de gracia. Ophüls era uno de tantos artistas judíos que trabajaban en los estudios centroeuropeos antes de la llegada de los nazis. Schneider sería reconocida como una verdadera estrella y uno de los puntales del estrellato de la Ufa y del cine alemán en los tiempos en que Goebbels inspiraba la producción. Durante años rodó una película tras otra y recibió los máximos honores. En 1941 visitó a Adolf Hitler en Berghof, su refugio en las montañas de Baviera. La caída del nazismo fue mortal para su carrera por su imagen ante los aliados de "artista al servicio del III Reich". Nadie le dió trabajo y tuvo que ganarse la vida durante muchos años cantando en clubes nocturnos de no demasiado nivel. Su rehabilitación llegó precisamente de la mano de su hija Romy que a los quince años debutaba en el cine y protagonizaría luego las tres entregas de "Sissi" en las que Magda interpretaba también el personaje de la madre. Su carrera se quedó ahí en la labor por un tiempo de administradora y acompañante del éxito de Romy. Todavía en 2009 el tercer marido y ahora viudo de Magda Schneider obtenía una victoria póstuma en la rehabilitación de su nombre. Un tribunal de Frankfurt prohibía la distribución de la novela "Ende einer

Nacht" ("Fin de una noche") de Olaf Kraemer si no se eliminaban determinados paisajes que parecían sugerir una supuesta relación de Magda Schneider con los nazis y la persona de Hitler.

Emil Jannings sin embargo no tuvo una hija que le pudiera rehabilitar en el momento más inesperado. Nadie le hizo caso después de la victoria aliada. Afectado por las normas de desnazificación nadie le dio trabajo[39]. Su economía se resintió gravemente. Seguía siendo un nombre recordado por sus coetáneos pero ahora auténtico "maldito" odiado por sus vinculaciones con el régimen caído, criticado por nuevas generaciones de alemanes que emergían todavía confusos de la pesadilla que habían protagonizado, e incluso asumido una parte de su pueblo. Además las nuevas generaciones encontraron en Jannings a un actor "anticuado", "ampuloso", "exagerado" y "teatral"; apenas era un recuerdo del actor que podía haber representado en Alemania el mismo papel de prestigio de Laurence Olivier en Inglaterra. El protagonista de Lubitchs (*Ana Bolena*), Murnau (*El último*), Josef Von Sternberg (*El ángel azul*), el ganador del primer Oscar de la historia hubo de mendigar sin ninguna suerte un trabajo en los últimos cinco años de su vida. Acabó trasladándose a vivir en Austria donde fallecería de un cáncer en 1950. Nunca en el olvido de varias generaciones de alemanes pero sí con el desprecio de quienes nunca perdonaron sus actitudes y simpatías, o al menos su pasividad o indiferencia, ante el nazismo.[40]

39. El caso de Jannings y de muchos otros de los artistas que se desenvolvieron con gran soltura dentro de las estructuras del III Reich y tuvieron que enfrentarse a los procesos de "desnazificación" tiene algún corolario tan antagónico como el de Gerard Tichy (1920-1992). Por no ser ni siquiera tuvo intención en su juventud de trabajar como actor. Oficial de la "Wehrmach" en los días de la guerra mundial fue hecho prisionero por los aliados y confinado en un campo de concentración en el sur de Francia. En lo que parece casi un episodio de una novela de acción Tichy logró escaparse cruzando clandestinamente la frontera española. El régimen de Franco sirvió de refugio y de tapadera a muchos nazis que se agazaparon en sus entresijos o lo utilizaron como plataforma para huir a América del Sur. Descubierto y capturado se le trasladó a la antigua prisión de Ondarreta en San Sebastián, de donde salió poco tiempo después en libertad. El director de fotografía alemán Hans Scheib contactó con él presentándolo al director Eusebio Fernández Ardavín que iba a rodar la película *Neutralidad* en la que aparecía un personaje de comandante de submarino alemán. A pesar de no haber trabajado nunca para la pantalla ni de haberse subido en un escenario representó el personaje con tanta soltura que fue llamado para decenas de películas durante los años 40, 50 y 60 hasta convertirse en un personaje insustituible. Siempre con papeles de taimados, perversos y villanos. Como los malvados "rojos" del cine anticomunista del franquismo en los que brilló como una presencia casi habitual. Una vez más la realidad supera a la ficción.
40. Pero no todos los que en un momento dado colaboraron o al menos expresaron simpatías por el régimen nazi fueron tratados igual. Herbert von Karajan (1908-1989) nacido en Salzburgo (Austria), la ciudad de Mozart, en una familia acomodada, se afilió al Partido Nacional Socialista en un temprano 1933 manteniéndose en sus filas hasta 1945. En 1938 la prensa de Berlín hablaba del "Milagro Karajan". En 1940 en plena luna de miel entre Hitler y Franco actuó al frente de la Filarmónica de Madrid en el Teatro Calderón. Siguió actuando en Alemania hasta casi el final de la guerra. Al parecer Hitler se había mostrado crítico con alguna de las piezas que dirigió. Argumento que inexplicablemente le sirvió para evitar una "desnazificación" como aquélla a la que fueron sometidos otros artistas e intelectuales alemanes. Karajan se había movido con comodidad dentro del régimen, aunque todavía sin el protagonismo musical posterior y su rehabilitación fue casi instantánea pese a su antigua militancia nazi.

Capítulo 8

DEL OSCAR A LA NADA

Nada menos que dos actores que fueron nominados en un par de ocasiones al Oscar y uno de los cuales lo llegaría a ganar se apagaron de la manera más inesperada a partir de su inclusión en las "listas negras" de Hollywood después de haberse negado a declarar ante el Comité de Actividades Antiamericanas. El tiempo ha revindicado de manera muy relativa a John Gardfield que en los años 40 fue una auténtica estrella, comparable a actores-tipo representativos de esa época como Humphrey Bogart o Bette Davis. Garfield que murió de una trombosis tuvo tiempo de comprobar como en los últimos meses de su vida su carrera había entrado en un súbito eclipse al aparecer su nombre en una relaciòn de "apestados" acusados de "comunistas" o de haber suministrado informaciones confidenciales a los comunistas. Mientras la actriz Gale Sondergaar vio como de ser una de las estrellas emergentes del cine americano y ganadora del Oscar se quedaba prácticamente en nada después de ser señalada como comunista. En ambos casos estar casados con cónyuges, que habían ejercido una actividad política y sindical previamente, les costó pagar una terrible factura.

Gale Sondergaard es hoy una actriz prácticamente desconocida. Pero en los 40 tenía todas las posibilidades para alcanzar el máximo estrellato. Procedente de una familia de origen danés había nacido en Minnesota en 1899. Tras actuar en distinguidos grupos de teatro durante los años 30 en 1936 aparecía por vez primera en el cine y como coprotagonista de *El caballero Adverse* (Mervin Le Roy) junto a Fredrich March y Olivia de Havilland. La entrada de Gale en la pantalla se convirtió en una auténtica revelacion: ese mismo año ganaba el Oscar a la mejor interpretación secundaria por dicha película. Había nacido una actriz de prestigio en el cine americano. La Warner y más tarde la Fox la incluyeron dentro de su estrellato. Entre 1936 y 1946 vivió una auténtica década de oro, siempre pendiente de dar el salto al máximo nivel del estrellato. En esa época participó en películas como *La vida de Emile Zola* (William Dieterle, 1937), *Juarez* (Dieterle, 1939), *El gato y el canario* (Elliot Nugent, 1939), *La carta* (William Wyler, 1939) con Bette Davis, *El signo del Zorro* (Robert Mamoulian, 1940) al lado de Tyronne Power, *El gato negro* (Albert S. Rosell, 1941), *Mi rubia favorita* (Sydney Landfield, 1942), *Sherlock Holmes and the Spider Woman* (Roy William Nelly, 1944), y *Ana y el rey de Siam* (John Cromwell, 1946) por la que fue de nuevo nominada al Oscar. Sin embargo su brillante carrera se detuvo de repente hasta prácticamente desaparecer al ser citada por el Comité de Actividades Antiamericanas del senador McCarthy.

Desde 1930 la actriz Gale Sondergaard estaba casada con el guionista y director de cine Herbert Biberman (1900-1971). De origen judío Biberman militaba en el Partido Comunista a partir de los tiempos de Roosevelt. En plena histeria anticomunista de los años de la posguerra el director había sido llamado a declarar por el Comité para que pudiera cooperar delatando a otros compañeros que militaban o habían militado en dicho partido. Biberman se negó a declarar, lo que le costó seis meses de cárcel. Otros como su antiguo compañero Edward Dmytrick o Elia Kazan sí lo hicieron. Se libraron de la cárcel pero quedaron marcados como "delatores". Mientras, otros muchos actores, entre ellos Bogart o Lauren Bacall encabezaron manifestaciones a favor de la libertad de asociación y de expresión.

Al igual que su marido Gale Sondergaard fue llamada a declarar y su suerte fue la misma que la de Biberman. Su carrera profesional acabó prácticamente al mismo tiempo que comparecía ante el tribunal. Las "listas negras" corrían por estudios y productoras y nadie estaba dispuesto a ofrecer un trabajo a quienes figuraran en ellas. Gale aunque compartía inquietudes sociales y políticas con Herbert Biberman nunca había sido militante. Pero con la etiqueta de "simpatizante comunista" era imposible la pura supervivencia artística. Sorprendetemente un grupo de amigos y varios acusados de Biberman burlaron las prohibiciones y las listas negras para que pudiera rodar en durísimas condiciones un largometraje de ficción de aire semi-documental *La sal de la tierra* (1953) sobre un grupo de mineros realizado totalmente al margen de los grandes estudios y que tendría una distribución muy limitada. Mientras ella sólo volvería a ponerse ante las cámaras en pequeños papeles en cine y televisión a partir de los últimos años 60, Herbert Biberman unicamente dirigiría en 1969 otra película más: *Slaves*. El "maccarthysmno" se cobró una de sus víctimas más llamativas en esta pareja que pasó de tenerlo todo a quedarse en nada. Pero "la venganza se sirve con hielo": recientemente la Librería del Congreso de los Estados unidos y el Registro Nacional del Film han declarado *La sal de la tierra* como película "singularmenrte significativa" lo que implica su protección pública y el compromiso oficial de conservación de su negativo como una especie de reconocimiento como "patrimonio de los Estados Unidos". Triste paradoja para quienes apenas pudieron trabajar despúes del "macarthysmo".

El caso del actor John Garfield tuvo tintes aprecidos a los de la pareja Biberman-Sondergaard. Garfield (1913-1952) tambien de familia de origen judío había buscado su sitio en el boxeo y luego en los teatros de Broadway de los primeros años 30. Después de aparecer en varias películas la Warner hizo de él una verdadera estrella a partir de 1938 con *The Four Daughters* (Michael Curtiz, 1938) que le valió una nominación al Oscar. En esa época apareció en la cabecera de los repartos de algunas de las películas de mayor carrera comercial del estudio que lo tenía contratado. Entre ellas *El lobo de mar* (Michael Curtiz, 1941), *Destino Tokio* (Delmer Davis, 1943), *De amor también se muere* (Jean Negulesco, 1943), *Cuerpo y alma* (Robert Rossen, 1947), por la que Garfield fue nominado al Oscar por segunda vez en su vida, *La barrera invisible* (Elia Kazan, 1947) o *La fuerza del destino* (Abraham Polonsky, 1948). Pero sobre todo habría de pasar a la posteridad por el protagonista de *El cartero siempre llama dos veces* (Tay Garnett, 1946) al lado de Lana Turner. Su carrera se hundió cuando también fue llamado a declarar ante el Tribunal McCarthy.

En la situación de Garfield su vinculación política llegaba por el lado de su mujer, Roberta Seidman con la que llevaba casado desde 1935. Ella había mantenido una actividad dentro del Partido Comunista en los años de la Depresión y cuando estalló la Segunda Guerra Mundial ambos mantuvieron una clara actitd anti-fascista. El actor quiso alistarse en el ejército americano pero fue rechazado por sus problemas de corazón. Decidió entonces mantener una actividad de refuerzo moral a los combatientes. Viajó a Yugoslavia para apoyar a las tropas americanas y a los partisanos. Y con actores como Bette Davis participó en la creación de las "cantinas de Hollywood"[41] que se encargaban de proporcionar comida y entretenimiento a los soldados. Era una fórmula de agasajo a las tropas desde el interior con la participación de las figuras más populares del espectáculo de la época en Estados Unidos contemplado como un signo de "apoyo patriótico".

John Garfield sin embargo había adquirido una imagen de actor rebelde a los ojos de Jack Warner, el "zar" de la compañía. Al ir a renovar su contrato con este estudio decidió crear su propia productora, convirtiéndose en la primera estrella que daba este paso, al que enseguida le siguieron Bogart y otros. A partir de entonces Garfield rodaría películas muy personales en un tono dramático, con algun retorno al estudio que lo encumbró. Sin embargo a partir de ser acusado de "comunista" su carrera se tambaleó para venirse estrepitosamente abajo. Garfield negó haber suministrado material informativo a los comunistas. Pero fue vetado para toda clase de papeles. Tan solo llegaría a completar dos películas en esa época: *The Breaking Point* (Michael Curtiz, 1950)

41. Davis con John Garfield, Cary Grant y Jule Styne convirtieron un viejo local en The Hollywood Canteen, una sala por donde pasaban los soldados que partían hacia la guerra y en la que se hacían presentes las máximas estrellas de la época. La Cantina se inauguró el 3 de octubre de 1942 y permaneció abierta hasta después de la Segunda Guerra Mundial. Bette Davis declaró que había sido una de las cosas más importantes que había hecho en su vida, y hasta sus promotores recibieron toda clase de parabienes del Departamento de Estado. En 1944 Delmer Davis dirigió la película *The Hollywood Canteen* en la que aparecían muchas de esas estrellas interpretandose a sí mismas. Entre ellas Bette Davis, Garfield, Joan Crawford, Barbara Stanwyck, Jack Bennie, Eddie Cantor, Paul Henreid, Ida Lupino, Eleanor Parker, Roy Rogers o Jane Wyman. También interpretaban un número musical la pareja de baile Rosario y Antonio.

Estos dos artistas de la danza habían pasado la guerra civil en Barcelona de donde salieron hacia Francia tras la derrota de la República y de allí a Argentina para llegar a finales de 1939 a Estados Unidos donde residirían diez años hasta su regreso a España en 1949. La pareja artística se disolvió en el año 1952.

En la Cantina también aparecían algunos actores alemanes contrarios a III Reich como Peter Lorre, y Helmut Dantine (1917-1982) al que el cine americano de la época le había convertido en un icono de los personajes nazis perversos que se mostraban en aquellas películas. De origen vienés, Dantine había llegado a Estados Unidos en los años 30 para trabajar en el teatro empezando a aparecer en películas de Hollywood en la siguiente década. Siempre en idénticos personajes: nazis taimados como los de *Ser o no ser* (Lubitchs 1942), *Casablanca* (Curtis, 1942), *Sra. Miniver* (Wyler, 1942), *Pasaje to Marseille* (Curtis, 1943), hasta sus últimas composiciones en el "thriller" con Sam Peckinpah en *Quiero la cabeza de Alfredo García* (1974) y *Aristócratas del crimen* (1975). La presencia de Dantine en este tipo de contenidos de oposición al nazismo adquiría un valor tan simbólico como el de Peter Lorre o las actuaciones de Marlene Dietrich para las tropas americanas.

nueva versión ahora con Patricia Neal de *Tener y no tener* de Hemingway y *Yo amé a un asesino* (John Berry, 1951). Los estudios no le ofrecían nuevos trabajos por figurar en la "listas negras". Garfield se negó a delatar o a dar otros nombres. Sus últimos meses de vida debieron ser especialmente dramáticos: sin trabajo y señalado por el dedo acusador. Escribió un artículo que no se publicó hasta después de su muerte en el que se reivindicaba a sí mismo como "un patriota americano". Necesitado de dinero trató de volver a los teatros. Solo en 1952 consiguió un papel pero no el de protagonista en la obra "Golden Boy" que ya había interpretado en los años 30 como actor principal. Pero de algo tenía que sobrevivir económicamente. Una trombosis puso fin su vida a los 39 años de edad en la mayor de las incomprensiones. Era una estrella y su destino parecía todavía más grande. Nunca se puede saber qué influencia tuvo en la causa de su muerte el proceso que había afectado a sus últimos meses de vida cuando pasó de ser "la estrella del día" en *El cartero siempre llama dos veces* a convertirse en un hombre en entredicho que debía mendigar un trabajo para sobrevivir. Paradójicamente su imagen estaba todavía en las carteleras de los cines con su última película para Warner al lado de Patricia Neal pero figuraba en las listas y era difícil que alguien se atreviera a romper esa prohibición no escrita. El "macarthysmo" acabó con dos carreras que parecían estar a punto de entrar en el mejor de los momentos. Como un castillo de naipes la fama, el reconocimiento público o el prestigio valían lo mismo que una gavilla de paja cuando los valores habían cambiado de manera tan radical.

Capítulo 9

EL DRAMA DEL PAYASO

Pese a haber sido el personaje más importante del cine mudo, el más original creador de un género, una de las figuras populares más reconocida en los años 20, uno de los talentos más indiscutibles de la comedia de todos los tiempos, Buster Keaton fue el más perfecto ejemplo de ascensión y caída catastrófica de un gran mito dentro de la historia del cine. Todavía hoy resulta incomprensible la manera como Keaton pasó de ser una estrella sin parangón y gozar de la fama y el prestigio de las masas y hasta de los intelectuales y artistas (vease Rafael Alberti y algún otro nombre de la generación del 27 en España) para convertirse muy poco tiempo después en un personaje desdibujado y en la sombra, hasta su tibio reconocimiento europeo de los años 50.

Como otros muchos artistas del cine mudo Keaton, nacido John Francis "Buster" Keaton en Kansas en 1895, procedía del circo y del "music hall". Su padrino era nada menos que Harry Houdini, el mago-atleta capaz de las mayores audacias. Los padres de Keaton fueron artistas de vaudeville y trabajaban en la misma compañía de Houdini. Con sus progenitores debutó en el teatro siendo prácticamente un bebé. Se llamaban "Los tres Keaton".

El padre había llegado al mundo del espectáculo por un auténtico rebote. Había sido un periodista del Oeste que con su mujer Myra descubrió que existía un público para sus números acrobáticos, en un tiempo en el que todos los personajes del lengendario Oeste vendieron en almoneda hasta su última porción de dignidad por un fajo de billetes; como le había ocurrido a Buffalo Hill actuando en circos y en teatros por América y Europa.

Era un bebé cuando recibió el apodo de "Buster" (Destructor) tras caer de una escalera sin daño alguno para su integridad física. En adelante actuaría en el número familiar zarandeado, arrojado de un lado a otro del escenario casi como un objeto y hasta pisoteado dentro del número de acrobacia que representaban su padre y su madre. En uno de los "sketchs" denominado "El estropajo humano" atrajo la atención de los agentes de protección de menores que debieron pensar que el niño sufría daños en sus actuaciones.

Como esas otras muchas estrellas del circo, incluido Chaplin, descubrió en el cine un espacio para la pantomima y la comicidad, encontrándose al que sería su único y verdadero amigo, una auténtica estrella que pasaría de la gloria al más terrible de los infiernos: Fatty Arbuckle [42]. En su unidad de cortos cómicos Keaton haría sus primeras apariciones. Primero como fugaz actor, luego como protagonista. Su sentido de la responsabilidad y de escasa preocupación por el dinero le llevaron a rechazar una oferta de 250 dólares semanales en el famoso Teatro Winter Garden para percibir sólo 40 dólares con su inseparable amigo Fatty Arbuckle.

En 1918 había sido llamado a filas en los últimos momentos de la guerra mundial. Durante varios meses trabajó en Francia realizando espectáculos cómicos y circenses. En esa época sufrió una infección de oídos que le provocó la sordera que le acompañaría durante el resto de sus días. A la vuelta de Europa Keaton a través de un ofrecimiento del productor Joseph Schenck pudo trabajar en su primer largo como protagonista. A diferencia de otros artistas de la época a Keaton le interesaban todos los aspectos técnicos relacionados con el rodaje, tanto es así que se convirtió en el auténtico "autor" de sus películas. Entre 1921 y 1923 había protagonizado *Pasión y boda de Pamplinas* (título español con el nombre con el que fue conocido en los años 20 en España, además de "Cara de Palo") y casi una veintena de cortos. Keaton utilizaba una gran economía de medios, una ausencia casi total de gestos, con "gags" de una enorme eficacia. A partir de 1923 tendría el absoluto control de sus películas hasta el final del cine mudo. En esa época rodó sus sorprendentes trabajos: *Las tres edades* (1923), *La ley de la hospitalidad* (1923), *El navegante* (1924), *El moderno Sherlock Holmes* (1924), *Las siete ocasiones* (1925), *El maquinista de La General* (1927) y *El héroe del río* (1928)... Sólo Charles Chaplin y Harold Lloyd disputaban su popularidad, a pesar de que no todas sus películas fueron un éxito comercial.

Sin embargo en 1928 el área de producción con la que había venido trabajando fue adquirida por la Metro. Y Buster Keaton cometió lo que calificaría de "gran error de su vida": firmar contrato con la nueva compañía emergente, Metro Goldwin Mayer. Con ellos rodó una película todavía triunfal, la excelente *El cameraman* llena de "gags" absolutamente maravillosos. Y firmó un contrato que le ataba a la compañía en el momento en el que el cine sonoro comenzaba a despegar. Buster Keaton rodó en 1930 una primera película sonora *De frente, marchen*.[43]

La Metro tenía en sus manos la futura carrera de Buster Keaton. Y decidió emparejarle en una serie de vulgares comedias al lado de Jimmy Durante, un cómico teatral y con mucha labia y que no paraba de hablar frente a la economía de lenguaje de Keaton. En esas películas de muy baja calidad Durante figuraba en primer lugar en los repartos y Keaton a continuaciónl. El estudio podía hacer con él lo que quisiera en un momento de absoluto dominio de las grandes marcas con contratos dilatados en el

---

42. Fatty Arbuckle fue un cómico genial con una apariencia absolutamente original, indiscutible estrella popular de su época y verdadero único amigo de Buster Keaton. Fatty había ayudado a Keaton a triunfar. Pero se vió implicado en un escándalo que arruinaría su carrera y su vida, tal y como se desarrolla más adelante.

43. Cuando el doblaje aún no se había inventado muchos de los grandes cómicos del cine mudo que se pasaban al sonoro hicieron versiones españolas de sus películas, incluido Keaton pero especialmente Laurel y Hardy en versiones en desastroso castellano que actualmente se pueden contemplar en clave inesperadamente surrealista.

tiempo en los que actores, técnicos y artistas eran simples asalariados. Al principio del mudo además el público quería "oír" a los actores y las películas se llenaron de diálogos afectando en primer término a los grandes de la pantomima del cine mudo.

Aquellas películas no aportaron nada a la carrera artística de Keaton sino todo lo contrario. A esa impotencia respecto al control de su carrera se unieron dos asuntos que acabaron por hundirle en la depresión. A principios de los años 20 en plena popularidad se había casado con Natalia Talmadge, una de las famosas hermanas actrices de cine. Pero aquel matrimonio no terminó bien. En 1933 volvería a hacerlo ahora con Mae Scribbon, otro desastre de pareja. Y en 1940 con Eleanor Harris. El fracaso estaba garantizado. Además en plena crisis de su carrera después de la desastrosa política de la Metro apareció un terrible problema en su vida: el alcohol. Y las deudas se fueron acumulando. En poquísimo tiempo Buster Keaton pasó de ser la única estrella que podía competir con Chaplin o con Harol Lloyd a no ser prácticamente nadie.

Necesitaba dinero entre otras cosas para pagar sus obligaciones con sus "ex". Y el trabajo que le llegaba era prácticamente una bazofia. Se produjo entonces un hecho insólito en alguien que había sido tan importante en el cine y en un tiempo absolutamente récord: se convirtió en el "negro" de otros. Inventando "gags" y escenas para otros nuevos famosos artistas. Como los Hermanos Marx de *Una tarde en el circo* y otras películas. Un trabajo prácticamente anónimo con secuencias singulares en las que estaba detrás el singular talento y el dominio de la técnica de Buster Keaton. Ni siquiera le sacaron del hundimiento artístico y económico los cortos que rodó para una modestísima productora. Otros cómicos de los años 40 se beneficiaron de los "gags" creados por Keaton. Por ejemplo Red Skelton, un actor de comedia muy popular pero excesivamente americano para los gustos europeos que tuvo un gran momento de gloria entre los 40 y los 50[44]. En pleno olvido Billy Wilder lo sacó de un auténtico panteón de momias con su fantasmagórica aparición en *El crepúsculo de los dioses* (1950). Y su antiguo rival Charles Chaplin lo mostró como una sombra casi patética en *Candilejas* (1952), precisamente en el momento en el que Hollywood lanzaba a un actor y cómico como Donald O'Connor, casi un Keaton del cine musical como se demostró en *Cantando bajo la lluvia* (1952). O'Connor, excelente cómico y bailarín atado a un largo contrato con la Universal en el que se compartiría el protagonismo de toda la

---

44. Red Skelton (1913-1997) vivió a su vez un intenso drama personal del éxito a las cenizas. Procedía como Keaton de una familia de artistas de variedades pero su primer paso lo alcanzó en el mundo de la radio pasando al cine en películas de bajo presupuesto de la RKO. Hasta su gran salto con las películas de la Metro de los años 40, muchas de ellas en color. La más famosa de todas ellas fue en España *Escuela de sirenas* (George Sydney, 1942) que lanzó a Esther Williams. En pleno auge de la televisión en la posguerra se pasó a la pequeña pantalla hasta ser reconocido en los 50 y 60 como una de las grandes estrellas para la NBC y la CBS, pero incapaz de aceptar el grave diagnóstico de leucemia de su hijo que habría de morir a los trece años de edad suspendió durante algun tiempo sus apariciones en la pequeña pantalla. Ese drama familiar le costó una depresión y más tarde el divorcio. En 1976 su programa fue suspendido por considerar al presentador-actor "pasado de moda". Pero no acabaron las tragedias: su exmujer se suicidó disparándose un tiro en el aniversario de la muerte del hijo que habían tenido en común al no superar la crisis personal. En adelante Red Skelton se dedicó a escribir cuentos y a pintar y a realizar alguna fugaz aparición en los escenarios. Pero su carrera y su vida estaban rotas.

serie con la "Mula Francis" hizo de Buster Keaton en el "biopic" que Hollywood le dedicó. Entre ambas biografías habría bastantes puntos en común, incluido el alcohol que también contribuyo a arruinar la carrera futura del más joven. El viejo Keaton era una figura prácticamente olvidada durante décadas de la que nadie se acordaba.

Paradójicamente en los años 50 la televisión le sacó momentáneamente del olvido con su presencia en anuncios de televisión que ayudaron a pagar sus muchas facturas. Y la figura de un productor-hombre de negocios Raymond Rodauer que empezó a apreciar los trabajos de Keaton; películas de los años 20 muchas de las cuales se consideraban absolutamente perdidas para siempre. Varias de esas cintas aparecieron en viejos almacenes y en buhardillas del propio Keaton. Rodauer compró los negativos y la crítica europea descubrió parcialmente a Keaton. En la Expo de Bruselas del 58 *El maquinista de la General* fue reconocida como una de las grandes películas de la historia del cine. Rodauer logró interesar a distribuidores locales y el filme volvió a distribuirse en las salas de cine en 1961. En Europa Keaton empezaba a ser reconocido de nuevo, aunque ya era mayor, estaba enfermo y seguía teniendo problemas con el alcohol y deudas. Sus últimos trabajos tuvieron un motivo exclusivamente alimenticio. Desde un corto, realmente un publi-reportaje de los ferrocarriles canadienses ("The railroad") pequeño homenaje a *El maquinista…*, a una fugaz aparición con Cantinflas en *La vuelta al mundo en 80 días* (1959) pasando por una de sus más terribles apariciones en una pésima película *Guerra a la italiana* (1964) al servicio de unos mediocres cómicos llamados Ciccio e Ingrasia. Sólo dos excepciones en esa última parte de su carrera. Un mediometraje en el que por primera vez aparecía en una historia dramática: *Film* (Alan Schneider, 1965) presentada en el festival de Venecia. Y especialmente su personaje en *Golfus de Roma* (Richard Lester, 1965) rodada en Madrid.

Al principio de los años 30 Buster Keaton había viajado por España con el actor Gilbert Roland, hijo de españoles, dentro de un itinerario turístico por varios países europeos. Al parecer hizo escala en San Sebastián, presumiblemente en Madrid, Granada, Alicante y en Toledo, donde descubrió los toros y el público le descubrió a él hasta el punto de gritarle "¡Pam-pli-nas!" (en lugar de "¡To-re-ro!"), nombre como el que siempre fue denominado en la España de aquella época.

En *Golfus de Roma* (1965) Keaton volvía por última vez a una película de un gran estudio, después de décadas de absoluto olvido y de desprecio a su personalidad y a su carrera. Cuenta su director Richard Lester :

«Siempre admiré el talento de cómicos como Buster Keaton por su facilidad para compaginar la ternura, el lirismo y la comicidad. Me propuse hacer un homenaje a su figura en *Golfus de Roma* con un papel sin diálogo pero con "gags" que estaban muy dentro de la línea de los que había hecho en su juventud. Fue un rodaje muy interesante que me hizo descubrir personalmente España y conocer a muchos otros amigos con los que trabajé en mis posteriores rodajes españoles. Con esta película quise realmente rendirle mi propio homenaje a Keaton, mi cómico favorito». Testimonio personal (2006).

Keaton rodó secuencias que rememoraban abiertamente el cine mudo en el escenario de la Casa de Campo de Madrid y el correspondiente lago. No era la estrella de la película ni figuraba en la cabecera de cartel pero su presencia se hizo notar en su breve papel.

El escritor teatral Luis Matilla (hijo del director Eduardo García Maroto) colaboraba en el equipo de Lester en *Golfus de Roma*: «Cada día de rodaje debía encargarme de acudir a buscar a Buster Keaton al hotel donde se hospedaba. Estaba ya muy mayor y le costaba trabajo desplazarse, incluso necesitaba oxígeno en su camerino para poder respirar. Pero cuando se colocaba delante de la cámara actuaba como si no tuviera problema alguno de salud, con una enorme profesionalidad, y el entusiasmo del que cree en aquello que está haciendo». Testimonio personal (2007).

José Pavía, profesor de la Universidad Politécnica de Valencia es autor del libro "El cuerpo y el comediante" (UPV, Valencia 2005) en el que se analiza el arte y las figuras de Chaplin y Keaton, y además mantiene una relación de amistad con el propio Lester. «En su autobiografía Buster Keaton habla en un capítulo de lo que más se arrepiente, del gran error de su vida: firmar con la Metro. Ese contrato significó el inicio de su declive hasta la absoluta ruina. A ellos se unieron también unos desdichados matrimonios y el alcohol, hasta un litro al día. Y eso que en su carrera en los tiempos de gloria se habían producido ya fracasos. Por ejemplo esa obra maestra que para nosotros es hoy *El maquinista de La General* fue un desastre de taquilla de los que hacen época. El público de aquel tiempo tenía todavía la guerra civil americana muy presente y no admitió que fuera tratada en clave de humor. Keaton quiso utilizar viejas locomotoras originales para el rodaje pero cuando se enteraban de qué iba la película le daban la espalda. Además fue una película muy cara, con una de las secuencias más costosas del cine mudo, aquélla en la que la locomotora cae al río. Durante décadas Buster Keaton vivió su particular infierno, casi tan olvidado como también lo fuera Griffith. Paradojicamente volvió a resurgir relativamente con la televisión. Cuando se reunía con Chaplin éste echaba pestes de la televisión. Keaton, sin embargo, pudo trabajar aunque no fuera más que en los comerciales o en programas de espectáculo. Allí adquirió cierto prestigio hasta que Raymond Rodauer y Europa empezaron a redescubrirle, comprando los negativos algunas de cuyas películas aparecieron en un antiguo desván de Keaton».

«Es un caso único de personaje caído absolutamente en desgracia, maltratado y olvidado después de haber tenido un gran éxito y mostrado un talento excepcional. También un caso único porque al final de su vida sería reconocido y hoy es uno de los grandes. Fue además un personaje muy honesto, nada vanidoso. "Nadie debe ser considerado un genio" comenta en sus memorias "Mi maravilloso mundo del slapstick" (Plot Editorial). Más honesto que Chaplin que se creía un intelectual y un político con veleidades comunistas. "No teníamos formación"–decía Keaton– y nuestras ideas políticas eran muy palmarías». Testimonio personal (2009).

Capítulo 10
LA PUERTA DE LA AUTODESTRUCCIÓN

El más representativo de los héroes míticos de la historia del cine fue Errol Flynn, proyectando aún más el impacto que un actor como Douglas Fairbanks tuvo en el cine mudo. Sólo Tyrone Power, por otra parte amigo del propio Flynn, osó rivalizar ocasionalmente con un cetro edificado sobre la estela de los personajes creados por los novelistas de folletín de finales del XIX y principios del XX. Flynn era un aventurero por encima de todo con un perfil que podía oscurecer al de sus propios personajes de ficción.

Nacido en Tasmania (Australia) en 1909 su biografía oficial dice que era hijo de un oceanógrafo, biólogo y botánico llamado Theodore Thomson Flynn. Errol debió ser un niño nada convencional dentro de una familia con recursos económicos. Tuvo el privilegio de ingresar en Eton (Londres) de donde sería expulsado iniciando en Paris una vida bohemia y desestructurada que le llevó a vagar por medio mundo trabajando como buscador de oro y perlas, friegaplatos, mozo y marino. Además este buscavidas se inició en el deporte del boxeo estando a punto de participar en la Olimpiada de Ámsterdam de 1928. Pero su indisciplina era incompatible con la práctica reglada del boxeo. Errol deambuló por ambientes muy distintos hasta caer en Estados Unidos y subirse por primera vez a un escenario gracias a su extrema apostura. Faltaba como ocurría en aquella época que se fijara en él un "cazador de estrellas" al servicio de una gran compañía como la Warner para que naciera un auténtico mito.

Flynn había aparecido anteriormente en alguna película en su país de origen pero fue la Warner en 1935 quien diseñaría el mito: un galán aventurero y romántico capaz de dar cuerpo a los sueños de las adolescentes de la época y de identificar en su atrevida apostura varonil a los hombres que soñaban con ser como él. La Warner había creado un mito con aquella primera historia de piratas en blanco y negro de la mano de un equipo que se prolongaría a lo largo de muchos años y títulos. Sería Michael Curtiz el creador del personaje épico, formando pareja con Olivia de Havilland, refinada "señorita" hecha para ser siempre "esposa". Héroe colonial en *La carga de la brigada ligera* (1936) con la siguiente película *Robín de los bosques* (1938) alcanzaría el mito todo su apogeo. La Warner confió tanto en el personaje que el filme se rodó en un color entonces muy costoso, como en *La vida privada de Elizabeth y Essex* (1940) emparejado a la otra estrella femenina de la casa, Bette Davis.

Errol Flynn alternó directores y parejas, principalmente con Michael Curtiz y Olivia de Havilland por un lado, y con Raoul Walsh, otro de los aventureros del cine, y Alexis Smith en varias otras películas, hasta rodar once películas bajo la dirección de Curtiz y siete con Raoul Walsh. Entre ellas estaban títulos de auténtica leyenda como *Invasión en Birmania* (Walsh, 1942) uno de los mejores filmes del cine bélico, *Murieron con las botas puestas* (Walsh, 1943) clave de la épica, o *Gentlement Jim* apoteosis del héroe popular. Y entremedias muchas películas del género de piratas o de aventuras marítimas como *El halcón del mar* (1940) que sufrió los avatares de la censura del franquismo hasta ser prohibida o las historias anti-nazis de Walsh que nunca se pudieron ver en la España de la época. Bajo un largo contrato con la Warner, Errol Flynn encarnó a una gama de personajes bajo idénticas características de aventurerismo, apostura e intrepidez. Incluso estuvo a punto de ser el protagonista de *Casablanca* (1943) antes de que el personaje de Rick fuera destinado a la estrella creciente de la compañía Humphey Bogart.

Pero al lado de esa imagen oficial, de esa apostura con fotos de estudio que aparecían continuamente en las revistas y convocaban desde las fachadas de los cines había otro Errol Flynn que la Warner trató de silenciar. Parece inaudito como se describe más abajo que en pleno apogeo de su primer éxito con *El Capitán Blood* Flynn se dejara caer por la España republicana con visitas a Barcelona y a Madrid oficialmente "para realizar un reportaje y expresar su solidaridad con la República". Extraño que la Warner hubiera permitido ese riesgo a su estrella cada vez mejor situada.

Pocos mitos han acumulado versiones tan contradictorias como el de Errol Flynn en un tono aventurero y novelesco como el de muchos de los personajes que interpretaba para Warner desde la mitad de los años 30 hasta finales de los 40. Flynn pudo ser todo y nada a la vez: el aparente espía al servicio de los nazis recibido en la Barcelona republicana con tintes de gloria o el sincero apoyo al gobierno que luchaba contra Franco. Pero también el decrépito y alcoholizado glosador de las mujeres guerrilleras castristas en su último y extraño trabajo antes de morir en la más absoluta decadencia. El conquistador de leyenda de señoras tan atractivas como las que aparecían en las películas de su mejor época y el presunto amante de personas de su mismo sexo en tiempos en los que el tema era absolutamente tabú.

A finales de marzo de 1937 cuando ya había filmado *El Capitán Blood* (Michael Curtiz, 1935) que lo había convertido en una estrella abriéndole las puertas a un contrato con la Warner que se cerraría con el final de la década siguiente, se dejaba caer por Barcelona al lado de un personaje llamado Herman F. Erben, un austriaco en los días en los que había sido anexionada al III Reich, médico y fotógrafo, probable "tapadera" de un espía al servicio de los nazis en el corazón de la administración republicana. Errol Flynn apareció en España en calidad de corresponsal de guerra para "Photoplay" una revista de la cadena Hearts, y según otras versiones con el propósito de evadirse de la presión de un matrimonio con una esposa (Lili Damita) demasiado controladora. Una de las versiones de este extraño viaje al corazón de la España republicana de una estrella emergente de Hollywood convertido en corresponsal de guerra, (tal y como haría su hijo Sean en Vietnam) lo trata de presentar como una labor de espionaje al servicio de los nazis. Como su "amigo" Erben que con toda probabilidad desempeñaba tal misión. Sin embargo, la otra dice exactamente lo contrario: que viajó para apoyar a la República.

Pero en los últimos años de este siglo ese mito se reestructura con otra versión: la del propio Flynn a través de sus papeles póstumos (publicada su autobiografía por T & B Editores, Madrid 2009). Erben utilizó a Errol Flynn recibido con aplausos en la Barcelona continuamente castigada por las bombas de los aviones nacionales e italianos para adentrarse en el espacio republicano. En el año 2000 Christie´s subastó un manuscrito de sesenta y cuatro páginas escritas por Flynn entorno a la guerra civil española y divulgados por su propia hija. A través de ellas se venía a mostrar precisamente lo contrario de lo que se pudo pensar durante largas décadas: Errol Flynn fue un claro simpatizante de la II República. Según Domènec Pastor Petit en "Hollywood responde a la guerra civil 1936-39" (Ed. De la Tempestad, Barcelona 1998) Flynn se trasladó de Londres a París y desde allí a Portbou para ponerse al servicio del Comisariado de propaganda de la Generalitat que recibía a un astro de Hollywood para apoyar a la República. Desde allí se trasladó al Madrid asediado para idéntica misión. Antes de ese manuscrito del propio Flynn varios de sus glosadores como Earl Conrad, coautor de su autobiografía póstuma, explicaban ese viaje como una forma de "contribución al bando leal". Esa peripecia en la España republicana debió durar varios días y de ella hay constancia en la prensa barcelonesa del momento pero se esfuma como una difusa sombra en su paso por Madrid, donde Flynn debió hospedarse en el Florida, que en los días de la guerra civil acogió a un increíble número de artistas y escritores y fue escenario de intrigas, amores y desamores como para componer un escalofriante tejido de leyenda. El Hotel Florida, derribado en los años 60 para construir en su solar unos grandes almacenes, se encontraba al final de la calle Preciados en la esquina con la Plaza del Callao, en unos meses en los que los sonidos del frente se escuchaban desde el centro de Madrid y el edificio tanto como los más próximos como los del Palacio de la Música y el Avenida quedaban al alcance de los obuses que impactaron más de una vez contra la fachada de esas fincas.

La Warner debió chocar permanentemente con el carácter indómito del personaje, un tipo "sin bridas ni riendas" abierto a toda clase de excesos. En 1940 intentó silenciar sin conseguirlo la acusación de violación a una muchacha acabando en un juicio del que terminaría por ser absuelto. Un año más tarde, en 1941 era padre por vez primera de su hijo Sean habido con Lili Damita, llamado años después a seguir los pasos del padre por el cine e incluso por los frentes de batalla hasta su desaparición en Vietnam en 1970 después de haber rodado algunas películas como protagonista dentro del mismo género de las que hacía su padre. Tras ese nacimiento vendría el divorcio de Lili Damita y una nueva boda en 1943 con Nora Endington de la que nacieron otros dos hijos Deiredre en 1945 y Rory en 1947 hasta divorciarse y contraer nuevo matrimonio con la actriz Patricia Wymore en 1950 con la que tendría una hija más, Arme-lla Roma (1953-1998).

De Errol Flynn se decía de todo en el mundo del cine y se rumoreaba mucho más todavía. Se afirmaba que nadie debía presentarle a su esposa o a su novia por el riesgo que ello podía suponer para las parejas. Amigo de "lo mejor de cada casa" en Hollywood y compañero de faenas de Howard Hughes en alguna de sus correrías su vida se convirtió en una carrera de excesos. Cuando al final de los años 40 la Warner decidió concluir un contrato que parecía eterno Errol Flynn intentó suerte con otros estudios como Metro (*Kim de la India*, 1949) iniciando una decadencia en la que todas las aventuras personales terminaron pasándole factura. Sus películas eran cada vez peores, tenían menos éxito y debían conformarse con el apartado de la "serie b" de los grandes estudios. Por si fuera poco el alcohol y la dependencia de las drogas aceleraron un proceso de envejecimiento en el que a partir de 1950 el antiguo galán aparecía con un aspecto maltrecho y desgastado y difícilmente podía representar los personajes de aventureros de capa y espada que tanto éxito le proporcionaron en otro tiempo. Los contratos llegaban para utilizar la última gota de lo que su nombre había representado pero le pagaban infinitamente menos. Flynn se había labrado una leyenda de provocador marginal. Marilyn Monroe contaba como Flynn solía totalmente embriagado y bajo el efecto de las drogas repetir un gesto que en otros tiempos podía haberle dado buen resultado: tocar con su pene las teclas de un piano en las fiestas.

Cuando las facturas se empezaron a acumular y los problemas con las deudas crecientes con la hacienda norteamericana aumentaron el mito avanzaba el prólogo de su particular visita al infierno. En 1955 la Fox de la mano de Darryl F. Zanuck en sus prestigiosas adaptaciones de novelas había comprado los derechos de una obra de Ernest Hemingway "The sun alro rides" que se convertiría en plena fiebre del cinemascope en *Fiesta*. Una parte de esa película de Henry King se rodaría en Pamplona, además en condiciones de auténtica burla a la administración franquista, que no habría autorizado un rodaje de una adaptación de Hemingway en la que los personajes se desenvolvían con una aparente frivolidad. El rodaje se pudo realizar bajo el pretexto de un documental turístico sobre los sanfermines mientras los otros interiores y exteriores se hicieron en México. En la historia aparecían unos norteamericanos corriendo por los sanfermines entre ellos un "viejo" prematuro y "con pasado" llamado Errol Flynn que prácticamente se estaba interpretando a sí mismo en lo que podría constituir el personaje más intensamente dramático de su carrera. Quedaba poco de su vieja apostura de galán. La película, llena de estrellas de la época como Ava Gardner o Mel Ferrer, pese a sus múltiples referencias españolas no se pudo estrenar en la España del franquismo por esas costumbres con las que se desenvolvían los personajes en Paris, Biarritz, San Sebastián, Pamplona y en el Madrid de los años 20 en los que transcurría la historia.

Zanuck proporcionó a Flynn en la Fox las últimas oportunidades de su carrera, la adaptación de la novela de Romain Gary *Roots of Heaven* (John Huston, 1958) prohibida en España en su momento y vehículo al servicio de la singular y personalísima cantante Juliette Greco en aquel momento pareja de Zanuck que intentaba convertirla en estrella de Hollywood (ella también aparecía en las secuencias rodadas en París de *Fiesta*). Y un postrero intento con *Too much, too soon* basado en "Demasiado tarde, Diana Barrymore" autobiografía en torno a los Barrymore minados por el alcohol y otros excesos igual que el propio Flynn en el que el actor aparecía por última vez con la Warner pero con Dorothy Malone en la cabecera de cartel[45]. En plena ruina física, moral y económica se fue a vivir en solitario a un yate desvencijado y sin rumbo de donde saldría para participar en algún rodaje.

El último de ellos en 1958. Al aventurero no le quedaba otro punto de idealismo que en una epidérmica visión de la Revolución Cubana convertida en un insólito escenario para la épica. Errol Flynn rodaba con el desconocido Barry Mahon como productor y director la modesta *Cuban Rebel Girls* que apenas tendría distribución y el documental *The Truth About Fidel Castro Revolution*. Un infarto acabó con su vida en 1959. Tenía apenas cincuenta años. En *Fiesta* parece un hombre mucho más mayor, casi un Clifton Webb varonil pero descentrado y eso que tenía poco más de 45 años cuando la rodó.

Después de su muerte se recompuso otra biografía de Errol Flynn a la que se incorporaron una amalgama de rumores y revelaciones, verdades y mentiras. Mientras se desvanecía el viejo mito del Flynn espía pro-nazi en la guerra civil española se descubrían otras versiones que llegaban a presentarlo justamente como lo contrario. Al incansable perseguidor de mujeres le nacía una leyenda de una sexualidad totalmente distinta, apoyada en su amistad con el escritor Truman Capote y especialmente con Tyrone Power, que le fue presentado por Charles Laughton, uno de los mejores actores británicos en Hollywood y director de la espléndida y despreciada en su momento *La noche del cazador* (1958) cuya "doble vida" de homosexual casado con Elsa Lanchaster se reconocía en las memorias de esta actriz. Podría ser que en una biografía "sin límites" como la de Flynn se hicieron presentes toda clase de transgresiones. En una precaria situación económica, debiendo dinero al fisco, minado físicamente por su dependencia de las drogas y el alcohol, irreconocible pero no olvidado en un momento en el que sus películas con la Warner se pasaban por las pantallas de televisión Errol Flynn escenificaba el último acto de una vida de aventurero. El realizador Irvin Raper (1898-1999) su director de diálogos en *Robín de los bosques* (1938) dijo sobre él una frase que podría resumir una vida quemada a tan alto precio: «El mundo entero lo tuvo en la palma de la mano y no supo aprovecharlo». Pero habría que poner esto último entre comillas: fue un escaso siglo medio siglo de vida absolutamente aprovechado en todos los sentidos.

---

45. Aunque la película dirigida por Art Napoleón en 1958 no fue autorizada para su estreno en España si lo haría en 1963 el libro en el que se basaba: la autobiografía de Diana Barrymore: "Demasiado, demasiado tarde". La edición (Ed. Plaza & Janés, Barcelona 1963) solo fue autorizada por la censura con la introducción de un prólogo español en el que se decía que esas cosas podían ocurrir en países donde había divorcio "pero no en España gracias a la tradicional familia española y a los valores religiosos (del catolicismo)".

Capítulo 11

LAS BARRERAS DEL COLOR DE LA PIEL

Podría haber sido reconocido como uno de los rostros más importantes del espectáculo del siglo XX. Su carrera en el cine debería haberla encumbrado a los más altos puestos por sus condiciones y su atractivo personal. Pero confluyeron en su identidad dos elementos antagónicos hacia esa carrera en fase de ascenso: el color de su piel y sus ideas personales. Durante una buena parte de su carrera Lena Horne fue casi una proscrita por los estudios de cine e incluso por los empresarios. Su nombre dio vueltas y vueltas en los aledaños del Tribunal McCarthy siempre sospechosa de algo. Pudo figurar en las listas negras sin que nadie se atreviera a acusarla de otra cosa que no fuera ser una mujer preocupada por los derechos civiles, por la igualdad racial; por la igualdad en suma.

Lena Horne había nacido en 1917 y tenía facciones muy finas y un estilo muy delicado. Pero era de raza negra. Y eso en una época en la que los negros solo podían interpretar en el teatro o en el cine precisamente personajes de "negros". Eran los criados de las historias coloniales que hablaban habitualmente con un extraño deje, los sirvientes o los esclavos, las doncellas, limpiabotas o servidores. No podían vivir historias en las que aparecieran igual que los blancos. Incluso en los tardíos años 50 no se permitían en el cine americano historias en las que una persona mantuviera una relación con otra de distinto color. En varios estados los cines habrían corrido el peligro de ser incendiados de presentarse una historia de esas características. Parece mentira que cuando Sammy Davis jr. se casó con la sueca y rubia May Britt se calificara a este matrimonio de "escandaloso". Sólo porque sus tonos de piel eran absolutamente diferentes.

Horne empezó a cantar cuando las orquestas, los artistas podían actuar en clubes de blancos pero debían entrar a los locales por puertas distintas a los de aquéllos, tiempos en los que se permitía a los negros estar en un escenario, al frente de una banda de "jazz" o delante de un micrófono; pero les estaba prohibido acudir como público a ver a otras personas de su misma raza.

Todavía a finales de los años 40 a muchos negros no les admitían como público en los teatros de Broadway. Donald Spoto en su biografía de la actriz Ingrid Bergman revela cómo en 1948 ante un conato de boicot a un teatro donde iba a actuar la estrella sueca en el que no se admitía la presencia de espectadores de color Bergman se limitó a expresar cierta contrariedad porque se alteraran las normas habituales del teatro, y no evidenciara una preocupación manifiesta por el trato discriminatorio a las personas de otra raza o cultura.

Lena Horne había sido bailarina en el famoso Cotton Club en 1933, empezando a cantar en ese época con grandes orquestas de color del momento hasta que grabó su primer éxito "As long as is live" una canción de Arlon y Koechler autores que escribían para Ethel Waters y otras vocalistas de color. Horne pasó por distintas orquestas en la mitad de los años 30 entre ellas la de Noble Sisle con la que grabó discos e hizo giras. Era además muy atractiva, de una belleza casi etérea y un gran porte de belleza y distinción. Empezó a trabajar en Hollywood al final de la década con películas como *The Duke Is Tops* en principio apareciendo como vocalista, o interviniendo en Broadway en musicales como "Blackbirds of 1939".

En la temporada 194-42 Lena Horne rompió una de las primeras barreras. La contrató como vocalista una orquesta blanca, la gran banda de Charlie Barnet. Una larga gira les esperaba por toda Norteamérica en un momento de absoluto auge de estos formatos orquestales. Lena que tenía una gran voz y una imagen de un gran atractivo personal podría haber rozado con sus dedos el paraíso. Pero lo que le esperaba era de las experiencias más amargas: era la única negra en una orquesta de blancos que debía desplazarse de un lado a otro del país en un autobús con el resto de los músicos. Y eso no era fácil de asumir por todos cuando todavía en los estados del sur se prohibía a los negros viajar en las mismas condiciones que los blancos, ir a escuelas comunes e incluso sentarse en idénticos bancos de las iglesias. Lena Horne suscitó recelos, críticas, desprecios... Se consideraba "inmoral" que una negra se desenvolviera entre blancos, se la trató casi como una prostituta al servicio de los hombres de piel clara, una esclava sexual... En 1941 llegaría su primer éxito con la orquesta de Charlie Barnet, "Goog-For Nothin'Joe" grabado en disco ese mismo año.

Horne cambió de orquesta pasando a pertenecer a la de Artie Shaw (1910-2004). Este clarinetista y director de orquesta ejerció una personalidad que rebasa cualquier marco aunque su trabajo con Lena Horne, y también con Billie Holiday no fuera decisivo en su carrera. Shaw procedente de un medio social muy modesto se había convertido en una celebridad en 1938 con la canción "Beguin the beguin" de Cole Porter, y al frente de su banda rivalizaría abiertamente con la de Bennie Goodman, creando para la posteridad y en paralelo con Glenn Miller entre los tres la imaginaria "banda sonora" de los días de la Segunda Guerra Mundial. Blanco entre los músicos blancos con una orquesta en la que podía haber una solista de color, Artie Shaw tenía sus propias ideas tanto musicales como sociales. Partidario de las vanguardias con autores como Stravinsky, Ravel, Debussy o Bartok había llevado a esos compositores y a otros como Granados, Ravel o Poulene al terreno del "jazz" y de la "big band". Enemigo del racismo sus ideas independientes le granjearon toda clase de sospechas de simpatías izquierdistas durante los días del "maccarthysmo" en los que se buscaba sin parar a comunistas bajo las alfombras de la industria del espectáculo. Casado siete veces entre otras con mujeres tan impresionantes como Lana Turner o Ava Gardner, con la hija del compositor Jerome Kern y después con Evelyn Kayes (la actriz que interpreta el personaje de la esposa del protagonista de *La tentación vive arriba* (Billy Wilder, 1955), Artie Shaw grabó discos, tuvo enormes éxitos con canciones como "Frenesí", escribió su semi-autobiografia ("The trouble with Cinderella: an outline of identity"), relatos, cuentos y novelas cortas, produjo cine y televisión, y pasó periodos de su vida retirado con idas y vueltas al mundo del espectáculo. Una de ellas en pleno furor de la obsesión del "macarthysmo" lo llevó a residir entre 1955 y 1960 en Girona. No deja de ser sorprendente que esa larga estancia catalana de un personaje entonces ya tan conocido como Shaw no tuviera eco alguno en la prensa española de la época. Tan solo el diario "La Vanguardia" de Barcelona que había mencionado antes a Artie Shaw en el reportaje "La infiltración comunista en el teatro" del 17 de agosto de 1955 por haber sido interrogado por el Tribunal de Actividades Antiamericanas publicaba en su edición del 16 de marzo de 1958 en la sección "Misceláneas" un texto en letra menuda de sólo dos líneas y media que decía textualmente: «Han estado en nuestra ciudad Evelyn Kayes y Artie Shaw, actriz y músico que no quisieron dar publicidad a su viaje. Un romance, como ahora se dice». Absolutamente nada más sobre la residencia española a lo largo de más de un lustro de una celebridad de la música como aquélla.

En el verano de 1941 Lena Horne y otros excelentes solistas habían cantado para la orquesta de Artie Shaw, poco antes de que éste se alistara en la marina para crear su propia orquesta y levantar la moral de los combatientes en la guerra del Pacífico. Horne "una negra con facciones de blanca" en un mundo de blancos, que no se recataba igual que Artie Shaw de expresar sus propias opiniones personales y sociales tenía todas las posibilidades de convertirse en una estrella también en el mundo del cine. A principios de los años 40 la industria de Hollywood descubrió que había un mercado de espectadores negros que era necesario explotar. Tanto la Metro como la Fox produjeron algunos de esos primeros productos. Se trataba de películas de limitados medios con repartos y argumentos formadas por actores de color, pero en las que los directores y los equipos técnicos eran siempre blancos. Y los argumentos respondían también a la visión que el público blanco tenía sobre los negros y al estereotipo que los afroamericanos asumieron de sí mismos. En *Una cabina en el cielo* (*Cabbin in the sky*, 1942) Lena Horne tuvo la suerte de ser dirigida por Vicente Minnelli en su primer trabajo como realizador. Este musical o al menos historia sentimental con canciones interpretada por actores de color mostraba a una tierna y sentimental Lena Horne, una actriz de una gran soltura, algunas buenas canciones y un tono de cierta ingenuidad que daba valor a la película por esa ausencia de pretensiones. En *Tiempo tormentoso* (*Sthormy Wather*, Andrew L. Stone, 1942)[46] no se pretendía otra cosa que sacar partido del éxito de la canción interpretada por Lena, un tema cantado antes que ella por otras artistas de color. Horne utilizó en esta primera versión del tema un tono casi desenfadado distinto al dramático con el que habitualmente se interpretaba. A lo largo de su vida Lena Horne realizó diferentes versiones de su canción más conocida. Frente a la desenfadada visión de finales de los años 30 grabó en los últimos 50 la misma canción con una gran orquesta y unas sonoridades espectaculares conformando un verdadero clásico.

---

46. Publicada en 2007 en DVD por Filmax.

Hollywood ya había intentado crear un mercado de películas "de", "con" y "para" negros en filmes como *Aleluya* (King Vidor, 1930) y lo intentaría de nuevo con *Carmen Jones* (Otto Preminger, 1955) y finalmente en los años 70 con títulos de género en los que por vez primera los realizadores también eran de color. Pero en los primeros años 40 los contenidos culturales también estaban implícitamente segregados y nadie se hubiera atrevido a colocar a la atractiva Lena Horne en medio de una historia sobre seres humanos, cualquiera que hubiera sido el color de su piel. Tenía además en su contra que "era una negra que no se parecía por sus facciones a otras negras" y su carrera en la pantalla fue muy limitada.

Además Lena Horne como Artie Shaw también mantenía sus propias convicciones. Y esto le costó muy caro. Cuando era niña había oído hablar a sus abuelos de la Asociación para el Desarrollo de la Gente de Color fundada en 1909. Con el transcurso del tiempo ella sería una de las encargadas de dar renovada vida a esa asociación e integrar a una nueva generación más joven.

Horne se había manifestado desde sus primeros tiempos con orquestas blancas en contra de la segregación. Y la lucha contra las potencias del Eje era un buen momento para plantear ciertas reivindicaciones. La cantante actuó en 1944 ante las tropas preferentemente en los lugares donde había soldados de color o de origen hispano a los que dirigía mensajes a favor de que exigieran sus derechos. Se relacionaba ya en esa época con grupos y asociaciones en favor de los derechos civiles y eso terminaría por pasarle factura.

Después de haber interpretado en teatro a la protagonista de "Show Boat" ("Magnolia") que en cine haría Ava Gardner en 1951, Lena Horne conoció a un músico blanco. Querían casarse pero todavía en esa época el estado de California no admitía los matrimonios entre personas de diferentes razas. Así que planeó viajar a Europa y casarse en secreto en París donde nadie iba a poner ninguna clase de limitaciones. Pero al regresar a Estados Unidos la noticia se filtró en los medios lo que fue considerado un auténtico "desafío".

En el momento más intenso de las comparecencias ante el Comité de Actividades Antiamericanas de McCarthy el nombre de Lena Horne saltó a primer plano. Las asociaciones en las que había militado a favor de los derechos civiles estaban siendo sometidas a fiscalización sospechosas de comunismo. De la noche a la mañana una de las cantantes y actrices más conocidas y en el mejor momento de su carrera vió como todo se venía abajo. Su nombre figuraba en las "listas negras". No podía trabajar, toda clase de trabas se le impusieron para actuar, se silenciaron sus canciones en la radio y la televisión… No tenía futuro. Tuvo que inventarse uno nuevo en Europa donde se trasladó a vivir en aquellos difíciles años de "guerra fría" y de "maccarthysmo". Solo en 1957 y con una difusión casi marginal salió a la calle un nuevo disco de Lena Horne en Estados Unidos. Al cabo de los meses la estrella durante tanto tiempo obligada a callar reapareció con el album "Lena Horne at the Waldorf Astoria". Meses después su compañía RCA reconocía que había sido el disco más vendido en su historia por una voz femenina.

Vinieron en los 60 los nuevos reconocimientos cuando ya se había convertido en una figura clásica, aunque sin renunciar a sus reivindicaciones. Había participado en mítines y manifestaciones junto a Medgar Evers[47] y Martin Luther King[48] antes de ser asesinados ambos y demandó a la administración Kennedy para que se publicaran las leyes de Derechos Civiles. El comienzo de la guerra del Vietnam hizo que apareciera en otras causas, ahora pacifistas. Aunque Horne no pertenecía a la generación de artistas como Dylan o Joan Baez y su carrera venía de mucho tiempo atrás, tuvo una participación en actividades públicas contra la guerra. El cubano Santiago Álvarez realizó un documental sin texto tan solo con imágenes "LBJ" en el que con la voz de Lena Horne en la banda sonora cantando su versión de la canción israelí "Havana Naguila" y a través de fotomontajes se pretendía implicar a la CIA y a Jonhson en una supuesta responsabilidad sobre el asesinato de los Kennedy y Martin Luther King. Parecía curioso que Horne pudiera estar en las carteleras de Broadway al mismo tiempo que en los actos públicos contra la guerra, y en los productos hechos desde Cuba que literalmente utilizaban sus canciones sin pagar derechos. Esa dualidad estaba presente en la carrera de Lena Horne tanto como en la de Harry Belafonte, una figura cuya trayectoria tiene mucho que ver con la suya en todos los sentidos.

Horne, que después de unas diecisiete apariciones en el cine merece ser considerada una "estrella muy poco aprovechada" por las limitaciones de una época en la que las personas de color tenían difícil acceso a la vida social o al menos aparecían en territorios segregados de los blancos, pese a haber vendido millones de discos o llenado teatros sigue siendo una "biografía incompleta" nunca del todo desarrollada por sus grandes posibilidades. Con ocasión de su muerte, en 2010 ha sido sin embargo plenamente reconocida como mito. Pero su vida está llena de baches con zozobras que en su caso lograron ser parcialmente superados a costa de renuncias.

---

47. Medgar Evers (1925-1963) activista a favor de los derechos de las gentes de color de Mississippi había combatido en Francia durante los días de la Segunda Guerra Mundial. En los años 50 lanzó boicots contra la segregación en las escuelas y las estaciones de servicio de los estados del sur, y contras las restricciones contra los afroamericanos. En 1963 fue asesinado por un miembro del Ku-Kux-Klan. Kennedy condenó este asesinato, y varios artistas como Bob Dylan, Nina Simone o Philp Ochs cantaron canciones en su memoria.

48. Martin Luther King (1929-1968) ministro de la iglesia baptista y líder del Movimiento de los Derechos Civiles representaba una vía pacífica de reivindicación de la igualdad racial y social. Impulsor de la famosa "Marcha sobre Washington por el Trabajo y la Libertad" de 1963 donde pronunció la célebre frase «I Have a Dream» («Tengo un sueño») y posteriormente contra la guerra de Vietnam y contra la pobreza, fue asesinado en 1968. En 1964 le fue concedido el Premio Nóbel de la Paz.

Capítulo 12

UNA VIDA DESGARRADA

No era tan atractiva para el cine como Lena Horne. Ni cantaba tan bien como ella. Pero su limitada textura de voz poseía un punto de dramatismo de un tremendo patetismo y descarnada sinceridad que se convirtió en una de las voces más expresivas de la historia del "jazz", pero a la vez en una de las biografías más atormentadas, en un coqueteo permanente con la autodestrucción.

Sorteando caminos que la llevaron en más de una ocasión a caer desde la cima al precipicio en muy pocos segundos. Billie Holiday había nacido en Filadelfia en 1915 con el nombre de Eleanora Fagan Grough, pero en sus mejores tiempos se la denominaba con el apelativo "Lady Day". Su propia trayectoria vital suficientemente glosada en muchas biografías tanto "oficiales" como "escandalosas" aparece todavía hoy llena de zonas de sombras y de puntos oscuros que probablemente jamás se llegarán a desvelar. Su madre Sadie Fagan tenía trece años cuando ella nació. El padre era un joven de quince años identificado con varios nombres "Clarence Holiday" o "Fran de Vieso", al parecer más tarde guitarrista de "jazz" que tocó con la orquesta de Fletcher Enderson. Nunca llegaron a casarse. La pareja duró lo que un suspiro. El padre abandonó a la madre nada más nacer la niña. Una maternidad tan precoz en la que la progenitora se comportaba de manera irresponsable; se dice que la dejaba con parientes y amigos no precisamente de buena fama que paliaban como podían la inexistencia de vínculos familiares. A los diez años la ingresaron en una escuela católica de donde se escapó al poco tiempo. Según una de las versiones había sido violada a temprana edad. Se fugó con un amigo. Durante un tiempo volvió a vivir con su madre. De Filadelfia había pasado a Baltimore, y de allí a New Jersey y finalmente a Brooklyn donde empezó a residir en 1927. Dentro de ese deambular por la mala vida ciertas versiones apuntan a que se prostituía mientras que atendía a las labores domésticas, o que chantajeaba económicamente a su padre con la amenaza de revelar a sus conquistas femeninas que tenía una hija.

Aunque poseía una escasa voz su expresividad era manifiesta. Encontró en los clubes de Nueva York una posibilidad de ganar algún dinero al principio de los años 30. Tres años más tarde empezó a hablarse de ella en la prensa y llamó la atención de algún intermediario que la puso en contacto con Benny Goodman. Su voz poseía un tono extrañamente seductor. En 1933 grababa con Goodman para la Columbia (futura

CBS y Sony Music) "Your Mother's Son-In-Law". Se estaba gestando el nacimiento de un auténtico mito, el más grande de la historia del "jazz" femenino, solo comparable al de Ella Filtgerald, Sarah Vaughan y a más distancia de Nina Simone, mientras Lena Horne quedaba mucho más cerca de la versión femenina del "crooner" o de la vocalista "pop". A partir de esta época Holiday empezó a actuar en el circuito de salas de Nueva York y Harlem, en locales como el Apollo y Calle 52. Trabajó con Lester Young, Count Basie, Artie Shaw y todas las grandes orquestas de su género. En esos locales donde actuaba indistintamente en bandas de negros tanto como de blancos tenía prohibido el acceso por la puerta principal. Se cuenta que los músicos o cantantes de color debían acceder a las salas por las puertas traseras, permanecer encerrados en unos cuartuchos oscuros de interior y esperar hasta que el local se llenara para aparecer en escena. En cambio los músicos o los cantantes blancos se podían mover sin restricciones por esos teatros o clubes.

Cada vez más conocida y con una carrera musical en ascenso, su vida sentimental reveló una personalidad totalmente desestructurada. Aunque había mantenido muchas relaciones anteriores no se casó hasta 1941 con el trompeta Jimmy Monroe. Pero aún durante este matrimonio mantuvo otra relación con otro trompetista llamado Joe Guy. Se divorció en 1947 de su marido y a la vez de su amante para iniciar nuevas relaciones de pareja. En ese momento de su vida corrieron muchos rumores sobre su vinculación con distintas mujeres, entre otras con la actriz Tallulah Bankhead, desmentida por ésta. Bankhead (1902-1968) fue una extraña personalidad con una gran presencia en los medios de comunicación. Nieta de un conocido senador e hija de un congresista que había sido portavoz del Partido Demócrata en el Congreso en los tiempos de Roosevelt mantuvo una poderosa carrera de actriz en el teatro y en el cine donde se la recuerda hoy por su protagonismo en *Naúfragos* (Hitchcock, 1944). Pero la prensa solo se solía acordar de ella por sus relaciones continuas con hombres y con mujeres en un momento en el que no se podía hablar de ciertos temas; cuando en la prensa de la época se vinculaba el nombre de Tallulah con el de otra mujer ya se entendía lo que eso quería decir. Además Tallulah asumía ser consumidora de cocaína. Un punto en el que venía a coincidir con Billie Holiday.

Las drogas estaban presentes en su vida desde muy pronto. Policonsumos. A los doce años tomaba marihuana. Y luego la cocaína y la marihuana. En 1940 aproximadamente había empezado a consumirla por vía intravenosa. En esa época además Billie revelaba un temperamento independiente en su carrera. Se atrevió a cantar "Strange Fruit" una canción en contra de los linchamientos que seguían produciéndose en los estados del sur. Todavía entonces no se asumía que un artista llevara en el repertorio contenidos en los que se mostraran problemas o cuestiones sociales. La canción de Abel Meeropol[49] fue recibida con polémica por extraño que hoy nos pueda parecer y a ella también la salpicó.

---

49. Meeropol (1903-1983) fue un escritor y letrista con varios temas caracterizados por la defensa de los derechos civiles, el más famoso "Strange Fruit" sería una referencia de un estilo muy característico. También otros artistas como Sinatra o Peggy Lee cantaron textos del repertorio de este autor.

Después de la guerra mundial su carrera recibió su definitivo espaldarazo que alcanzaría el máximo cetro de su "reinado" en los años últimos 40 y primeros 50. Precisamente aquéllos en los que sería ensalzada para caer por tierra de la manera más violenta. En esa época grababa con el sello Verve sus grandes temas luego clásicos, grabaciones históricas en las que ponía los pelos de punta con sus registros desgarradores, con su voz de una sinceridad que causaba estremecimiento: "Good Bles the Child", "Fine and Mellow", "I love you Porgy"... Era un auténtico monstruo del "jazz", con un tono irrepetible, una personalidad de una voz que causaba desasosiego después de escucharla, pese a no contar con una gran textura.

A la vez que adquiría el máximo reconocimiento popular su vida se deslizaba por el abismo. Seguía consumiendo drogas y alcohol sin salir de una maldita espiral. Y frecuentando nuevas amistades peligrosas. En 1952 se había casado con un mafioso, un matón que a pesar de todo la había tratado de sacar de las drogas. El problema con este hombre ya no eran las drogas sino la violencia y los malos tratos. Terminaron separándose. Mientras lsu dependencia de las drogas iba en aumento.

Detenida por consumo y tráfico de heroína pasó de ser la estrella del "jazz" a una poseída del demonio. A partir de entonces empezó a aparecer ante los ojos de los medios como un auténtico "peligro público". Un tribunal la condenó a ocho meses en prisión. A su salida estaba al borde del abismo. Nada importaba que sus discos estuvieran en las tiendas, que tuviera un público muy fiel, que pudiera llenar teatros y salas con su voz si le habían retirado la autorización para poder cantar en los clubes de Nueva York. Ahora estaba a punto de convertirse en una proscrita. Hubo de sobrevivir sin poder cantar en público durante casi una década porque no siempre le autorizaban actuar por culpa de unas adicciones que estaba prohibido mostrar en los escenarios. Su economía entró en bancarrota total.

Además en la última parte de esa desolación descubrió que había sido engañada en la administración de sus finanzas. Ahora estaba arruinada, sin prácticamente nada de dinero en el bolsillo. Las drogas nunca se habían marchado de su vida. Al contrario, cada vez que los problemas se recrudecían volvían a hacer acto de presencia. También su voz se había resentido de un mal uso de sus condiciones físicas, el alcohol había minado su antes expresivo tono de voz, ahora ya no poseía el mismo desgarro que la hiciera famosa años atrás. En 1959 fue hospitalizada por dolores de hígado y problemas de corazón. Primer diagnóstico: cirrosis hepática. Además sus condiciones de vida eran penosas: vivía en arresto domiciliario por la posesión de narcóticos. La muerte le sorprendió a la temprana edad de cuarenta y cuatro años. La prensa de la época reveló que de la fortuna que podía haber ganado en la década anterior no quedaba absolutamente nada. Tan solo una cuenta en el banco de 0,70 céntimos de dólar y una cantidad de 750 en efectivo en su vivienda, posiblemente para pagar a cualquier suministrador de sustancia.

Pese a las lecturas en clave moralista que se hicieron en los días posteriores a su muerte, después del calvario en el que su vida se había convertido a lo largo de toda una larga década, el mito no solo se desvaneció sino que cobró mucho más cuerpo. Billie Holiday aparecería como "imprescindible" en la historia de la música. Paradojicamente muchas de sus grabaciones "históricas", principalmente las realizadas para la marca Verve han vendido millones de ejemplares después de su muerte, y aún se siguen distribuyendo en las colecciones especializadas. Billie "es" el mito femenino dentro del "blues" y del "jazz". Más de medio siglo después de su muerte se reeditan sus discos, y se publican nuevas biografías y versiones contrapuestas sobre su azarosa vida. Reivindicada post-mortem ,–como la propia Janis Joplin cuya biografía tiene muchos puntos en común con la de Holiday a pesar de tratarse de una mujer blanca y de una generación posterior–, su paseo por el mundo debió también ser una estancia en el infierno, ascendiendo a lo más alto pero también precipitándose hacia una estrepitosa caída. Está en el olimpo de la mitología aunque en su agitada existencia solo debió alcanzarlo como quien ocasionalmente se asoma a la suite del mejor hotel del mundo únicamente de visita.

Capítulo 13

EL CANON DE LA BELLEZA

Hay muchas personas que nacen con un don: atractivo físico, talento, inteligencia, bondad, solidaridad… y un largo etcétera. Pero son pocas las que saben utilizarlo. Alguno de esos dones pueden ser efímeros o circunstanciales pero a veces se combinan con otros para adquirir perfiles o tonalidades distintas capaces de compensarlos. La belleza por sí misma puede ser un privilegio, pero es muy frágil si no va asociada a otras capacidades y valores. "Belleza" es además un concepto de muchas interpretaciones ante el que siempre resulta difícil ponerse de acuerdo y donde confluyen componentes distintos y hasta antagónicos. Hay quien puede entender "belleza" como el simple atractivo físico, y quien lo concibe como una expresión de la calidad humana, de la bonhomía del ser. Pero aún desde el simple parámetro físico "belleza" es un termino no ya perecedero, sometido a unas reglas temporales, sino cambiantes, ligado no sólo a los estilos de vida sino a la propia moda. El canon de belleza es una pura utopía. Los ideales de belleza del mundo grecolatino tenían muy poco que ver con los medievales, aún con los del barroco. Se tiende a confundir, especialmente entre jóvenes, un concepto de "belleza" y de "estética", no siempre coincidentes. Es algo parecido a términos utilizados en el pasado como "buen gusto", "moral" que no siempre se pueden entender de la misma manera durante todas las épocas y por todas las personas. Los cánones siempre serán imperfectos.

En la Europa de los años 50 emergió un icono tan representativo de una estética pero también de una forma de sexualidad como Brigitte Bardot. El "producto" más exportable de la Francia de la segunda mitad de los años 50 y de la presidencia de De Gaulle "por encima de la Renault o de la Citröen"; o quizás el mejor potenciador de la imagen de la industria francesa en el mundo. B.B., que hizo salvo algunas contadas excepciones películas mediocres, impuso un contundente "erotismo de pequeña burguesía". El mito se mantuvo pese a la debilidad de muchas de las películas en las que llegó a intervenir y se ha sostenido como un referente de la imagen de una época, porque Bardot renunció a una carrera de actriz madura con su retirada fulminante del cine en 1973. Y ello a pesar de sus posteriores extravagantes tomas de partido, pidiendo el voto para los partidos de extrema derecha favorables a la imposición de severas restricciones a los inmigrantes pero a la vez embarcada en campañas a favor de determinadas especies animales.

Bardot que tendría muchas imitadoras aquí y allá y en su propio país, justo en el momento de su retirada del cine recibió un relevo con el que ni siquiera llegó a competir. Una sustituta que además era morena pero que compartía un mismo aire de chica de clase media-media baja y de pequeña burguesía: Silvia Kristel. Nacida en 1952 en Utrech, en los Países Bajos, era hija de un campeón de tiro al plato y tenía una hermana tres años menor que ella. Pero su infancia fue desgraciada. Según su autobiografía "Nue" ("Desnuda", Cherche Midi, 2006) escrita con la ayuda de Jean Arcelyn, a los nueve años había sido víctima de la pederastia, agredida sexualmente por un empleado del pequeño hotel que regentaban sus padres. De allí había sido enviada a un colegio católico de monjas donde fue objeto de una severa educación respecto al sexo. A los catorce años había descubierto a su padre con una mujer en la cama que no era su madre, lo que le causó una conmoción. Todavía mayor turbación le provocó a la edad de quince años la separación de sus progenitores. «Fue lo más triste que me había pasado en la vida» cuenta. Esa ausencia de figura paterna presente en su vida vendría a explicar según su propia versión la presencia de hombres mucho mayores que ella como parejas. En 1973 se presentaba con el apoyo de su madre a un concurso de belleza "Miss TV Europa" celebrado en Londres, que habría de ganar. Recibiría entre otras una felicitación del propio primer ministro holandés.

Estaba a punto de nacer un mito. El premio llamó la atención de los productores franceses que iban a realizar una nueva adaptación de "Emmanuelle". En 1959 se había publicado una novela firmada por la misteriosa euroasiática Margareth Rollet-Adriane, casada con un diplomático francés. Una historia de escasos vuelos y llena de trampas pero "escandalosa", con abundantes descripciones sobre la vida de la mujer entre dos mundos en la que describían aparentes ritos sexuales en Tailandia. El libro, que no ha pasado precisamente a la historia de la literatura ni siquiera a la de la erótica pero sí el personaje, apareció publicado bajo el pseudónimo "Emmanuelle Arsant", pero ya en su momento se rumoreó que podía haber sido escrito realmente por su marido. Diez años tardó la historia de esta come-hombres en ser llevada al cine, en 1969, pero la primera versión pasó totalmente sin pena ni gloria.

Cinco años más tarde, después de la repercusión de *El último tango en París* había otro tipo de receptividad en los espectadores. Y *Emmanuelle* (Just Jaeckin, 1974) respondía a esa situación. Derivaba el "porno" hacia un erotismo explícito en el que no se entraba en el plano corto de los actos sexuales, reemplazando la oscuridad y el ambiente de sordidez del género por una estética de magazine de lujo de la época. Era un erotismo de "papel couché" o extraído de la sublimación publicitaria en el que se desenvolvía una atractiva mujer "sin prejuicios" con una aureóla de exotismo y lujo como el que encarnaba la famosa efigie de Kristel sentada en un sillón de mimbre de alto respaldo. Todo ello envuelto en música sugerente, con aire de "hilo musical", superficialidad, fotografía de "spot" publicitario y escenarios fastuosos pero convencionales. Estaba a punto de nacer un mito: la "X" pasaba al terreno de la "S", saltaba de los pequeños cines-cutre a las grandes salas y a los circuitos de exhibición normales. En la película había sexo, violación, lesbianismo o masturbación envueltos en terciopelo. Para ver erotismo descarado ya no hacía falta mirar atrás antes de entrar en una pequeña sala de cine para evitar ser visto por algún conocido. *Emmanuelle* estaba en los grandes circuitos y en los medios. Había nacido un mito erótico, denominado "la antivirgen" título complementario de su segunda película: un mito muy característico de los años 70. Desde Francia donde había nacido el fenómeno se escribieron frívolos y también sesudos artículos sobre lo que había podido aportar a un erotismo de consumo.

El impacto mediático de Silvia Kristel sólo fue comparable al de Brigitte Bardot en 1956. *Emmanuelle* estaba hecha para que la pudieran ver no solo hombres sino también mujeres. Por haber en el reparto hasta aparecían actores y actrices de la Comedie Française como Jeanne Colletin o Alain Cuny. Nada que ver con las estrellas del "porno". Aunque Kristel cobró solo unos 6.000 euros por su papel la película dio millones (una sala de los Campos Eliseos la programó durante nueve años de manera ininterrumpida), se vendió a muchos países: aquéllos en los que la censura la permitía. En España hubo que esperar a la muerte de Franco, en 1977 para su masivo estreno comercial convirtiéndose en una de las películas más taquilleras de ese año, en pleno auge del llamado cine "S" que llenó las salas de subproductos. Incluso se rodaron secuelas italianas en las que se utilizaba descaradamente el nombre del mito original quitándole una de las letras "m".

Kristel hubo de rodar dos secuelas más: *Emmanuelle-2* (1975) por la que percibió 100.000 euros de la época, y *Goodbye Emmanuelle* (1977) más una serie de largometrajes para la televisión por cable en los que volvía a interpretar el personaje con más años encima. Durante mucho tiempo Kristel encarnó la imagen del erotismo y de un tipo de belleza femenina, de mujer "dispuesta a todo", libertina, lista, suelta, nada ingenua y con acceso a espacios sofisticados y tan políglota como la propia estrella, capaz de expresarse indistintamente en holandés, francés, inglés, italiano, o alemán. Era más que una chica de calendario o una portada de revistas "para hombres". Y quiso jugar a la carrera de actriz. Rodó con Roger Vadim y con Claude Chabrol e incluso hizo de protagonista con Depardieu en *René la Canne* (1976) con idas y vueltas entorno a su personaje. E intentó la meta de Hollywood.

En el rodaje de *El cuarto mosquetero* (Ken Annakin, 1977) producida en Europa y con un reparto de viejas glorias (Cornel Wilde, Olivia de Havilland, Ursula Andrés) junto a actores de nuevo cuño conoció al británico Ian McShane, muchos años mayor que ella, como sucedería en sus relaciones posteriores. Antes había tenido un noviazgo estable con un autor belga Hugo Clauss, nacido veintisiete años antes con quien tuvo un hijo en 1975. Con McShane se trasladó a vivir a Los Ángeles tratando de desarrollar una carrera americana en la que él habría de ayudarla. Según sus memorias el actor era "ingenioso y encantador" pero la relación fue "horrible" por ser "muy distintos". En paralelo a esta relación empezaría a consumir cocaína a través de su pareja.

En Estados Unidos hizo una aparición en *Aeropuerto 79* (Jack Smigth) y la protagonista de *Private lessons* (1980) en cuyo argumento seducía a un adolescente, pero su carrera no fue más allá. En América hizo buenas relaciones con el cantante Harry Nilsson y con el productor Menahem Golam, que con su empresa Canon (en uno de sus mejores momentos) produjo decenas de películas cada año, la mayoría con grandes nombres comerciales pero con resultados artísticos y a la vez económicos extraordinariamente mediocres. A la vez que entre otros mantuvo relaciones con Warren

Beatty. A través de sus memorias se reconocería muchos años más tarde como frígida sexualmente. «A ellos les preocupaba que fuera muy pasiva en mis relaciones», cuenta en ellas, «secuela de una educación religiosa demasiado estricta».

En 1980 Silvia Kristel volvía a Europa. Trabajó durante varios años en películas europeas para las que se la quería para representar personajes cargados de erotismo. Incluso volvió a hacer de Emmanuelle en su experiencia televisiva. Pero su carrera había entrado en franco declive. Además tenía problemas con la cocaína y con el alcohol. Había mantenido nuevas relaciones de pareja. Entre ellas con un productor de radio de Bélgica que le dejó varias deudas y con un escritor fallecido de cáncer en 2004.

El trabajo escaseó hasta acabarse prácticamente del todo mientras las facturas empezaban a acumularse. La cocaína la obligaba a gastar grandes cantidades en el consumo. Su brillo se había apagado casi del todo o era un recuerdo. Hubo de liquidar su casa para irse a vivir a un pequeño apartamento. Ya no disponía de un cadillac blanco como antaño, ni de una villa en Saint Tropez de la que tuvo que deshacerse, ni de una casa en Holanda. En los últimos años se ha mantenido gracias a las entrevistas concedidas a las televisiones de Japón o de Canadá, y de los derechos de su autobiografía publicada también en el mercado inglés con el título "Undressing Emmanuelle: A Memoir" (Four State, 2006), sobreviviendo después de que sus películas hayan dado auténticos ríos de dinero. El mito se apagó ¿antes de tiempo? Kistel no se dio plazo alguno a sí misma para reconvertirse en actriz. Deteriorada por el alcohol y la cocaína, pagó caro sus adicciones y los tratamientos de deshabituación. En el documental *Hunting Emmanuelle* revelaba que en los mayores momentos de consumo de cocaína había llegado a malvender los derechos que le quedaban sobre *Emmanuelle* por una cantidad de unos 145.000 euros. «El personaje se convirtió en un fenómeno social, –contaba a Rubén Amón en "El Mundo" (Madrid, 29 de octubre de 2006)– el aspecto de la chica hermosa, desinhibida, aunque frágil, vulnerable, estilizada y muy femenina marcó unos años en los que la aburrida burguesía occidental necesitaba abrirse a nuevas experiencias carnales, aunque solo fuera a través de la ficción (…) El alcohol y la cocaína han sido mi perdición y mi infierno (…) El éxito me permitió diez años de Sylvia Kristel de Europa a Hollywood. Hacía lo contrario de cuanto pudiera beneficiarme. Notaba una atracción magnética hacia la autodestrucción. Vivía una degradación inconsciente. Me rodeaba de personas que me hacían daño. La culpa la tenía la cocaína por encima de cualquier cosa y persona. Consumirla me hacía creerme socialmente lúcida, me daba seguridad. Y me conducía al consumo desmesurado de alcohol. De tanto esnifar se me perforó el tabique nasal. Dejé la coca cuando mi contable me dijo que estaba arruinada: "La casa o la coca" me dijo. Nunca tuve el control de mi misma en aquellos años de locura (…)».

Ahora ya nada la vincula al personaje, como si hubiera atravesado como una flecha por su vida. Un mito al que realmente odia; considera *Emmanuelle* una película horrorosa: «Es mala, trasnochada, tontorrona… Hace unos meses me trajeron un DVD para verla: me dormí enseguida. La música me daba sueño (…) No fue un fenómeno cinematográfico sino sociológico (…) Fue muy duro hacer el papel. No tenía el menor gusto por la exhibición. Nunca he vendido mi sexualidad. Emmanuelle no sabía que mi cuerpo y no mi sexualidad tenían un precio. Emmanuelle enterró el resto de mi carrera. Era inútil que me contrataran Chabrol o Vadim. Emmanuelle me amordazó, truncó, fue una especie de castración (…) No he pertenecido a nadie. Los hombres han amado mi cuerpo (…) Nadie ha tenido mi corazón porque a nadie se lo he dado ».

El mito erótico más famoso de los años 70 se ha apagado con la rapidez del fulminante ocaso de una luciérnaga. Después de un largo proceso de deshabituación al alcohol y la cocaína y de superar un cáncer Sylvia Kristel se sinceraba en unas sorprendentes memorias en las que deseaba "matar" definitivamente al mito: «Me puse a escribirlas cuando me dijeron que tenía cáncer de garganta y pulmón. Hice el libro pensando en mi hijo. Una manera de pedirle perdón, de expíar por mis excesos y de superar mis extravagancias (…) Me he quitado las máscaras. He sido sincera, honesta. Irónica, dura (…) Mirar al pasado me ha costado dolor. He tenido que ir al psiquiatra para recuperarme del esfuerzo (…) Puedo desmentir el símbolo sexual que he sido a pesar mío (…) Ni siquiera se le concedió la oportunidad de tratar de ser actriz: Rodé con Chabrol *Alicia o la última fuga* (1977). Intenté hacer películas vestida pero la gente prefería verme desnuda. Y yo no era *Emmanuelle* ».

Otra vez más el mito destrozaba a la persona.

Capítulo 14

LA TRAGEDIA DE UNA MONJA

El Concilio Vaticano II introdujo abundantes cambios en los usos de la cultura religiosa del catolicismo de los años 60 que afectaban incluso a la simbología y a la estética. De la misma manera que las misas se pudieron celebrar en las lenguas locales eliminando el latín como obligación convocandose en horarios nocturnos o en sábados antes escasamente admitidos, y muchos sacerdotes reemplazaron en sus apariciones exteriores la sotana por el "traje de clérigo" o simplemente el de seglar, se generó un nuevo perfil del sacerdote o la monja netamente distanciado de la imagen precedente mucho más severa y rígida. El Concilio trajo también muchas novedades en la propia estética de la Iglesia Católica, incluso con el abandono de una arquitectura y una imaginería religiosa "sin santos" que hoy nos parece que ha envejecido mal o con unos criterios estéticos escasamente conseguidos pero útil y al menos representativo de ese momento.

Así mismo se introdujeron ciertas licencias estéticas en la música o en la presentación de la figura de curas y religiosos. En un momento en el que una "Misa Luba" se había convertido en un éxito discográfico y popular en todo el mundo, lo que daría lugar a una catarata de otras ediciones étnicas, aparecieron clérigos haciéndose presentes en escenarios y hasta al final de los 60 y en los primeros 70 se pudo hablar de un "rock de temática religiosa" e incluso de una "ópera rock" como "Jesucristo Superstar" (Andrew Lloyd Weber), combatida en su momento por el integrismo más estrecho y hoy perfectamente asimilada hasta por sectores conservadores de la Iglesia. En el contexto en los años conciliares grabaron canciones diversos sacerdotes y monjas, como el brasileño Padre Alejandro, con ediciones que se repitieron en países de gran influencia católica como España, México o Argentina a la vez que en el cine se prodigaba la imagen del cura o la monja artista o capaz de arreglar todos los entuertos en películas como *Sor ye-yé* (Ramón Fernández, 1966) o *La novicia rebelde* (Luis Lucía, 1971) con una amplísima representación de sus variantes en distintos países.

Pero ninguno de los nombres llegaría a tener el alcance de una monja belga que se dio a conocer como "Sor Sonrisa" (Soeur Sourire), en torno a la cual se construyó toda una auténtica leyenda a partir del éxito popular de una canción titulada "Dominique" que sonó tanto en los medios como en las parroquias e iglesias, y que todavía hoy sigue reproduciendose en las antologías musicales de la época. Bajo ese pseudónimo artificial se ocultaba la personalidad de una mujer nacida en 1933 en Bruselas llamada Jeannine Deckers. Después de una infancia y juventud con problemas económicos había ingresado en la orden dominica en 1959 recibiendo el nombre de Hermana Luc-Gabriel pasando a ser destinada al convento de Fichermont junto a Waterloo. Su biografía oficial afirma que la Hermana destacaba por su afición musical y por su voz, y que como persona "se ganó el aprecio de sus compañeras por sus afición".

En pleno impacto del Concilio cuando se asomó un nuevo estilo en la Iglesia católica más cercano y abierto, donde las expresiones más populares dejaban de ser contempladas como elementos extemporáneos, la superiora del convento de la Hermana Luc-Gabriel propuso a la monja que grabara algunas canciones, que llegaron a manos de la compañía Philips. Se trataba de unos textos muy sencillos y hasta ingenuos cantados por una fresca voz extremadamente carente de sofisticación. La monja fue invitada en 1963 a grabar un disco para esa compañía con la plena aceptación y el reconocimiento de la congregación y de la propia Iglesia. Ni la imagen de la monja ni su verdadero nombre habrían de aparecer en el disco de la misma manera que la portada de la "Misa Luba" otro éxito de la misma compañía no tenía ningún signo aparente de identificación más que un dato simple y un dibujo. Así se buscó un nombre "neutro" para la incipiente artista. Y surgió el de "Sor Sonrisa"; un apelativo que años después le parecería "ridículo" a la propia interesada. El nombre se decidió después de una pequeña encuesta que hizo la discográfica y en la que tuvo una amplia influencia la propia orden religiosa. Y dicho nombre fue registrado por la discográfica y la congregación, de la misma manera que los votos de pobreza y de obediencia de la hermana obligaban a donar a su comunidad sus rendimientos económicos si es que llegaban a producirse.

Bajo ese cariz de producto "sin fotografía" se generó una mitología entorno a esa canción que Philips logró distribuir en varios países. La "Hermana Sonrisa" era un dibujo y se hicieron conjeturas sobre su físico, imaginándola como a una mujer tan bellísima y atractiva como su voz. El disco salió en Estados Unidos mucho tiempo después de aparecer en Europa y logró colarse en las listas de éxitos hasta rivalizar abiertamente con Elvis Presley y Los Beatles. Llegó a alcanzar, sorprendentemente, el número 1 de la lista de "Billboard" durante tres semanas con millones de ejemplares vendidos. Se trataba de un "producto carente de imagen" o con una "idealización" casi sin firma ni rostro reconocible. Hasta que la televisión se propuso ponerle rostro y facciones. El "Show de Ed Sullivan" el programa de más audiencia de la época, viajó al convento de Fichermont y encontró a la verdadera Hermana Sonrisa. Ahora tenía cuerpo y cara, y no solo voz: era una monja con gafas que vestía siempre de blanco y que se acompañaba de su guitarra para cantar canciones como "Dominique" que la había lanzado a la fama.

Un sencillo estribillo que hablaba del fundador "Santo Domingo entregado a la obra de Dios". De la noche al día la Hermana Sonrisa era una verdadera estrella en todo el mundo. Especialmente en Estados Unidos.

Incluso la productora Universal decidió producir una película *The Singing Nun* o *La monja cantante* (Henry Koster, 1966) estrenada en España, por cierto sin ninguna clase de éxito, como *Dominique* el título de la canción que la hiciera famosa. La monja aparecía en la película como la *Hermana Anne* interpretada por Debbie Reynolds, que evidentemente no tenía parecido físico alguno con la verdadera monja, acompañada por un reparto en el que estaban Greer Garson como madre superiora, Agnes Moorehad, Chad Everet, Ricardo Montalbán o el propio Ed Sullivan interpretándose a sí mismo en su episodio televisivo. Tampoco tuvo una buena acogida comercial en Estados Unidos pero dio lugar a una secuela televisiva "The Flyng Nun" con Sally Field de protagonista.

Del anonimato al éxito Jeannine Deckers retornó a sus estudios de teología en la Universidad Católica de Lovaina. Pero en plena marea del postconcilio la monja se empezó a replantear su vocación. Con el transcurso del tiempo había empezado a marcar distancias con la Iglesia oficial en temas como los anticonceptivos o los precedentes de la llamada "teología de la liberación" con la que parecía simpatizar, y aunque volvió a sacar nuevas canciones de corte religioso, ya no tuvieron el éxito de "Dominique". Cuestionada por último su vocación religiosa se mantuvo durante un periodo en un territorio a medio camino entre la monja que había dejado de ser y el nuevo personaje de la seglar católica que asumiría.

Pero su distancia con la Iglesia oficial fue cada vez mayor cuando empezó a criticar a la institución por su "machismo". Además aparecía en su vida una compañera sentimental. Y no se recató a partir de entonces y en las décadas siguientes en manifestar su lesbianismo especialmente en los primeros años 80, en un momento en Europa Occidental muy distinto evidentemente al actual. Decidida a continuar su carrera musical ya no podía utilizar el nombre de la Hermana Sonrisa por lo que adoptó el de Luc Dominique con el que se vinculaba a su anterior identidad pero trataba de ser ella. En plena senda descendente grabó una extravagante canción "La pilule d'or" en la que hablaba de los anticonceptivos en un disco en el que mezclaba referencias religiosas con discursos de la época dentro de un nada conseguido y hasta disparatado mestizaje. Sus discos siguientes apenas tuvieron éxito más allá de la curiosidad con títulos tan estrambóticos como "Je ne suis pas une vedette" ("No soy una estrella"). Vivía de sus menguados royalties por sus discos, de los cursos de guitarra y del trabajo con niños autistas al que también se dedicaba su pareja Annie Pecher, una terapeuta infantil. Pero sus ingresos eran muy precarios y sobrevivían entre grandes estrecheces aguardando ese éxito que no se había vuelto a repetir. En 1976 esperaban de una nueva carrera en Estados Unidos, pero aunque intentaron recuperar algún destello de lo que había sido su apoteósica fama de la década anterior nada consiguieron. Además desde hacía tiempo la Hacienda belga venía reclamando grandes cantidades de dinero por sus años de gloria; concretamente unos 63.000 dólares de la época que fueron aumentando día a día por los retrasos en los pagos. La situación se hizo cada vez más patética y hasta dramática.

En 1982 la antigua "Soeur Sourire" grababa imágenes en color para la promoción de una de sus últimas canciones, un videoclip sin efecto alguno grabado en un único plano en el interior de las ruinas de un convento en el que ella se mostraba con pantalones, sus gafas habituales y el pelo canoso. Los problemas se acentuaron cuando en su vida aparecieron los barbitúricos para combatir el insomnio y también el alcohol. El climax final de aquella tragedia se alcanzó en la mitad de la década de los 80. Totalmente arruinada y sin posibilidad alguna de que nadie la contratara o le diera la oportunidad para ganar un franco con sus canciones, olvidada por su antigua discográfica que no quería saber nada de ella y por la congregación y la Iglesia católica que habían dejado de reconocerla como "una de las suyas", mientras la Hacienda le reclamaba cantidades enormes sin poder justificar que todos los beneficios de "Dominique", según su versión, habían ido a parar a donaciones para la congregación y otras obras católicas, argumento que la congregación tampoco admitía, abandonada ella y su pareja a su suerte y a su soledad, sin nadie que fuera capaz de apoyarlas, en plena espiral de depresiones, las dos mujeres se suicidaron juntas el 29 de marzo del 85. La imagen de la monja sencilla y fresca como el agua de un torrente que cantaba "como los ángeles" a las "cosas sencillas de Dios" y que había inspirado tantos personajes e idealizaciones en las pantallas y el disco se hacía añicos en una tragedia de desesperaciones.

Una historia terriblemente amarga que incluso en época contemporánea ha recibido tratamientos muy distintos. En 1996 se estrenó en el off Broadway "The Tragic and Horrible Life of the Singing Nun" ("La trágica y horrible vida de la monja cantante") representada por The Grove Street Playhouse bajo la dirección de Blair Fell que recibió malas críticas del "New York Times" y de la que posteriormente se ha hecho una versión musical con las canciones de la protagonista. Además en 2009 se ha rodado el filme *Soeur Sourire* una producción franco belga con Cecile de France como protagonista de esta estremecedora historia de esperanza y sombras, de luces y oscuridades, en una amalgama caracterizada por los elementos más trágicos de un auténtico vía crucis humano. El éxito fue precisamente su ruina.

Capítulo 15

DEMASIADO GUAPA PARA SER INTELIGENTE

Llegó a ser uno de los rostros más fotografiados de su época, con una manera de retratar y un estilo típico de los años 40 que ha sobrevivido y hasta hoy ha sido imitado. Como modelo fue tan representativa en esa época como una década después lo sería Suzy Parker, ocasional actriz[50] cuya imagen simbolizaba muy bien el aire de la moda de los años 50 en Norteamérica. Sin embargo a la biografía de Hedy Lamarr, uno de los rostros femeninos más bellos de la historia del cine, hay que añadir entre interrogantes otros muchos adjetivos: ¿actriz?, ¿científica?, ¿antinazi? ¿personaje de la crónica social?... Y todavía algunos más hasta quedarnos cortos. ¿Qué hay de verdad y de mentira en esa trayectoria en la que el éxito y el fracaso aparecen estrechamente entrelazados? Su personaje parece extraído de la protagonista de una novela de "best seller" bajo las reglas de una trayectoria enrevesada, llena de picos y de caídas, de aventuras que parecen puramente literarias y avatares que pertenecen a otros géneros además del folletín. Sus propias supuestas memorias son apócrifas por cuanto en vida llegó a desmentirlas y desautorizarlas aunque en teoría aparecían dictadas por ella misma.

Nacida en Viena en 1913 con el nombre de Eva Maria Kiesler sus antecedentes familiares eran judíos. Su padre se dedicaba a la banca y su madre era pianista y tenían acceso a espacios sociales de cierta élite. Según esa versión "oficial" era una niña superdotada y con un coeficiente de inteligencia superior a la del resto. Aún en una época en la que la presencia de la mujer en la universidad era un hecho común ella ya se sentaba a los 16 años en la academia de ingeniería. Tiempo después abandonaría los estudios de ciencia por el teatro de la mano de Max Reinhardt el director que aparece en casi todas las biografías de actores centroeuropeos de esa época. Era guapísima y con una excelente fotogenia y eso le hizo mostrarse en algunas películas. La que tuvo más repercusión se rodó en la República Checa, *Éxtasis* (1932) un drama en el que

---

50. Suzy Parker (1932-2003) fue uno de los rostros más fotografiados de los años 50. Famosa modelo llegó al cine como protagonista de la mano de la Fox en *Bésalas por mí* (Stanley Donen, 1956) al lado de Cary Grant y Jayne Mansfield, y *10 calle Frederick* (Philippe Dunne, 1957). Para continuar después en otros trabajos y series de televisión. Considerada un icono de la belleza de la mujer de su tiempo en los Estados Unidos como lo fuera Hedy Lamarr en los 40.

durante algunos minutos aparecía totalmente desnuda entre caballos. Debía ser la primera vez que se mostraba un desnudo en un filme de distribución comercial. Gracias a alguna copia salvada de la quema[51] se ha podido ver que el desnudo hoy pasaría prácticamente inadvertido y mucho más en una película sin ningún otro aliciente. La fotografía reflejaba su gran belleza de sus años mozos, pero a la vez una cierta inexpresividad, y sin el brillo del "glamour" o de la elegancia con la que fue envuelta tras su paso por Hollywood.

En los años 30 los niveles de permisibilidad no eran los actuales. Además cuando la película estuvo terminada Eva Maria Kiesler se había casado al parecer en un matrimonio arreglado por la familia con un hombre de negocios llamado Friedrich Friz Mandl. Como auténtica protagonista de una novela-río o de un "culebrón" televisivo, él "adquirió" una esposa, y dentro de ese paquete estaba adquirir el negativo de *Éxtasis* para destruirlo así como las copias tiradas. Algo que no logró del todo, puesto que en el mercado contamos hoy con ediciones de ese título. Hombre terriblemente posesivo y celoso la tenía encerrada en una mansión suntuosa, con varias personas a su servicio, pero absolutamente controlada (incluso cuando se bañaba) dado que terriblemente desconfiado él desaba que estuviera siempre a su lado y bajo vigilancia. Ese marido además traficaba con armas, y se las vendía a Mussolini para la descabellada aventura colonial del fascismo italiano en Abisinia que levantó tantas críticas en otras sociedades europeas. Ella denominaba a esta etapa de su vida como "una época de esclavitud". De su propia confesión se deduce que siguió estudiando ingeniería y que aquella relación como "señora de…" le sirvió para sacar datos de los clientes y de los otros proveedores que trabajaban en el campo de las industrias de armamentos. Algunas de las notas de su biografía que vienen a continuación pertenecen claramente al territorio del "melo" más desaforado y de ellas se pueden hacer interpretaciones muy distintas. Confinada y controlada por su marido tuvo una ocasión de escapar con la ayuda de su asistenta personal, con la que también algunas versiones insinuaron que pudo tener una relación para añadir más carne al argumento de este agitado folletón. Hubo de huir por la ventana del cuarto de baño de un restaurante burlando a sus acompañantes y guardaespaldas, escapando en automóvil hacia París. Y de allí poniendo tierra y mar por medio hacia Londres. Pero el mundo no debía ser suficientemente grande para ambos.

Temió un secuestro o una vuelta forzada hacia su país y su marido. Ahora era Norteamérica su objeto de deseo. En los años 30 los viajes trasatlánticos se realizaban en su mayoría en largas travesías en barcos en las que las categorías sociales eran absolutamente estrictas. Hoteles de lujo para los pasajes más caros, camarotes de pensión para la zona social media e infames bodegas para los que no disponían de dinero. No era raro que esos largos viajes de costa a costa se utilizaran para hacer relaciones o negocios. En el "Normandie" Kiesler conoció a Louis B. Mayer, el hombre de la Metro, su nuevo descubridor que la rebautizaría con un nombre compuesto de un

---

51. Editada en 2006 en España por Vellavisión.

diminutivo del suyo original más el de una antigua amante (Bárbara La Marr) fallecida tiempo atrás de manera trágica. Así nacía Hedy Lamarr. No debutaría sin embargo con Metro sino con una productora independiente en la versión de la película francesa *Pepe le Moko* (Julián Duvivier, 1936) ahora rodada en inglés y con Charles Boyer en el papel que originalmente había hecho Jean Gabin. Un delincuente de poca monta que conocía a una distinguida y atractiva dama, en este caso una seductora Hedy Lamarr cuya arrolladora presencia física se impone a los espectadores en *Argel* (John Cromwel, 1938). La película, suficientemente conocida (entre otras cosas porque al haber pasado a dominio público está siendo permanentemente distribuida en mercados como el español) funcionó bien y tendría en el futuro nuevas versiones (*Casbah*, 1947).

De la mano de Mayer y de la Metro Heddy Lamarr –que se expresaba aún en un inglés cargado de acento alemán pero que fue mejorando poco a poco–, rodó con las grandes estrellas de la casa: Clark Gable y Spencer Tracy (*Fruto dorado*, 1940), Robert Taylor (*Camarada X*, 1940), John Garfield (*La vida es así*, 1941) dentro de un periodo en el que era mostrada como una referencia de seducción y de belleza. Era una visión muy refinada de atractivo europeo con un toque aristocrátrico y una raíz de distinción, favorecido por un envoltorio aterciopelado absolutamente lleno de "glamour". Una esfinge de increíble belleza, probablemente uno de los rostros más atractivos que se habían puesto nunca delante de una cámara de cine, cuya vigencia ha llegado incluso hasta nuestros días, imitándose todavía hoy su peculiar forma de retratar en una buena parte de la publicidad de cosméticos. Lamarr simbolizaba una encarnación de la perfección de la belleza física.

Sin embargo no era otra cosa que la inmigrante en busca de su estabilidad personal en Norteamérica, no la diosa que aparentaba ser en las películas. A los pocos meses de su llegada a Hollywood se casó con un guionista sin demasiada suerte, con el que lo más digno de mención es que llegarían a adoptar un hijo. En 1941, sin embargo, conoció a un personaje tan peculiar como ella lo era: Georges Antheil (1900-1959) autor de música de creación de vanguardia que además escribía en la prensa y tenía buenas relaciones personales, con el que terminaría casándose tras romper su primer matrimonio americano.

En esta época, y al parecer con el apoyo de Antheil aparece otra nueva faceta de Hedy Lamarr: tecnóloga e inventora. Furibunda anti-nazi al inicio de la participación americana en la Guerra Mundial se ofreció al gobierno para aportar la información confidencial que podía tener del tiempo en el que estuvo casado con el traficante de armas. Rizando el rizo del más descabellado de los melodramas de intriga la esposa, la actriz y la modelo aparecía además como colaboradora voluntaria en el esfuerzo de guerra americano. En 1942 Lamarr y Anthieil registraban una patente de salto de frecuencia, un sistema que podía evitar que los torpedos no fueran detectados por el enemigo. Reaparecía la mujer que había estudiado ingeniería. El propio "New York Times" recogió la noticia de ese registro de patente por parte de Hedy Lamarr. Pero más allá de la anécdota circunstancial a ese esfuerzo de guerra en el que se encontraba volcada la sociedad americana y en el que participaban como emblemas los artistas de Hollywood y del mundo de la música, no se vio en este invento más allá de una simple anécdota. Las autoridades militares no lo consideraron relevante. Hubo que esperar muchos años hasta 1957 cuando la tecnología se adaptara del sistema mecánico al electrónico para que empezara a ser aplicado, utilizándose el invento en la crisis de los misiles de Cuba en los 60 y en la guerra de Vietnam. Lamarr y su entonces marido y cofirmante del registro dado que ella no tenía todavía nacionalidad norteamericana no percibieron un solo céntimo por su aportación. Una contribución a la ciencia que ha hecho que Hedy Lamarr sea la única estrella del cine que aparece entre los inventores en el Museo "Príncipe Felipe" de la Ciudad de las Artes y de las Ciencias de Valencia y que sea reconocida como precursora de la telefonia y de la transmisión wi-fi.

Durante los días de la guerra mundial Lamarr además había participado en las ventas habituales de bonos de guerra a las que se dedicaban las estrellas. Se dice que una noche colocó siete millones de dólares bajo la promesa de que aquél que comprara 25.000 dólares recibiría personalmente un beso de agradecimiento de la estrella. Sin embargo no fue en esa época reconocida como científica. Se decía que "era demasiado guapa para ser inteligente" en un tiempo en el que a pesar de la participación de las mujeres en el esfuerzo bélico seguían predominando otros estereotipos sobre la condición femenina

Adquirió el "status" de estrella y de modelo rodando una película tras otra. Pero sus elecciones no siempre fueron buenas y rechazó o al parecer no fue finalmente aceptada para protagonizar dos papeles que harían historia en manos de Ingrid Bergman, que tenía acento sueco y también alemán como ella: *Luz de gas* (George Cukor, 1942) y *Casablanca* (Curtiz, 1943). Después de dejar la Metro se embarcó en algunos proyectos creando su propia productora. Cecil B. de Mille la recuperó para el estrellato con *Sansón y Dalila* (1949) en la Paramount que tuvo un gran éxito popular y reveló ahora en color toda su belleza. Pero parecía "demasiado atractiva" y distinguida" para cierta clase de papeles. Y esa intensa y deslumbrante belleza que la había catapultado al éxito se convirtió en un condicionante demasiado evidente: la gama de papeles que podía interpretar era reducida.

Sus películas siguientes de la mano muchas de ellas de su propia productora constituyeron auténticos desatinos, arruinando con rapidez su carrera. Mediados los 50, pese a conservarse muy bien, su estilo personal resultaba demasiado "anticuado" y se le empezaba a considerar prematuramente una figura del pasado (mucho más en España por culpa de los añejos doblajes al castellano de sus películas Metro o de *Sansón y Dalila* acentuando una cierta cursilería). Su carrera entró en rápida barrena. Además su vida sentimental había empezado a sufrir una serie de desastrosas elecciones, con bodas y divorcios sucesivos. Uno de los más conocidos había sido el que mantuvo con el actor británico John Loder (1898-1988) con una biografía que parecía tan extraída de una novela como la de ella. Hijo de un general que había tenido el privilegio en una sociedad tan clasista como la de la Inglaterra post-victoriana de estudiar en Eton, durante la Primera Guerra Mundial Loder había participado en la famosa batalla de Gallípolli donde resultó prisionero de los alemanes. Se había iniciado en el cine precisamente en Alemania y luego en Inglaterra y Estados Unidos, con algun papel destacado en películas como *¡Qué verde era mi valle!* (John Ford, 1943) y luego en mucha serie "b". Loder padre de los dos hijos biológicos de Hedy: Dense (1945) y Anthony

(1947) adoptó a su vez a James hijo que la actriz había prohijado en su primer matrimonio en Estados Unidos con el guionista Gene Markey. En los últimos años de su larga vida Loder que había contraido cinco veces matrimonio se casó con una millonaria argentina y escribió sus propias memorias "Hollywood Hussar" al igual que haría Hedy Lamarr con su polémico texto

Mientras ella se había nacionalizado norteamericana al principio de los años 50, Loder mantuvo un extraño conflicto legal sobre su nacionalidad "incierta" por sus continuos vaivenes. En esa década el trabajo empezaba a escasearle a Hedy Lamarr y las películas en las que intervenía eran absolutamente irrelevantes o auténticos desaguisados. Sin aprovechar en lo más mínimo el impacto comercial de *Sansón y Dalila* los desastres se fueron acumulando en cada rodaje de Lamarr que parecía empeñada en escoger lo peor que se estaba produciendo. Lejos de los oropeles de la Metro su carrera entró en un acelerado declive en el que hasta su belleza parecía "caduca". Al final de los 50 no era nada más que un bello y elegante rostro del ayer en las páginas de la crónica social.

Fue en 1966 cuando se desplazó sustancialmente de género. De la crónica social rosa a la amarilla, de las bodas y divorcios a las páginas de sucesos. Los diarios decían que había sido detenida por robar artículos en una tienda de Los Ángeles. Un jurado popular la declaró inocente por diez a dos. Se salvó de ir a la cárcel. Años después en Florida volvería a pasar lo mismo, en este caso en un establecimiento de cosméticos. ¿Cleptomanía o necesidad? Los ingredientes para una vulgar historia de "best seller" o de novelón televisivo estaban a la orden del día. Era una "carne" de prensa amarilla de clase "extra" en los medios: porte y modales aristocráticos, biografía casi legendaria, elevada desde la cima de los mitos del cine en la Metro siempre envuelta en rasos y con una belleza distinguida arrastrando su sofisticación por los calabozos de vulgares comisarías de barrio. Ahora protagonizaba un personaje para una novela barata.

Para rizar el rizo del absurdo al final de su vida (moriría en el año 2000) empezó a ser reconocida como científica e incluso a recibir tardíos homenajes (en el 97 entre otras por la Fundación Frontera Electrónica) por su condición de inventora de la "transmisión en el espectro ensanchado". Desde finales de los años 70 no había vuelto a aparecer en público ni a conceder entrevistas, fue su hijo Anthony, uno de los dos habidos de su matrimonio con el actor John Loder, quien recogió el galardón en su nombre trasladando palabras de ella en las que expresaba su reconocimiento por ser tratada como una científica más. Más contrastes imposibles. Su aubiografía "Éxtasis" y yo" tenía tantas aristas como su propia vida: la presunta "autora" rechazó muchos de los capítulos de la historia que aparentemente ella "dictó".

La realidad es que desde los primeros años 50 con la estrepitosa caída había dejado de ser considerada la popular actriz y estrella que llegó a ser en los años 40, la identificación de un tipo de belleza y de estilo enormemente característico de su época. Cuando murió en 2000 la prensa americana contó que había dejado una herencia de tres millones de dólares para sus hijos y su secretaria y 83.000 a un desconocido policía local amigo suyo que solía visitarla a menudo. Sus cenizas fueron trasladadas a Viena para ser esparcidas por los bosques. Culminaba una de las vidas más "poliédricas" del pasado siglo con violentas transiciones de espacios totalmente antagónicos.

Hasta se podría decir que todo podía haber sido inventado en la mente de un autor de novela-río llena de variadas transiciones.

Capítulo 16

LA MARCA FEMENINA
DE LOS AÑOS 40

Unas cuantas estampas de mujeres fueron proyectadas en el imaginario colectivo de los Estados Unidos en los primeros años 40 como mitos más allá de su connotación sexual. Eran símbolos de lo americano en un momento de exaltación de valores de identidad patriótica. Roosevelt tardó en incorporarse directamente a la guerra que se estaba librando en Europa, pese a los reiteradas peticiones de auxilio de Churchil que sólo recibió ayuda militar indirecta, facilidades comerciales y económicas para que Inglaterra y su Imperio mantuvieran la resistencia contra Hitler una vez caída Francia y constituido un gobierno-títere del III Reich. Sólo al ataque japonés a Pearl Harbour venció el aislamiento norteamericano. En ese mismo momento, 1941, se acentuaron los rasgos de identidad nacional, con una mezcla de discursos y de imágenes. Dos de esas instantáneas femeninas más características correspondieron a actrices de estilos y físicos muy distintos: Betty Grable y Veronica Lake. Grable era entusiasta, positiva en sus personajes, impulsiva protagonista de una serie de comedias con canciones para la Fox rodadas en un brillante color de estudio, jamás en exteriores, caracterizado por sus iluminaciones totalmente teatrales, el exotismo, el brillo de unos interiores de "lujo" que parecían los típicos decorados de un catálogo de muebles o de cocinas. A pesar de ser tiempos de guerra y de restricciones, Grable aportaba una imagen de lujo cotidiano, nada sofisticado, carente de la distinción o la altivez aristocrática que representaban las europeas importadas a Hollywood (Marlene Dietrich, Ingrid Bergman, Michéle Morgan, Hedy Lamarr o más adelante Alida Valli). Betty Grable era "demasiado americana" y por eso representaba un ideal fácilmente identificable por la población de ese país. Sus fotos de bañadores o sus peinados muy complicados siempre con elevados tacones figuraban en los carteles de las cantinas y se pegaban a la superficie de cazas y a las bombas que se destinaban a los frentes del Pacífico o del Atlántico. Grable aparecía fisicamente en casi todos los petates de los soldados americanos. Como la foto de la novia, de la esposa o de los hijos.

La otra de las efigies tenía una apariencia mucho más lánguida, distante, ajena en sí misma, de rasgos mucho más suaves, un cierto aire de misterio y una apariencia de orgullo, con las cejas siempre elevadas. Veronica Lake (1918 ó 1922-1973) ilustra a la perfección la ascensión de un mito y la caída estrepitosa en el olvido. Algo así como un éxito concebido como un narcótico y un exceso de "star system" que termina envenando por su auténtica desproporción. O quizás la conversión de una personalidad inestable, con problemas psíquicos (como ha ocurrido tantas veces con esos llamados "famosos"), sometida a la terrible presión del reconocimiento público. Lake había nacido con el nombre de Constance Ockleman en Brookyn, Nueva York (como casi todos los miembros del "·star system" también contó sus memorias en plena decadencia para exprimir el último juego económico a su desvanecida fama) perteneciente a una familia de origen danés e irlandés. Su padre murió en 1932 en la explosión de un barco en el que trabajaba, por lo que ella adquirió el apellido del siguiente esposo de su madre. Tras transitar por diversas residencias y distintos colegios, principalmente católicos de los que guardaba un mal recuerdo según esas memorias, en California ingresó en una escuela de arte dramático pues su madre pensaba que podía ayudarle para superar esos desequilibrios psicológicos que empezaban a manifestarse.

Su debut en el cine tendría lugar en 1939 con el nombre de Constante Keane, con pequeñas apariciones en algunas películas sin excesivo relieve, hasta que en una sesión de fotos en un estudio se desprendió un mechón de pelo tapando uno de sus ojos en una de las instantáneas. La foto cayó en manos de un ejecutivo de Paramount a quien llamó la atención el físico de la actriz. Iba a convertirse en Veronica Lake, nombre inventado por el estudio.

Tras un debut muy discreto con Ray Milland y un joven William Holden en *I Wanted Wings* (1940) vendría una boda con un director artístico llamado John Detlie ,primero de sus cuatro maridos y con quien tendría una hija, y su primer papel realmente destacado en *Los viajes de Sullivan* (Preston Sturges, 1940). Se trataba de una de las mejores comedias sociales americanas: el viaje de un periodista disfrazado de vagabundo y de una chica a la América interior en un itinerario contado con sorprendentes imágenes y unos diálogos muy frescos. La Paramount tenía en sus manos una modelo a la que quería convertir en estrella. Y lo consiguió a partir de 1941 con la primera de las siete películas que habría de rodar con Alan Ladd, siempre dentro del "género negro" o de las aventuras policíacas. Veronica Lake poseía una imagen fresca y radiante que la productora cultivaba con su peculiar peinado que se convirtió rápidamente en referencia de moda para las jóvenes de la época, con pelo lacio y mechón caído sobre el ojo. Pero Lake era demasiado corta de estatura y con Alan Ladd un actor rubio y con apariencia nórdica ocurría otro tanto: era un galán al que tenían que subir sobre un pedal o pedestal para que se situara a la misma altura de sus "partenaires" femeninas[52]. Con Veronica Lake ya no era necesario.

Varias de esas películas de la pareja Alan Ladd-Veronica Lake han quedado para la posteridad como brillantes ejemplos de "cine negro" a partir de unos orígenes literarios excepcionales e irrepetibles. *El cuervo* (Frank Tuttle, 1942), estaba basada en un guión de Graham Greene, *La llave de cristal* (Stuart Heisler, 1942) en una historia de

---

52. En adelante Alan Ladd tendría muchos problemas por las limitaciones de su estatura. En *La sirena y el delfín* (Negulesco, 1956) su pareja Sofia Loren era mucho más alta que él. Se recurrió a planos cortos o a tapar los pies de ella en una escena sentimental en la que aparecían sobre la arena para que no se notara tanto la diferencia de talla.

Dashiell Hammet y *La dalia azul* (Georges Marshall, 1946) en un texto de Raymond Chandler. En ese momento pertenecían al apartado de "literatura de kiosco" en los términos más despectivos. Ni siquiera sus versiones cinematográficas llamaban la atención de la crítica o de los medios intelectuales en un momento en el que el cine policiaco o "negro" se consideraba un género muy "menor". El tiempo vino a revindicar ese estilo. Alan Ladd que tampoco alcanzó el "status" de mito cuando vivió ha empezado a ser tratado como icono en época absolutamente posterior.[53] En ese buen momento dentro de la Paramount Veronica Lake tuvo oportunidad de trabajar en otras películas muy personales como *Me enamoré de una bruja* (René Clair, 1942) en cuyo cartel aparecía exclusivamente un sugerente dibujo de Veronica con su famoso peinado. Era una demostración de que se había convertido en la mujer del día, con su rostro llenando páginas y páginas de los diarios, y su foto recortada en las taquillas de los soldados y en los paneles de mandos de los aviones. En esos días de la guerra tanto Betty Grable como Veronica Lake alcanzaron enormes cotas de popularidad: eran consideradas antes que actrices, verdaderas referencias de Estados Unidos.

Grable (1916-1973) antigua estrella del musical se convirtió a partir de su contrato de 1940 con la Fox en una de las figuras más taquilleras y el icono más característico con Veronica Lake y Rita Hayworth de los días de la guerra. Desde 1940 a 1954 Betty Grable rodó nada menos que vinticinco musicales la inmensa mayoría de ellos en color para la Fox, hasta ser considerada la estrella más rentable de los 40 en el mercado americano (no tanto en los europeos de posguerra donde aparecía como una estrella demasiado cercana a los gustos de su país pero "ajena" para los del viejo continente[54]). Grable era la inventora de la "pin up" que mostraba las piernas y era reconocida como la "chica de calendario" para los soldados, prodigándose en fotos en unidades militares como apoyo a las tropas. La Fox aseguró sus piernas en Lloyd de Londres por un millón de dólares cada una. Pero en los años 50 acabó rompiendo con el productor Darryl F. Zanuck a quien terminó tirando físicamente el contrato a la cara en su despacho, provocando un atropellado final para su carrera al mismo tiempo que estallaba la de Marilyn Monroe. También el alcohol hizo que pagara costosos peajes en su vida. Cuando se lanzó Marilyn como icono Betty Grable se eclipsó del todo. *Como casarse con un millonario* (Jean Negulesco, 1954) simbolizaba perfectamente ese relevo.

---

53. Su aparente frialdad de gestos o más bien inexpresividad adquiere hoy una valoración distinta a la de épocas anteriores. En el "thriller" tanto como en el "western" esa "economía de gestos" ha venido a convertirlo en un característico con una identidad tan marcada como las de las imágenes de portada de las novelas policiacas de la época. Y ello a pesar de que Alan Ladd nunca fuera reconocido en vida como mito, quizás por la sucesión de películas mediocres que rodó en la última parte de su vida. Pero actualmente, desde la distancia que ofrece el tiempo, Ladd gana claramente en imagen.

54. En España no se estrenaron muchos de los musicales de Betty Grable una estrella demasiado "local" para los gustos de la época en nuestro país, aún así varios filmes aparecieron en las carteleras españolas en los últimos 40 y primeros 50. De la misma manera que otro mito paralelo, Betty Hutton (1921-2007) tampoco fue reconocida como la estrella que lo fue en la Norteamérica de los últimos años 40. Su película más famosa, *La reina del Oeste* (George Sydney, 1950) entre cuyos números musicales se incluían algunas de las canciones clásicas más conocidas del espectáculo anglosajón duró en cartel una sola semana en su estreno en Madrid y Barcelona.

En los días de la guerra Lake era toda una estrella. Para bien pero también para mal. Empezaba a comportarse de una manera caprichosa en los rodajes, a tener inesperados cambios de comportamiento, a exigir como una diva. Tanto que ganó muy mala fama con los equipos y hasta su inseparable compañero Alan Ladd se refirió expresamente a los problemas que ofrecía trabajar con ella. El éxito estaba empezando a venirle grande. Después del nacimiento precipitado de su segundo hijo en 1943 que murió nada más nacer, su matrimonio sufrió una fuerte crisis hasta producirse la separación. Entre 1944 y 1952 estaría casada con el director de cine André de Toth, padre de otros dos hijos más con ella. De Toth (1912-2002) nacido en el Imperio Austro-Húngaro, guionista y autor en Budapest había trabajado en Inglaterra con los Hermanos Korda para pasar en 1942 a Estados Unidos. Su carrera fue discontinua pero muy personal, con muchos títulos de género (negro, aventuras, "western"…) de una cierta personalidad y rodó la más comercial de todas las películas en el primer 3-D *Los crímenes del museo de cera* (1952), acabando su carrera como director con la amarga historia antibelicista *Mercenarios sin gloria* (1968) rodada en Almería con Michael Caine al frente del reparto.

De Toth que casi siempre fue contratado por productoras independientes trabajó con Veronica en el "western" *La mujer de fuego* (1948). En esos años ella apareció en muchas películas, pero con el cambio de coyuntura social los antiguos símbolos de los días de la guerra mundial empezaban a contemplarse ciertamente pasados de moda. Betty Grable siguió rodando películas con la Fox pero en la mitad de los 50 era una figura del pasado y sus musicales no funcionaban como los precedentes. Por su parte, Veronica rodó sin criterios de ninguna clase y hasta sus últimas películas con Alan Ladd eran mucho más convencionales que las tres primeras. Cuando Paramount consideró que ya era una estrella suficientemente explotada liquidó su contrato. Como además tenía fama de "muy difícil" en los rodajes y de crear innecesarias complicaciones con los equipos por su inestabilidad y sus cambios de humor, muchos debieron respirar cuando le dieron la carta de libertad. Su matrimonio también se iba a pique. En 1952 se divorciaba de André de Toth mientras su carrera entraba en un absoluto declive. Saltó además a las páginas de los tabloides amarillos porque su madre presentó una demanda contra ella por no pasarle la mensualidad a la que se había comprometido. Trató de conseguir nuevos contratos ahora en la Fox pero le ofrecían papeles secundarios. Buscó refugio en el teatro y en la emergente televisión. Pero sobre todo en la bebida. Necesitando imperiosamente dinero para cubrir sus necesidades económicas se metió en algunos proyectos realmene imposibles. En 1951 rodó en México *Misión peligrosa* o *Furia roja* (Steve Sekely) de la que se hizo en paralelo una doble versión, en inglés con Veronica Lake y en español con Sara Montiel. Pero los que vendrían a continuación serían papeles esporádicos. Totalmente arruinada y otra vez casada en un enlace que se saldaría en 1959 con un nuevo divorcio abandonó totalmente el trabajo artístico. Nadie podía ofrecer papeles a quien además tenía un carácter muy difícil en las relaciones con sus compañeros de trabajo, y además con problemas de alcohol: un círculo vicioso.

Varios años más tarde, ya en los años 60 un periodista se llevó una enorme sorpresa en un bar de Brooklyn. Creyó identificar en el rostro ajado pero aún atractivo a quien había sido el icono de los soldados americanos en la guerra mundial. Ahora Veronica

Lake estaba trabajando como una simple camarera. El estrellato se había difuminado como una cortina de agua. Aquel descubrimiento hizo que volviera episódicamente a la actualidad, siendo invitada a un programa de televisión. Veronica Lake tenía graves problemas económicos y necesitaba trabajar. La última gloria se la proporcionó la redacción de sus memorias a principios de los años 70, cuando ya el alcohol había hecho estragos en su vida. Abandonada de todos, también de sus propios hijos, aprovechó los menguados beneficios de su libro para invertirlos en un horrible filme de terror que ni siquiera se llegó a distribuir dada su baja calidad. Todavía en 1973 se casaba por última vez para divorciarse a las pocas semanas. Otro dato más de su profunda inestabilidad. Olvidada de todos, del público y de su propia familia, sin un solo céntimo fallecía ese mismo año a consecuencia de una hepatitis derivada de su proceso alcohólico. Precisamente en la misma época en que la llamada "moda retro" ponía sus miradas en los "posters" con el inconfundible estilo de los años 40, del que ella fue uno de sus referentes estéticos más característicos. El tiempo en que se volvían a producir películas de "cine negro" como *Chinatown* y el peinado y el estilo de Veronica Lake empezaba a ser imitado desde la publicidad y las revistas de moda. Otra más de las historias de poderosos pero fugaces mitos creadores de sueños y antídoto de frustraciones cotidianas pero incapaces de soportar el peso de su repercusión popular. Justo en el momento en el que las películas de Alan Ladd se ponían relativamente de moda y le rescataban casi de un olvido absoluto de varias décadas como un icono prácticamente "maldito" del "cine negro" más allá de Bogart o de Mitchum, Lake se eclipsaba definitivamente. Una imagen desvaída en el tiempo. Quizás a pesar suyo fue la inventora de un estilo, probable combinación del azar y de la maquinaria industrial del estudio. Un aire inconfundible en quien paradójicamente fue mito pero no mujer. Quedaba "tan lejos" que parecía difícil la identificación con ella.

Capítulo 17

UN MONSTRUO DE FERIA

En pocas ocasiones un personaje de la historia del cine ha tenido una trayectoria profesional más desastrosa que la de Bela Lugosi, recorrido que también podría extenderse en la última parte de su vida a la otra gran estrella del cine de terror de la Universal, Boris Karloff. Tanto en uno como en otro caso fueron encumbrados al más alto de los pedestales pero tratados como auténticas figuras de barraca de feria, y una vez que fueron usadas se las arrojó al más infame de los infiernos profesionales: el del olvido. Bela Lugosi, además tenía "un pasado" muy poco conocido antes de llegar a Hollywood. Nació en Transilvania peteneciente entonces a Hungría e incluída dentro del vasto y caótico Imperio Austro-Húngaro, actualmente dentro de las fronteras de Rumanía. Conocido bajo los nombres de Bela Belsko o Bela Ferenc Dezso en sus inicios en el teatro y el cine húngaro utilizó más tarde el nombre de Aristid Oltz. Descendiente de un banquero e hijo menor de una familia de cuatro hermanos había empezado en el teatro representando entre otros a Ibsen, Shakeaspeare, Wilde y Bernard Shaw.

La Gran Guerra trastocó el continente europeo. Bela fue movilizado como teniente de infantería sufriendo heridas en una pierna que le obligarían a tomar morfina y metadona a lo largo de su vida. En 1918 con la pérdida del conflicto por parte de los imperios centrales el estado austro-húngaro estallaba en varios pedazos. En Hungría cuando la guerra parecía perdida se produjo un movimiento político que quería reproducir el éxito de la revolución soviética en Rusia. Un judío proveniente de una familia burguesa llamado Bela Kun (1886-1938), antiguo prisionero de guerra en el frente ruso que había conocido el marxismo en su confinamiento, encabezaba en 1919 la primera República Socialista de Hungría, que entre otras cosas impuso la nacionalización de la banca y de los grandes latifundios y la semana laboral de ocho horas. Bela Kun resistió varios golpes de estado reaccionando con medidas represivas hasta ser desalojado definitivamente del poder en 1919 tras varios meses de gobierno revolucionario. La represión de los nuevos poderes contrarrevolucionarios fue todavía más sangrienta, con la muerte de unos cinco mil trabajadores y sindicalistas de ideologías comunista y socialista [55]. Lugosi que tenía

---

55. Bela Kun líder de la revolución húngara en 1919 y fundador del PC de su país sería uno más de los personajes masacrados por la orgía de poder de Stalin. Acusado de "desviacionismo" y de "trostskismo" en 1939 fue enviado al GULAG de donde no regresó vivo.

ideas de izquierdas y participaba en la fundación de un sindicato de actores tuvo que exilarse a Alemania para salvar su vida. En Hungría había dejado también a una primera esposa (Ilona Szmitz) de la que se separó tras su marcha a Alemania. Había trabajado antes en alguna película en su país natal e hizo lo propio en su nuevo destino siempre en papeles de escasa entidad, por ejemplo en alguna de las adaptaciones que el cine mudo alemán realizó sobre las novelas del oeste de Karl May. En 1921 viajaba hacia los Estados Unidos.

Llegó a Nueva Orleans como inmigrante ilegal por lo que fue trasladado a la isla de Ellis frente a Nueva York donde permanecían confinados los "sin papeles" de la época. Varios meses más tarde lograba pisar Nueva York y con la ayuda de emigrantes húngaros buscaba sus primeros trabajos. Sólo a partir de 1923 se subió de nuevo a las tablas. Empezó un periodo no demasiado brillante en el que alternó toda clase de funciones. Hasta que llegó su gran oportunidad.

Como se puede suponer Bela Lugosi arrastraba un pésimo acento inglés lo que limitaba mucho sus trabajos en el teatro. Pero poseía el empaque del actor teatral a la antigua usanza. Una adaptación de la novela "Drácula" le hizo encarnar al personaje por vez primera. Su acento muy marcado y su aire misterioso centroeuropeo iban a favor del papel. Cuando la Universal decidió en 1931 rodar una versión sonora de la película de la mano de Todd Browning pensó en primer lugar en Conrad Veidt. Pero el director veía mucho más en el papel a Lon Chaney "el hombre de las mil caras", que moriría al poco tiempo. Inexplicablemente Veidt no pudo hacer el papel que pasó a manos de Bela Lugosi. La Universal rodó versiones en diversos idiomas, entre ellos el español. *Drácula* inauguraba un género del que la productora obtendría excelentes resultados a lo largo de la década. Junto a *Drácula* rivalizaba *Dr. Frankenstein* (Whale, 1931) en la que se combinaba el terror con el lirismo. Habían nacido los dos grandes mitos del cine de terror de la época: Drácula y Frankenstein. O lo que era lo mismo Bela Lugosi y Boris Karloff.

Muchas interpretaciones han sido sugeridas entorno a su relación profesional. Desde la rivalidad y el enfrentamiento hasta la amistad. Lo cierto es que su destino fue paralelo en muchos aspectos. Encumbrados a lo más alto se los dejó abrasarse en el infierno de las películas baratas cuando las grandes productoras creyeron que estaban pasados de moda. Con ambos Universal realizó uno de sus mejores negocios, pasando de ser un estudio de segunda a otro de primera línea. Pero a diferencia de Karloff Bela Lugosi nunca llegó a firmar un contrato de larga duración con Universal, sino que trabajaba en películas de serie "a" pero a la vez con productores independientes. Esto que en principio parecía positivo por la libertad de elección que le proporcionaba acabaría por ser una de las claves de su estrepitosa caída. A pesar de todo Bela Lugosi tuvo la oportunidad de rodar películas tan inquietantes como *White Zombie* (*La legión de los hombres sin alma*, 1934) una extravagante historia que adelantaba el mito de la posesión diabólica con secuencias de un claro fetichismo. La Universal había querido que Lugosi también pudiera interpretar a Frankenstein, pero éste se negó rotundamente, haciéndose con el papel el británico Boris Karloff (1887-1969). En esos años la marca creó toda una línea del estudio dedicada a explotar los mitos del terror: Drácula, Frankenstein, el Hombre Lobo, la Momia, el Hombre Invisible etc. Incluso se mezclaban los personajes en una misma película. Y se consideraba que los actores podían ser intercambiables. Se quiso de nuevo que Bela Lugosi interpretara a Frankenstein a lo que éste volvió a oponerse representando en cambio el de de Ygor en *El hijo de Frankenstein*. Pero aún así cuando por tercera vez se decidió presentar al "monstruo" con diálogo Bela Lugosi aceptó interpretarlo en *Frankenstein contra el Hombre Lobo* (1943). El acento que Lugosi seguía arrastrando condicionaba mucho sus papeles, aún así realizó una pequeña aparición, como siempre de extranjero en *Ninotchka* (Lubitchs, 1938). Pero su género seguía siendo el terror.

Bela Lugosi había adquirido notoriedad en Hollywood aunque como a Boris Karloff se le confundía demasiado con sus personajes. Y en su caso no hizo nada por salirse de ellos sino al contrario: mimetizarse hasta confundirse. Cuando la Universal creyó que sus mitos del terror estaban suficientemente explotados decidió darles una segunda vida por el camino de la trivilización y de la parodia. A principio de los años 40 el género de terror aparecía ya muy aprovechado dentro de la serie "a" y fue el momento en el que los pequeños estudios lo recuperaron. En general con películas de bajísimo presupuesto y escasos días de rodaje con historias muchas de ellas descabelladas en las que Bela Lugosi prestaba su inquietante presencia. Debido a ese tipo de producción ajena a los grandes estudios una buena parte de las películas de Bela Lugosi han pasado a pertenecer a la lista de dominio público lo que hace que se reediten a menudo en DVD y por distintas firmas a la vez[56]. Lugosi que en condiciones normales hubiera podido ser un buen actor de reparto se convertía en un mito caótico y sin una planificación de estudio tras de él, arrastrado su personaje por películas de bajo presupuesto. Fue un caso único en la historia: él mismo se había inventado su propio mito.

Aún así la Universal decidió aprovechar otra vez sus mitos con su apuesta comercial de producción de la época: las películas de Bud Abbot y Lou Costello. Esta pareja de cómicos hoy prácticamente desconocida fuera de Norteamérica pero de una enorme popularidad en su momento que realizaban un humor de "sketchs" casi radiofónicos, medio del que procedían, habían tenido sus primeros éxitos en 1941 siempre en Universal con alguna escapada a la Metro. Universal que decidió situarlos en una larga serie de parodias de todos los géneros como el bélico o el musical, decidió finalnalmente explotar el jugo a sus mitos de antaño dentro del terror para lo que requirió los servicios de sus antiguas estrellas: Bela Lugosi, Boris Karloff, Lon Chaney jr… Abbot y Costello se enfrentaban a Drácula o a Frankenstein, luchaban contra el Hombre Lobo o contra la Momia, parodiaban *Las minas del Rey Salomón* en una aventura africana rodada en estudio totalmente (*Las minas del Rey Salmonete*, Chass T. Barton, 1949) donde se reían hasta de King Kong, viajaban a otros planetas, luchaban con un

---

56. Entre las películas de Bela Lugosi que han pasado a dominio público se encuentran: *Drácula* (Tod Browning, 1931), *La legión de los hombres sin alma* (Victor Halperin, 1932) *Asesinato por televisión* (Clifford Sanforth, 1935), *El misterioso Mr. Wong* (William Nigh, 1935), *Los ojos misteriosos de Londres* (Walter Summers, 1939), *Dragones negros* (Williamn Ningh, 1942), *El ladrón de cuerpos* (Wallace Fox, 1942), *El murciélago diabólico* (Jean Yarbrough, 1942) y *Miedo a la muerte* (Christy Cabanne, 1947). Todas a excepción de la primera pertenecientes a pequeños estudios y a la serie "b", lo que aporta cierto encanto a muchas de ellas.

Capitán Kidd interpretado de nuevo por Charles Laughton y hasta se adentraban en mundos ignotos. La primera incursión en las parodias tuvo en España un gran éxito donde se estrenó como *Agárrame ese fantasma* (Arthur Lubin). Al final de la década Lugosi aparecía en *Abbot & Costello Meet Frankenstein* titulada en España como *Abbot y Costello contra los fantasmas* (1948) mientras Karloff tendría otra oportunidad en *Abbot & Costello Meet The Killer, Boris Karloff* (1949). Sería una de sus últimas presencias en una película de un gran estudio. Siempre auto-parodiandose a sí mismos y sus personajes históricos.

Lo que vendría a continuación significaría el inicio de un auténtico calvario. Lugosi había aparecido ocasionalmente en la crónica social en los días de su máxima popularidad en los años 30 después de casarse con una viuda de la que se divorció a los tres días de la fecha de la boda. Aquel matrimonio fugaz salió en los medios por su extrema brevedad. Quizás era un subterfugio para conseguir la nacionalidad.Después había vuelto a casarse con una mujer americana con la que tuvo su único hijo Bela G. Esto quiere decir que fue ocasionalmente un personaje de la crónica social. Pero en los 50 su figura se había borrado del todo. Tanto que de su cuarto matrimonio pocos meses antes de morir nadie publicó nada en los medios: Bela Lugosi era con toda propiedad un verdadero fantasma. Desde que rodara *Abbot y Costello contra Frankenstein* en 1949 los papeles escaseaban. Ahora era un juguete roto y casi destrozado. Que además seguía creyéndose su propio mito al que no había renunciado. En 1950 realizó alguna aparición teatral en el Reino Unido siempre como su propio personaje a cuestas, mezcla de galán gótico y de vampiro. A medida que el dinero empezaba a escasear y los trabajos eran cada vez más escasos aumentaba su vieja adicción a la morfina y a la metadona hasta convertirse en un gravísimo problema. Tanto que en la década de los años 50 decidía seguir un tratamiento de deshabituación. Pero para este proceso y mucho más en aquella época, necesitaba un dinero del que no disponía. Así apareció en el "show" de Red Skelton siempre como su propio personaje, y en alguna otra presencia en la pequeña pantalla y buscó trabajo en una película de serie "b", en una brevísima aparición sin diálogo.

Su entronización final en el mito llegaría de la mano de un alucinado director de películas de serie "z" rodadas con dos céntimos llamado Ed Wood. El calificado "peor director de la historia" era en realidad un enloquecido fan de las historias de género que sin dinero y con cuatro trucos trataba de hacer películas en condiciones dificilísimas. Dinero que desde luego no iba a ganar Bela Lugosi a través de los trabajos con Ed Wood. Pero al menos recibía el trato de estrella que ya no era en una ceremonia casi quijotesca de confusión de un destartalado garaje con un gran estudio. Era una nueva edición del capítulo de los molinos de viento cervantinos. Ed Wood debió hacer creer a Lugosi que un pequeño almacén era el mayor de los estudios de Hollywood. Con Wood hizo películas que solo se estrenaron como complemento en programa doble en algunos cines del interior, películas de auténtica barraca de feria que precisamente por ese atrevimiento hoy casi son consideradas "de culto" como *Glen o Glenda* y *La novia del monstruo*. Y la última, postrera y disparatada aparición de Lugosi en una pantalla: *Plan 9 from outher Space* un absurdo que no se vería hasta 1959, tres años después de la muerte de Lugosi, que aprovechaba algunos planos rodados con él, descartes de otras películas, y secuencias rodadas con un actor no profesional cogido probablemente "a lazo" haciendo de doble del personaje de Lugosi sin que las piezas encajaran del todo. Pero daba igual: Wood era un enloquecido extravagante que se travestía de mujer y Lugosi aportaba un aura de leyenda que solo el director era capaz de valorar. Un auténtico final de ópera.

Lugosi que había interpretado decenas de veces al personaje del científico loco en títulos tan disparatados como *Bela Lugosi Meets a Brooklyn Gorilla* (William Beaudine, 1952) que explotaban hasta los últimos rescoldos de su nombre se aferró a su propio mito como lo último que le quedaba, hasta convertirse en una figura realmente patética. Se creyó tanto su personaje que hasta se vestía como él. Y cuando murió en 1956 fue enterrado con un traje de Drácula.

Desde hacía muchos años solo interesaba como muñeco de feria. Dejó de atraer su personalidad a los grandes estudios y al no ser capaz de desengancharse de sus papeles se hundió en su propia leyenda hasta agotarse; como también le ocurrió a Boris Karloff que en los últimos años de su vida apareció en filmes de terror de bajo presupuesto rodados en España, Italia o México. Fuera del mito nadie los tuvo en cuenta. Por el contrario cuando la británica Hammer recuperó los personajes de la Universal en los últimos años 50 sus protagonistas (Christopher Lee, Peter Cushing…) ya tenían una carrera anterior como actores y se cuidaron mucho de caer en un encasillamiento. Lugosi o Karloff fueron mitos, adquirieron un alto estatus cuando estuvieron en la Universal y luego trataron de aprovechar esas últimas cenizas de su efímero mito en subproductos totalmente alimenticios. Se debió tratar de un proceso realmente tragicómico. Los personajes se comieron finalmente a los hombres. No eran nadie fuera de los tipos que representaban. Paradójicamente muchas décadas después de su muerte son reconocidos como mitos, han adquirido el nuevo estatus de "artistas de culto", aparecen en Internet y tienen páginas dedicadas que devoran nuevas generaciones. Pero no son realmente "ellos" sino unas estampas artificiales impostadas debajo de las cuales solo hay fantasía. Los verdaderos personajes fueron vaciados de sus cuerpos, arrojados hace muchos años al fuego y expulsados del paraíso cuando ya no servían para hacer caja.

Capítulo 18

SIN VERGÜENZA

Se podrían hacer muchas lecturas sobre la historia de una de las mujeres de trayectoria más obtusa en la historia del cine. Desde una interpretación en clave moralizante que no moral al modo de las protagonistas de folletines de finales del XIX y de los seriales del XX o como las "pecadoras" de las películas españolas del primer franquismo: mujeres acostumbradas a una vida de excesos que en una auténtica caída libre hacen de su vida fuego y pagan un alto precio por sus "pecados". A otra interpretación en clave mucho más humana en la que sólo cabría lamentarse por una vida que inicialmente parece tener aquello que solo es dado a unos pocos ,–belleza, apostura, desenvoltura, quizás talento, enormes oportunidades…– y que es literalmente derrochada en un proceso de auto-destrucción en el que el propio personaje termina por ser su peor enemigo. Podría la historia de esta mujer ser presentada como un estereotipo más de "cortesana" de la corte de Hollywood, actriz y a la vez prostituta cuyo final parece intuirse desde el principio como en un mal melodrama. Un perfil que parece trazado por todos los convencionalismos del género, pero que fue seguido por la prensa americana de los años 50 casi como un dilatado folletín a lo largo del tiempo a caballo entre las páginas de cotilleo, la crónica social y la de sucesos, escrito con tinta de un amarillo subido.

Nuevas ediciones de las películas de Bárbara Payton (1927-1967) están hoy todavía presentes en las estanterías de las tiendas y almacenes. Títulos en los que compartió cabeceras de cartel con actores como Gregory Peck, Gary Cooper o James Cagney. Con su imagen de rubia fascinante, rozó el estatus de estrella y podía haber alcanzado el territorio del mito. Pero se quedó en el nivel de la prostituta. Nacida en Cloquet (Minnesota) en 1927 con el nombre de Barbara Lee Redflick, aunque su infancia la había pasado en Texas, llegó a Los Ángeles en 1940. Debió ser una jovencita despampanante que apareció en Hollywood como una de tantas aspirantes a estrella de los estudios, deambulando por cualquiera de los circuitos, por las altas y las bajas cunas donde hacerse un hueco al sol del dinero y de la fama. Antes de llamar la atención de los estudios habría un temprano matrimonio en 1943 anulado posteriormente y otro nuevo enlace con un piloto de la fuerza aérea en 1945 apellidado Payton, de donde ella tomaría su definitivo nombre. Una auténtica boda de guerra de la que en 1947 nacería un hijo: John Lee Payton. Una relación que se vendría abajo nada más poner sus pies en Hollywood.

Tras ese segundo matrimonio empezó a circular una imagen suya de "chica fácil" para la cama, dispuesta a todo con tal de conseguir lo que se proponía. De momento trabajar en el cine. Y lo consiguió inicialmente. Por una parte la Universal hizo que apareciera fugazmente en alguna película antes de que se cruzara en su vida el actor James Cagney. El gran actor de los años 30 y 40 en la posguerra producía sus propios títulos para los grandes estudios con su hermano William Cagney al frente. En esos años Cagney haría alguno de los mejores perfiles de personajes violentos y sofisticados de la historia del cine. En *Al rojo vivo* (Raoul Walsh, 1949) era un psicópata obsesionado por su madre que actuaba como un ser despiadado pero se convertía en un inocente perro faldero delante de ella. Una película en la que creaba uno de los personajes más originales de la historia del cine: el duro dominado por la madre y acompañado siempre de una rubia (Virginia Mayo) a la que martirizaba. Cagney en esa época se especializó en papeles "fuertes" que sometían a sus parejas femeninas a una auténtica "violencia de género". El último personaje de ese ciclo lo realizó en 1955 con *Love Me or Leave Me* (Charles Vidor) como dueño de un garito en los años de la prohibición, un tipo dominante y posesivo hasta la esquizofrenia que maltrataba y martirizaba en todos los sentidos a una cantante interpretada por Doris Day. Entre medias, en 1950, James Cagney habría de rodar *Kiss Tomorrow Goodbye* (Gordon Douglas) titulada en España *Corazón de hielo*. Una historia de un retorcido "gangster" que destrozaba literalmente a su amante una rubia esplendorosa a la que llegaba a golpear con una toalla húmeda en una de las secuencias más violentas del cine de su época. Esa chica se llamaba Barbara Payton.

Entre 1949 y 1955 habría de aparecer en distintos filmes, en su mayoría como protagonista femenina dentro de una variada gama en la que lo mismo podía caber su presencia en "westerns" como *Dallas, ciudad fronteriza* (Stuart Heissler, 1950) para la Warner al lado de Gary Cooper y Ruth Roman, y *Sólo el valiente* (1951) con Gregory Peck y figurando su nombre en el cartel al mismo tamaño que el de este actor absolutamente en la cumbre en ese momento. Payton rodó también varias mediocridades pintorescas como *Bride of the Gorilla* (1952) remedo de *King Kong* o *La bella y la bestia*, y algunos otros papeles siempre como la rubia esplendorosamente atractiva.

Clara Booth Luce[57] escribió en los años 60 un controvertido texto de tono moralizante en el que venía a decir que «el cine salvó a Marilyn Monroe de caer en la prostitución». A Barbara Payton el cine no la salvó de nada. Desde que pasó de ser una "star-

---

57. Booth Luce (1903-1987) fue una curiosa mezcla de periodista, escritora y política en clave conservadora. Hija natural de una bailarina y un violinista había querido ser actriz antes de su matrimonio en 1923 con un hombre alcohólico del que se divorció unos años más tarde. Atraída por las sufragistas acabó cruzando la igualdad femenina con un mensaje político conservador. En 1935 se casó con Henry Robinson Luce, editor de "Time", "Fortune" y "Life" lo que le hizo adquirir un gran peso social. En la guerra escribió crónicas y textos desde el frente, y algo más tarde pudo entrevistar a personajes de la política mundial como Nehru o Chiang-Kai-Check. Parlamentaria republicana en los años 40 su vida sufrió un vuelco con la muerte en accidente de su hija en 1944. Se convirtió al catolicismo acentuando en esos años las posiciones anticomunistas. Con la llegada de Eisenhower a la presidencia fue nombrada embajadora en Roma. Booth Luce ejerció una gran influencia dentro de la política italiana de la época. Su carrera política se alternó con el trabajo como escritora y periodista.

lett" a una estrella de Hollywood salió más en las páginas de la prensa amarilla que en las de cine protagonizando un escándalo detrás de otro. El climax de esa presencia en los medios lo alcanzó a partir de un "incidente" bien aireado en la prensa de la época en el que se dieron literalmente de bofetadas por Bárbara dos hombres. Un famoso y prestigioso actor, Franchot Tone, un hombre de vida un tanto "seria", y un oscuro actor de serie "b" llamado Tom Neal. El escenario: un bar. El atrezzo: bastantes botellas de alcohol por medio. Franchot Tone (1905-1968) no era ningún "don nadie". Fundador con Lee Strasberg, Stella Adler y Clifford Oddest del Group Theatre en la década de los 30, precedente del Actor's Studio, a partir de 1932 había sido contratado por la Metro que lo emparejó en nueve películas con su estrella Joan Crawford, con la que estuvo casado entre 1933 y 1939. En esa época Tone rodó varios títulos que le dieron aureola y popularidad, como *Motín de la Bounty* (1935) por el que fue nominado al Oscar, *Tres lanceros bengalíes*, y en 1943 ahora en la Paramount la primera película de Billy Wilder, *Cinco tumbas a El Cairo*. En esa década Tone estuvo casado entre 1941 y 1948 con Jean Wallace, madre de sus dos hijos. Por eso la pelea entre un actor de carácter y buena imagen y un advenedizo en las series "b" por una chica con fama de fácil apareció profusamente en la prensa amarilla de la época. Especialmente cuando se supo que los puñetazos que el veterano actor había propinado al joven aspirante lo mantuvieron casi un día en coma.

Barbara Payton se acabó casando con Franchot Tone en un matrimonio que duró exclusivamente dos meses. Fue todo un escándalo: la rubia provocativa que se encadenaba a un hombre maduro con una gran carrera detrás. Al acabar esa relación la rubia se marchó con el hombre al que Tone había golpeado, pero por un breve tiempo, dejandolo tirado por el primero que se cruzó en su camino. La prensa amarilla de los primeros 50 se hartó de contar las peripecias de Bárbara Payton. Durante el rodaje de *Bride of the Gorilla* (1952) seis hombres cruzaron puños y participaron en una riña multitudinaria con varios heridos de por medio para dilucidar quien se iba a la cama con la Payton. Esa fama de chica que se liaba con casi todos los que pasaban por su lado la acompañó mientras trabajó en el cine. Los rumores además la emparejaron como ocasional compañera de Howard Hughes y hasta con actores como Bob Hope o Guy Madison, ya fueran maduros o jóvenes. Incluso se vino a sugerir desde esa prensa amarilla que Payton estaba utilizando su presencia en el cine para ejercer la prostitución. Y que aprovechaba su aparición en las películas para trabajar en el "más viejo de los oficios".

En consecuencia su carrera fue de mal en peor, después del arranque espectacular de sus primeros trabajos. En 1953 rodó tres películas más y otra finalmente en 1955, siempre interpretando a la rubia llamativa. Pero ya era más un personaje de la crónica de sucesos que del mundo del cine. Especialmente cuando en ese mismo año empezó a tener problemas de dinero, el alcohol hizo mella en su salud y en un acelerado proceso de autodestrucción fue detenida después de pagar con cheques sin fondos. Se había casado con otro de esos "mejores de cada casa" de los que tan a menudo se rodeaba, ahora con otro modesto actor de serie "b" que terminó separándose de ella a las escasas semanas de convivencia. La aventura con ese marido tuvo un inesperado "plus" para la prensa amarilla: él sería acusado de asesinar a su siguiente esposa.

Sin que nadie le diera ya trabajo en el cine, sin dinero, Barbara inició un periodo mucho más oscuro por el que pasó por el territorio de la prostitución ya sin cortapisas ni pretextos. Del alto nivel económico de personajes con los que se rodeaba en Hollywood había descendido a lo más bajo de la esfera social en su clientela. Cada vez más devaluada cambió las habitaciones de hoteles de lujo por los callejones más sucios y las calles de la peor fama. En el 62 la policía la detuvo por prostituta en un bar de Sunset Avenue. Ya no solo bebía sino que además consumía drogas. Ahora era una vulgar meretriz callejera que dormía tirada en la calle o en las estaciones de autobús, que alquilaba su cuerpo en los cruces de las calles. Paradójicamente en los mismos días en los que sus películas con Gregory Peck o Gary Cooper se pasaban por las televisiones y recordaban que había sido toda una estrella camino de una alta cotización.

La biografía de Barbara Payton tenía morbo por su acelerado proceso de degradación producido en tan corto espacio de tiempo. Alguien debió convencerla para que contara sus miserias a un reportero, elaborándose un manuscrito que fue vendido por solo mil dólares a una editorial. Se publicó con el título de "I'm not ashamed" ("No me arrepiento") una autobiografía morbosa y casi estremecedora que se iniciaba con un prólogo en el que Barbara Payton afirmaba: «He salido con todas las estrellas masculinas de la ciudad. Ellos desaban mi cuerpo y yo necesitaba sus nombres para triunfar en mi carrera. Mi foto apareció impresa en las primeras páginas de todos los diarios del país. Hoy vivo en un piso infectado de ratas, sin ni una sola cosa a mi nombre. Bebo mucho. No tengo nada. El poco dinero que gano para pagar el alquiler viene de antiguos restos, de la poesía, y de hacer favores a los hombres ¿Les suena esto deprimente? ¿Les provoca nauseas? Yo no estoy avergonzada. No me arrepiento».

Payton vivió ocasionalmente un último momento de gloria tras la salida de este libro-escándalo. Mientras, se acumulaban las detenciones por escándalo y alcoholismo y las drogas empezaron a devastarla haciéndola irreconocible. En una ocasión fue acuchillada en extrañas circunstancias y tuvieron que aplicarle hasta casi 40 puntos de sutura. Cada vez su nombre volvía a ser mencionado en la prensa alguien intentaba que fuera atendida de una enfermedad mental. El alcohol o las drogas podían ser una consecuencia de ese problema psíquico. Pero a cada intento de tratamiento le seguía un fracaso. En 1963 un joven actor se cruzó en su vida: Dennis Hopper. Se dice que se vieron varias veces en un bar de Hollywood. Después se perdió la pista de ella. Casi al final de los años 60 Hopper, que había empezado su carrera al principio de los 50, estaba a punto de alcanzar un nuevo estatus como actor y director de *Easy Ridder*. Se dice que en aquel rodaje para la Columbia, Barbara Payton participó ocasionalmente como extra por unas cuantas monedas. Algunos incluso opinan que por un intercambio de favores. Resistió pocas semanas de vida más. Trató de dejar el alcohol sin éxito alguno y aunque los servicios sociales trataron de que cambiara de aires y de ciudad marchando a vivir con sus padres a San Diego ya era demasiado tarde. Apareció muerta un día de 1967, con un cuerpo tan consumido que tardaron varios días en identificarla. Se atribuyó la causa de su muerte a "un fallo hepático y cardiaco". Tenía solo 39 años. Cuando llegó a Hollywood al final de los 40 se le auguró un gran porvenir. Tuvo muchas más oportunidades que casi ninguna otras de las mujeres de su tiempo. Nunca una estrella se había apagado de una manera tan precipitada.

Capítulo 19

ROMANTICISMO A LA DESESPERADA

La primera vez que una persona visita el cementerio de Père Lachaise en el centro de París se siente confundida por encontrarse en un recinto de características tan peculiares, como que un camposanto se encuentre situado en el centro de una gran ciudad y que los vecinos lo utilicen como un parque más para sus paseos y sus recorridos, con niños jugando entre las tumbas y madres con cochecitos de niño sentadas al lado de los suntuosos mausoleos. Destellos de necrofilia se perciben en un culto a las tumbas expresado en las guías e itinerarios a través de los lugares de enterramiento de una impresionante nómina de celebridades que convierte a Père Lachaise en un parnaso de la grandeza y de la pequeñez humana. En el cementerio están algunos de los dirigentes de la Comuna de Paris al lado de escritores como Apollinaire, Miguel Ángel Asturias, Balzac, Colette, Alphonse Daudet, Moliére, La Fontaine, Alfred de Muset, Gerard de Nerval y Oscar Wilde. Cuyos restos reposan al lado de los de músicos como Bizet o Chopin, cantantes (Edith Piaff o Maria Callas), fotógrafos (Gerda Taro), actores (Yves Montand y Simone Signoret), cineastas (Meliés o Marcel Carné), egiptólogos (Champolion) , filósofos (Aguste Compte), pintores (Delacroix), o personajes de lo más variado dentro de las historias humanas como Manuel Godoy o Imre Nagy el primer secretario del PC de Hungría masacrado por el estalinismo.

Pero hay una tumba, quizás la más visitada o al menos la más notoria pese a tan impresionante nómina de ilustres, que se proyecta más allá de sus contados confines, con leyendas, pintadas que se repiten y se renuevan desde hace años, manchando el suelo y "contaminando" las tumbas vecinas invadiendo el terreno contiguo de una manera avasalladora. Un lugar de peregrinación en el que figura un nombre, Jim Morrison, y un epitafio escrito en griego antiguo que dice: "Fiel a sí mismo". La terrible fuerza de las estrellas del "rock" se ha impuesto incluso sobre algunas de las más grandes personalidades de la historia humana. El culto a un mito único dentro de un territorio con tanta tendencia a crear y devorar figuras como el mundo del "pop" y del "rock".

Jim Morrison (1943-1971) pertenecía a una cultura y a una generación muy distinta a la de Elvis Presley. Éste era un chico de clase baja de un medio no urbano que había empezado a cantar "músicas de negros para blancos" en una fusión que desde el primer "escándalo" sería asimilada con total rapidez por la industria del espectáculo.

Elvis fue toda una estrella. Nada cambiante pero gradualmente evolutiva. Del primer mito de una cierta rebeldía que él nunca se atrevió a cruzar como otros de los nombres de los 50 se había convertido en el chico que todos los americanos querían tener como vecino de al lado, a lo largo de centenares de canciones, casi una treintena de películas siempre de protagonista, de las que apenas se salvan cinco o seis, estrella en los programas familiares de televisión, figura central en los casinos millonarios... Un Elvis que nunca dejó de dormir en la habitación del éxito y con un poderoso mito insensible a algunos de los más desconcertantes aspectos de su personalidad (como ese Presley que se ofreció a Nixon en la Casa Blanca para "denunciar comunistas" en el mundo del espectáculo o la estrella atiborrada de pastillas y de kilos vestida con la ropa del peor gusto posible). A pesar de todo el mito Elvis Presley tiene asegurada la posteridad y nadie sería capaz de poner en entredicho su personalidad artística.

Morrison estaba en las antípodas de Elvis. Venía de una familia de clase media, hijo de un alto militar de buena carrera (llegó a ser almirante del primer navío nuclear norteamericano); de la misma manera que varios de los nombres muy significativos en el "pop" español de los 60 a los 80 también tuvieron padres de esa profesión. El trabajo del padre le hizo cambiar de residencia muy a menudo en distintas ciudades según los destinos pasando largos periodos en bases militares. El perfil del hogar familiar estaba compuesto por un progenitor lejano, ajeno y autoritario que delegaba la responsabilidad familiar en una madre de cierta rigidez, y que proyectaba esa autoridad sobre Jim Morrison y sus otros dos hermanos. Esa combinación de residencias casi nómadas y severa autoridad familiar pudo ser letal para su educación. Sin apego a ningún lugar, sin raíces, instalado en una constante provisionalidad de hogares, en un medio familiar caracterizado por la autoridad y la falta de comunicación padres-hijos, Morrison empezó a encerrarse en sí mismo, en la lectura, en la poesía, en la pintura... Debió ser un adolescente tímido, escasamente comunicativo, con dificultades de inserción, a pesar de que tenía un coeficiente de inteligencia por encima de lo normal, pero a la vez nada problemático y que debía sufrir en silencio.

Tras superar la etapa de adolescencia trató de buscar su identidad a través del rechazo a la autoridad. La que representaban sus padres y también las instituciones, la policía... Se fue de casa a los 19 años tras algunos pequeños arrestos anteriores. Había cambiado demasiado en el tránsito de la adolescencia a la juventud, después de su "infancia-modelo".

Cuando empezó a vivir por sí mismo era ya un tipo diferente, que se gastaba el dinero en libros pero no en ropa, que siempre llevaba deteriorada y desgastada de tanto uso. Se matriculó en la Universidad del estado de Florida que dejó enseguida y luego en la otra punta del país en la UCLA la conocida escuela de cine de Los Ángeles con compañeros como Francis Ford Coppola. Posiblemente Morrison podría haber sido un director de cine pero su vida sufrió una conmoción: aunque acabó los estudios nunca llegaría a recoger el título. Coppola se acordó de su antiguo y fugaz compañero de escuela haciendo que a modo de homenaje sonara en "off" una canción suya, "The End", en la banda de *Apocalypse now* (1981).

Morrison llegó a la música de una manera absolutamente casual y tangencial sin una primera decisión propia. En 1965 en las aulas de la universidad de California había conocido a un compañero de curso Ray Mazarek que formaba parte de un grupo llamado Rick and the Ravens. Morrison le enseñó textos para canciones. Creía que sólo era capaz de escribir poemas, su verdadero interés, y leer un libro tras otro mientras malvivía de lo que le enviaba su familia gastándose todo el dinero en libros y no en otras necesidades personales. Residió una temporada en una terraza de Venice Beach, un pequeño cuchitril enterrado en libros y entre los muchos cuadernos en los que apuntaba sus textos y poémas. El hecho es que Mazarek creyó que esos poemas podían ser musicalizados. Y el tímido, introvertido, apagado y depresivo Jim Morrison se atrevió también a cantarlos. Había descubierto una actividad nueva que en principio parecía atraerle. Con Robby Krieger y John Densmore nacerían The Doors un nombre que se ha atribuido a una doble referencia: un texto poético de William Blake y la mencion a un ensayo de Aldoux Huxley, "Las puertas de la percepción".

¿Cómo se puede explicar que un adolescente tímido, encerrado en su propio "yo", que escribía y consumía poesía, mirando hacia dentro de él, contemplando el mundo desde la máxima distancia del desprecio y la incomprensión se convirtiera en un monstruo del escenario, en un poeta delante de un micrófono...? El orteguiano "yo y la circunstancia" debió contar sobremanera en un cambio de ritmo dentro de la cultura. En la mitad de los años habían surgido movimientos neorrománticos con antecedentes en los años 50 a los que ahora se llamaba "hippies". Una generación de idealistas obsesionados por un compendio de referencias: pacifismo, antimilitarismo, vegetarianismo, exaltación de la naturaleza, pre-ecologismo, curiosidad por la astrología, nihilismo... Morrison participaba de muchas de esas referencias, en una época en la que leía a Nietzsche, Huxley, Beaudelaire, Kerouac, Lautreamont, Nerval, William Blake... entre otras referencias personales. La leyenda describe al mito de esa época discutiendo con los profesores de la universidad de poesia y literatura. Algo que no todos los estudiantes comprendían.

Pero con los "hippies" aparecían otros muchos elementos referenciales. Entre ellos las drogas.[58] Resulta compleja la interpretación de aquel estallido de una cultura de las drogas, aunque en él intervinieron factores como:

A) Una decisiva presencia de una generación la del "baby boom" que en Estados Unidos se había producido mucho antes que en España con un incremento de los nacimientos y ya en los años 60 con una gran población juvenil que "se hacía sentir" públicamente.

---

58. Richard Lester (1932), director de dos películas con The Beatles (*¡Qué noche la de aquél día!* (1964) y *¡Helph!* (1965) y otras dos por separado con John Lennon (*Cómo gané la guerra*, 1966) y Paul MacCartney (*Get back*, 1991) reconoce: «Era un tiempo en el que la sociedad norteamericana quedó deslumbrada por el movimiento "hippie". Muchos compartían la oposición a la guerra de Vietnam, sus ideas pacifistas, la amistad, el amor a la tierra y a la naturaleza, la pureza de espíritu... Costó algo más de tiempo a partir de 1968 por lo menos descubrir que con los "hippies" llegaba algo que empezaba a hacer estragos: las drogas. En los momentos iniciales no había conciencia de la cantidad de dramas que iban a crear las drogas. No había percepción de ese riesgo. No todo era tan bonito como parecía. Las drogas se llevaron por delante muchos talentos, muchas vidas, muchas cosas espléndidas...». Testimonio personal (2008).

B) Un mercado dispuesto a atender a esa creciente demanda y a crear nuevos productos en líneas muy distintas, hasta conseguir que esas estéticas y sus propios iconos acabaran por dar la referencia plástica de la época.

C) Un cambio de estéticas muy pronunciado, con transformaciones muy diferentes en los modelos familiares, un clima político y social propicio para asumir los cambios que suponían el final de una etapa de "guerra fría", aunque los conflictos entre los bloques se siguieran produciendo pero ahora en la periferia (Vietnam).

D) Unos medios de comunicación dispuestos a generar nuevas imágenes porque a través de éstas se focalizaba la atención hacia esos sistemas de transmisión de contenidos informativos y de espectáculo de tal manera que todos venían a participar del mismo "negocio" aunque los intereses no fueran coincidentes.

E) Un espectacular cambio de valores que estaba poniendo en cuestión aquéllos que hasta entonces habían constituido la base social: patriarcado, modelo rígido de familia, estabilidad, patriotismo, seguridad, religión acrítica... Reemplazados por: oposición a la autoridad, romanticismo, acracia, compromiso entendido exclusivamente como busca de identidad a través de un grupo reducido, pacifismo, panteísmo, hedonismo, rechazo a todo lo institucional…

En este contexto las drogas eran un elemento de distinción. No por "nuevas", muchas de ellas se habían venido consumiendo en determinados espacios según su subcultura (marginales, semi-delincuentes, "lumpen", artistas, élite social y económica…) y ahora alcanzaban visibilidad y presencia pública como elemento de identidad cultural. Eran los jóvenes de clase media, aquéllos que sus padres podían costearles una carrera en una universidad privada como las de Estados Unidos, y pagarles los viajes a algunos de esos "paraísos", quienes se hacían presentes con aquellos signos entre los que también se encontraban unas formas de consumo que no se asociaban en principio a un riesgo desde el punto de vista de la salud o del orden social.

En esa cultura estaban muchos artistas. Y los grandes del "pop" y del "rock". Entre ellos The Doors que empezaron actuando en locales cercanos a Los Ángeles. Cuesta trabajo imaginar la manera cómo aquél chico tímido e introvertido llamado Jim Morrison que al principio se sentía incómodo delante del público, y se avergonaba o se ponía a cantar de espaldas para que nadie lo viera dominando su propias inseguridades se transformaría en un "animal de escena". Consumía varias drogas fundamentalmente marihuana, LSD y también alcohol, para superar ese pánico escénico. Las drogas estaban mnuy presentes en esa cultura, ahora además era fácil conseguirlas. En poco tiempo cambió de un modesto aprendiz a un provocador dispuesto a ofrendarse al público sin ninguna clase de pudor.

Hubo una actuación casi premonitoria pero de increíble influencia sobre los Doors. Tocaban en un club. Después de consumir para ganar en seguridad antes de poner el pie en un escenario Jim Morrison se refirió a una leyenda, la de Edipo. Contó que el personaje acababa matando a su padre y casándose con su madre. Y lo hizo en un diálogo sumamente explícito: «Padre: quiero matarte. Madre: quiero follarte». El dueño del local se escandalizó. Intentó que terminara cuanto antes la actuación. El público lo aplaudió. Entre éste se encontraba el dueño de Elektra Records. Al acabar la actuación hablaron. Surgieron planes para grabar un disco. Unos meses después, en 1967 estaba en la calle el álbum con el mismo título del grupo: "The Doors". Y dentro de él una canción de ida y de vuelta: "Light My Fire". Pocas semanas después de su salida era número 1 durante varias semanas en Billboard, en pleno verano "hippie". The Doors no tenían nada que ver con un grupo pre-fabricado como The Monkess para neutralizar el éxito de los grupos británicos como los Beatles o los Rolling. Eran un raro caso de "grupo de culto" desde su primer disco, tan "americanos" como The Mama's & The Papa's, también influenciados por la cultura "hippie" y la mezcla de jóvenes de clase media con generación de las flores que fueron los Beach Boys. En todos los casos las drogas tendrían una gran influencia en sus vidas posteriores.

Justamente en la mitad de los años 60 emerge el LSD sumándose a consumos que hasta entonces habían tenido una difusión en ambientes de cierta marginalidad. El LSD llegaba además con una aureola "intelectual" a diferencia del resto de las subculturas anteriores. Se presentaba como una "experimentación" semejante a un "trance" o a una "experiencia pseudo-mística". Venía además revestida de toda una retórica que hacía que apareciera dentro de un prestigioso enmarque a cargo de algunos de los "santones" de esa nueva cultura.

Tanto grupos como The Byrds, The Mama´s & The Papa´s y posteriormente The Doors pertenecían al grupo de los contados artistas americanos dentro de la industria del disco que fueron capaces de contrarrestrar la potente irrupción de los artistas británicos. Dentro de esa réplica desde Estados Unidos reaparecía un grupo no precisamente nuevo, que venía de la California de 1961 considerado inicialmente "demasiado americano": The Beach Boys. Eran tres hermanos de clase media (los Wilson: Brian, Carl, Dennis), su primo Mike y un compañero de clase de Brian, Al Jardine. Todo con una inconfundible clase de "inofensivos chicos sanos" californianos, jóvenes de la playa, como los que se mostraban en la publicidad y formaban parte de las imágenes más reconocibles del "sueño americano" durante los tiempos de Kennedy. En esa época era palpable la manera como Kennedy había transformado las costumbres y la manera de vestir en la Casa Blanca. A diferencia de los presidentes anteriores que usaban sombrero en la mayoría de sus apariciones públicas, Kennedy renunciaba a él, del mismo modo que Jackie nada tenía que ver con el estilo de otras primeras damas. El presidente nadaba sin bañador en la piscina cubierta de la Casa Blanca y todo empezaba a adquirir un aire formalmente diferente. Los "Chicos de la Playa" hacían una música casi surfera, con pequeñas historias muy del gusto de los "teen agers" de la época. Eran los amigos de los hijos que las familias californianas quisieran invitar a las fiestas familiares en casa; chicos de "guateque" como eran denominados en la España de la época.

Pero en un lustro cambiaron los perfiles de manera espectacular. The Beach Boys eran un ejemplo de ese cambio de perspectiva de la propia juventud americana de los 60. Cambió su música, del "surf" playero al "pop" y a la psicodelia, sus caracteristicos juegos vocales se mostraron todavía más ricos y sofisticados, las letras sin variar de temas ganaron en complejidad, hacían una música que iba ganando en sofisticación sin perder su frescura… Tuvieron uno de los más dilatados periodos de permanencia en el éxito que se recuerdan. Pero en esta época apareció un elemento común a buena parte de esos artistas: las drogas y especialmente el LSD. Cuando muchos años más tarde las circunstancias personales y sociales empezaron a cambiar, el uso de drogas se contempló por primera vez con unas características casi dramáticas. En 1978 Brian, cabecera y "cerebro" de los Beach Boys, había sido encontrado en un parque de San Diego, perdido, ausente, con el cuerpo boca abajo y la mente en blanco... Era la manifestación pública más clara de un problema que venía arrastrando desde que sus consumos se iniciaron en los años del "flower power".

En ese momento de desconcierto, de estrepitosa crisis personal y familiar, –como ocurriría en esa época en la que los gurús "milagrosos", los santones, y los falsos "sanadores" se hacían presentes para resolver toda clase de problemas del mismo modo que hoy se anuncian "videntes" dirigidos principalmente a la población inmigrante a cambio de dinero–, en la vida de Wilson apareció un psiquiatra clínico llamado Eugene Landy que desde 1976 fue contratado para tratar de dar respuestas a las adicciones del líder de los Beach Boys. Internado durante más de medio año en un centro de desintoxicación, Brian Wilson quedó totalmente abandonado en manos del Dr. Landry. Se respondió al uso de drogas con nuevas drogas, en este caso como pirotécnica terapéutica: psicotrópicos, tranquilizantes, sustitutivos... Wilson tuvo nuevas recaídas pero su psiquiatra estaba siempre presente a su lado, como una segunda sombra. El control llegó a hacerse absoluto con largas permanencias en centros, entradas y salidas y nuevas vueltas que se repetían. Siempre en clínicas privadas y tratamientos enormemente costosos con desorbitadas facturas que llegaban a alcanzar el precio de medio millón de dólares. En 1983 un nuevo drama afectó al grupo: la muerte ahogado de Dennis Wilson, uno de los tres hermanos fundadores del grupo.

Los problemas de Brian siguieron muy presentes, afectando al resto del conjunto, a las familias... Siempre con el psiquiatra al que Brian se había entregado en cuerpo y alma que mantenía una actitud de vampiro exigiendo más y más dinero para pagar nuevos tratamientos. Un verdadero drama dentro de una curva descendente hacia una profunda sima. Cuando el dinero de Brian y de la familia eran insuficientes pasó a hipotecar también el del grupo. Su hermano Carl pagó al Dr. Landry con una parte sustanciosa de los derechos sobre sus canciones. Ahora el doctor era también copropietario de Los Beach Boys. En ese proceso de sustración de la personalidad de Brian el psiquiatra prescribió nuevas supuestas terapias como la de que escribiera canciones conjuntamente con él. En esa etapa dramática Landry firmaría como coautor de las canciones, como coproductor. Ya era el dueño no solo de la vida sino también de la obra. Brian era un pelele en manos de alguien que utilizaba su extrema fragilidad, debilidad y dependencia.

La familia y los miembros del grupo tardaron mucho tiempo hasta que la justicia les dio la razón después de un largísimo proceso por desenmascarar a Landry. Primero contra su propio "esclavo" Brian al que tenía totalmente dominado. En el año 1988 al final de un dilatado proceso de esclavización y "vampirización" la autoridad médica del estado de California abrió un expediente a Landry por violar el código ético de su profesión. En el año 1992 la madre de los Wilson y el resto de los Beach Boys demandaron al "terapeuta". Lograron finalmente apartarle de la vida del líder del grupo, recuperar parte de las propiedades comunes. Vendrían nuevos procesos de deshabituación con contenidos muy desiguales, y una larga etapa de superación de una adicción. En 2006 los supervivientes de Beach Boys se reunían para celebrar el cuarenta aniversario de "Pet Sounds", el considerado segundo "mejor álbum pop del siglo XX" según "Rolling Stones" y "mejor disco vocal de la historia" según Paul McCartney, que siempre admitió la influencia que para John Lennon y él mismo había tenido ese trabajo en la confección de "Sgt. Pepper's Lonely Hearts Club Band" de The Beatles, precisamente considerado por "Rolling Stones" como "mejor disco". En su cincuenta aniversario la marca "Beach Boys" anuncia reediciones y quizás conciertos.

Otro de los grupos fundamentales de referencia de aquella cultura de mitad de los años 60 fueron The Mama's and The Papa's. Un cuarteto creado en torno a la personalidad de John Phillips (1935-2001) de unos juegos vocales sorprendentes que había pasado por el "folk" y derivó hacia un un "pop" psicodélico. Dos de sus canciones "Monday Monday" y "California Dreaming" llegaron al número 1 en Estados Unidos y en otros países (en España por la tardanza con la que todavía aparecían los productos culturales de la época se editaron las dos canciones juntas ¡en el mismo "single"!, inexplicable decisión comercial). The Mama's & The Papa's eran un elemento referencial dentro de aquella cultura; pero su vida como grupo fue muy efímera. Se rompieron en 1968, problemas de relaciones sentimentales entre John y Michele Phillips y Denny el otro miembro masculino del grupo. Vendría la boda de los primeros, una rápida separación y un nuevo enlace de Michéle con el actor Dennis Hopper, tan fugaz que duraría solo una semana. Prólogo a una carrera como actriz de cierta duración pero sin excesivo brillo.

Y como un elemento referencial de esa época: el alcohol y las drogas, fundamentalmente el LSD. John Phillips lo pasó muy mal y sus trabajos posteriores ahora en solitario se vieron hipotecados por las antiguas adicciones. La cultura de la luz, de las flores, de la experimentación y de la psicodelia tenía también un fuerte componente de oscuridad.

Entre tanto The Doors habían empezado a andar en un momento de máxima creatividad musical, con una baraja de grupos de singular riqueza. Incluso incrédulos y extrañamente hostiles a la comunicación pública como Jim Morrison abandonaron momentáneamente su escepticismo. Mazarek había comentado jocosamente a Morrison cuando firmaron con el sello Elektra: «Vas a ganar dos millones de dólares al año» La desorbitada cifra se quedó corta. "Light My Fire" tras la muerte de Morrison y el final de los Doors tendría una inesperada coda varios años después en la versión de José Feliciano que hoy comparte la misma referencia clásica con el original.

Morrison vivía obsesionado por la experimentación con las drogas y las culturas precolombinas. Como ahora tenía dinero para practicar se interesó por el peyote y la cultura de los chamanes con el propósito casi recurrente de escribir un tratado sobre ese mundo de experimentaciones. Ahora además podía permitirse el lujo de publicar textos de poesía. A lo largo de su corta vida saldrían tres volúmenes:"The Lords", "The New Creatures" y "An American Player". Con ayuda o no de las drogas Morrison había perdido el miedo al escenario. Ahora era una especie de fiera que se destrozaba delante de un micrófono mostrándose sin tapujos. Consumía además LSD y empezó su coqueteo con la cocaína. Algunos de sus conciertos se consideraron expresiones de provocación. Podía hablar sin mistificación y en público de drogas. Mientras su carrera se iba consolidando, para convertirse en el único grupo norteamericano capaz de rivalizar con los británicos. Jim Morrison lo daba todo en una actuación. No era un simple trabajo: formaba parte de su vida. En esa orgía permanente empezaron a producirse problemas. Algunos conciertos se suspendieron; y se cancelaron giras por temor a sus "acciones provocativas". Hasta que definitivamente explotó la dinamita. El 1 de Marzo de 1969 Jim Morrison fue denunciado tras una actuación acusado de haber mostrado el pene en el escenario y simular una masturbación. En una época en la que aún no existían los teléfonos con cámara ni el video doméstico no se tomó ni una sola foto que corroborara aquella acusación. Detenido por obscenidad fue llevado a juicio. En muy poco tiempo pasó de ser un triunfador, un mito radical a aparecer ante los medios como un apestado. Vino a partir de entonces una época llena de contrastres en la que mientras los álbumes de The Doors mostraban une estilo único, de letras iluminadas y con desgarro de un inequívoco gusto poético, se acumulaba una de tras de otra la leyenda de provocador de Morrison. Pero él no estaba fabricado para vivir en el éxito.

En el mejor momento de The Doors, después de excelentes álbumes, reconocido como un auténtico poeta del "rock", una personalidad arrolladora, un hombre de excepción, Morrison decidió parar en seco. Renunciar al éxito. Olvidarse del público y de los medios. Realizar un último y postrero gesto de provocación: marcharse abandonando todo. Precisamente cuando se encontraba en el máximo momento en la cumbre del reconocimiento comercial. Decidió además poner distancia por medio. Escapar a París, la ciudad de muchos de sus escritores favoritos siguiendo los pasos y las biografías de aquéllos que lo habían alimentado tanto como las drogas. Se hizo con un apartamento en Marais. Quería escribir poesía, leer, publicar si acaso, vivir...

El 3 de Julio de 1971 apareció sin vida en el cuarto de baño. La chica con la que convivía, Pamela Caurson, lo encontró muerto en la bañera. Empezaba a ser más que nunca un verdadero mito. Una muerte tan controvertida como la de Janis Joplin. Con Morrison crecieron los rumores, las leyendas, los argumentos de relatos casi góticos. Las contradicciones. Un extraño médico no ejerciente certificó la causa de la muerte debida a un "fallo cardiaco". No hubo autopsia. Las conjeturas fueron infinitas. Se dijo que podía haber muerto en otro lugar, por ejemplo en el Rock'n Roll Circus donde se le vio horas antes y luego su cuerpo trasladado a su domicilio. Que podía haber fallecido en uno de los sórdidos lavabos de un oscuro club de "rock". Se atribuyó la causa a una sobredosis de cocaína o al uso de sustancia de alta pureza. También interpretaciones posteriores lo asociaron al sida "antes de tiempo". Pero Morrison que era consumidor de cocaína, LSD, peyote y siempre de marihuana y cannabis, nunca utilizaba la vía intravenosa por su miedo a las agujas. Se dijo que al saber que su novia había vuelto a consumir heroína por vía parenteral acudió en busca del "camello" que les vendía sustancias y le dio una paliza. Entorno al mito se construyeron tantas fábulas como sobre los otros grandes desaparecidos. Entre ellas que el padre de Morrison había querido llevarse el cadáver de París, que años después se pudo ver a una persona que se parecía bastante a él... Rumores para alimentar la imaginación cotidiana. El mito estaba ya perfectamente construido. Morrison ingresaba en el panteón del santoral de la música "rock". En un pedestal del que pese a su intención de abandonar para siempre el mundo de los escenarios, el éxito, el dinero y la popularidad nunca había sido despojado. Gracias en buena medida a las reediciones permanentes de su corta obra con el excelente grupo y al cine (*The Doors*, Oliver Stone, 1991 encarnado por Val Kilmer).

Es sin lugar a duda una de las leyendas poéticas más consolidadas del "rock" cuyo cuerpo yace en la mejor compañía. Su tumba, la más visitada de un cementerio como Père Lachase lleno de auténticas "estrellas" invade penosamente todo el recinto por la falta de respeto de sus "fans" con el resto de los enterrados, muchos de ellos con apasionantes biografías. En este caso Morrison decidió apearse de la fama en seco y antes de tiempo, buscar las sombras del olvido, borrar definitivamente el escenario por la intimidad de la poesía. "Maldito" antes de tiempo y por su propia voluntad, nunca ha logrado traspasar el umbral de ese olvido al que posiblemente aspiró, y hoy sigue sorprendentemente en la cresta del mito. Prácticamente convertido a pesar suyo en reclamo turístico para las guías de París. Tracionado a pesar de todo.

Capítulo 20

LA VIDA Y EL TORMENTO

Habrá que esperar posiblemente algunas décadas hasta que la administración norteamericana desclasifique documentos de la década de los 70 y se pueda tener mucho más conocimiento de causa sobre el llamado "caso Jean Seberg". Es improbable que en una biografía se crucen al mismo tiempo tantas líneas de misterio, brumas de incógnitas y lagunas a las que no se ha sabido responder del todo. Las propias biografías de Seberg son "apasionadas" o están hechas en clave "escandalosa". Quedan muchos testigos pero adolecen de los mismos vicios que algunos de sus apuntes biográficos: toman demasiado partido, en un lado o en otro.

La base es una mujer norteamericana Jean Seberg (1938-1979) "tan europea" que por tener tenía hasta nombre que podía parecer francés. Esa confusión sobre su origen fue todavía más explícita en España, donde nunca se llegó a estrenar su primera película *Saint Joan* (1957), que solo en años recientes ha aparecido en DVD[59], por lo que su primera presencia en el cine que vieron los españoles fue *Buenos días, tristeza* (1958) puesto que *A bout de souffle* (1959) no llegó a las pantallas españolas y con supresiones y escenas eliminadas, hasta 1965 doblada en castellano y con el título de *Al final de la escapada*. Seberg estudiaba en la universidad de Iowa cuando fue elegida entre miles de jóvenes por Otto Preminger para interpretar a Santa Juana de Arco. La película con una fuerte estructura teatral mostraba a un personaje muchas veces visto en la pantalla desde una perspectiva distinta a la de la santidad heroica. Fue una película enormemente controvertida que tuvo muchas críticas de los sectores más conservadores de Estados Unidos y fracasó comercialmente en las salas de cine. Seberg era una jovencita menuda, de facciones muy atrayentes, pelo siempre muy corto y una actitud personal que se distanciaba de cualquier clase de estrellato.

Otto Preminger se resarció del fracaso en las taquillas de su película ofreciendo que protagonizara también la siguiente, pero en este caso una historia de mucho más fácil encaje comercial: *Buenos días tristeza*. Se trataba de la adaptación de una de las novelas más famosas de finales de los años 50 "Bonjour tristesse" de Françoise Sagan.

---

59. Editada por Manga en 2007.

Entonces Sagan era una chica muy joven casi adolescente que narraba en clave autobiográfica en las sucintas páginas de un libro la historia de un padre frívolo. La película se rodó en inglés y con capital americano y un solvente reparto encabezado por David Niven y Deborah Kerr. Tenía además la originalidad de un prólogo y un desenlace en blanco y negro mientras el resto del filme se rodó totalmente en color. En este caso la astucia comercial de Otto Preminger funcionó y la película tuvo éxito dando definitivamente a conocer a Jean Seberg. A pesar de todo esa segnda oportunidad fue toda una carambola. En principio el papel parecía destinado a Audrey Hepburn que no pudo hacerla por lo que Preminger propuso directamente a Seberg.

Como el personaje que Hepburn interpretaba en *Una cara con ángel* (1957), de joven americana fascinada con París y lo europeo, con Jean Seberg ocurrió otro tanto en sus rodajes en Francia. Su rostro fresco la convirtieron en chica de moda, "nada maleada" por el estrellato. Era la pareja perfecta para Jean Paul Belmondo en *A bout de souffle* (1959) la primera película de Godard y un auténtico monumento al cine "moderno" con una narrativa que destrozaba lo que había sido la estilística clásica de la misma manera que el "nouveu roman" trastocó la forma de contar ficción hasta crear la "novela sin argumento", aunque hoy sea muy discutible la aportación del movimiento a la historia de la literatura. Seberg estaba a punto de convertirse en un icono de naturalidad y "cine-verdad". Su imagen se haría presente en los años 60 en "posters", portadas e instantáneas representativas de lo que fue aquel momento fundamental en el cambio de estéticas y de valores en Europa.

Además se identificaba plenamente con Francia y se integró aceptablemente en ese medio subcultural que era el París del momento. Era la americana más francesa conocida en mucho tiempo. En adelante residiría en Francia con salidas profesionales al cine americano. En 1964 participaba en una de las más tortuosas, atormentadas y difíciles historias del cine contemporáneo, *Lillith* (Robert Rossen) un arriesgado trabajo sobre personajes con enfermedades mentales en el que Seberg hacía la protagonista con Warren Beatty. La película era la primera que podía firmar uno de los represaliados por el "maccarthysmo". Se trataba de un producto "difícil" pero aunque su éxito comercial fue muy relativo le sirvió para confirmar el prestigio que ella empezaba a ganar. En esos años se intentó otra reunión en un reparto con Belmondo, en *A escape libre* rodada en España por Jean Becker, y participó además en varias películas comerciales en Hollywood, la más conocida *Aeropuerto* (1970) donde era la esposa de Burt Lancaster. Y sobre todo en España por el éxito inesperado de una película como *Paint your Wagon* (1969) retitulada *La leyenda de la ciudad sin nombre* (Joshua Logan) que en el mundo tuvo un éxito menos que discreto pero en España se mantuvo más de un año en cartel en varias ciudades e hizo llegar a número 1 una canción susurrada con voz de cazalla por Lee Marvin. Sin embargo esas idas y vueltas a Hollywood eran salidas solo esporádicas de una nueva europea para quien su espacio estaba en Francia y en Europa no en Hollywood.

Especialmente porque después de varios matrimonios anteriores fracasados, en la vida de Jean Seberg se había cruzado uno de los personajes más peculiares de la ficción del siglo XX: Roman Gary (1914-1980). Pese a que su nombre ha sido asociado en España a un cierto elemento de frivolidad cosmopolita, Gary no es un escritor menor o circunstancial, sino el creador de una literatura "mayor". Lamentablemente su obra se publicó en España de manera muy desordenada. Ahora en épocas muy reciente han aparecido en distintas editoriales varias de sus obras. Gary era una auténtica novela por sí mismo, casi una creación puramente literaria de no haber sido real. Procedente de una familia de origen judío había nacido en Lituania con el nombre de Roman Kacew. Su padre Ivan Mozzhujin fue una verdadera estrella del cine mudo en Rusia. Siendo un adolescente había marchado a vivir con su madre a Francia. Era perfectamente bilingüe en francés y en inglés, y además hablaba ruso y alemán. Cuando empezó la Segunda Guerra Mundial y Francia quedó dividida en dos zonas en manos de los nazis y de un gobierno títere para-fascista, Roman que ya escribía su nombre como Roman se ofreció a la Francia Libre para combatir contra el nazismo. Piloto de guerra escribiría un relato "Una educación europea" (1945) que sería su primer trabajo como autor. Después vendría una larga carrera de más de dos décadas como diplomático al servicio de Francia. Y al lado de este trabajo la consagración como escritor: en 1956 ganaba el Premio Goncourt con "Las raíces del cielo", una novela que podría ser considerada un precedente de las preocupaciones ambientales y del ecologismo en el terreno de la literatura. Zanuck compró los derechos para la Fox y John Huston rodó una suntuosa y personal película con el mismo título que no tuvo demasiado éxito comercial (en España no llegó a ser estrenada).

El Goncourt contribuyó a facilitar a Roman Gary el acceso a los más selectos círculos de la cultura de Francia. La agenda de Gary debía ser inmensa y un hombre de mundo como él tenía una lista de amigos que empezaba por Camus y seguía por buena parte de los nombres del arte y de la cultura francesa de la época. Por eso cuando Jean Seberg apareció en su vida fue el encuentro entre dos personajes que se estaban convirtiendo en referencias de un espacio cultural. Era un grupo cosmopolita, bien relacionado, influyente, y de una izquierda en fase de evolución. En la mitad de los 60 y especialmente en los últimos años de esa década gracias a los medios de comunicación los movimientos radicales habían empezado a alcanzar una notoriedad pública de la que nunca antes habían disfrutado. En la Olimpiada de México del 68 atletas negros en el podium habían exhibido gestos como los de los panteras negras, grupo que reclamaba lo mismo por lo que había sido asesinado Luther King, pero que no renunciaba a las vías violentas en plena fascinación por figuras como la de "Che" Guevara. Buena parte del entorno y de los amigos de la pareja Jean Seberg-Roman Gary eran de izquierdas y algunos contemplaban con buenos ojos a los movimientos radicales (lo que no quería decir que fueran terroristas). En esos años habían cambiado muchas cosas en la pareja compuesta por el escritor y la actriz. Ella había dado carpetazo a su carrera americana y trabajaba en Europa en películas de clara intencionalidad ideológica como *El atentado* (Yves Boisset, 1972) que con la estructura de un "trhiller de intriga" como los que Costa-Gavras había hecho triunfar en *Z* o *Estado de sitio* denunciaba la actuación de los servicios secretos franceses. Y Roman Gary venía intentando desde varios años atrás la aventura de la dirección de cine con películas como *Les oiseux vant a mourir au Perou* (1968) y *Kill* (1971), rodada en parte en España. En esos años varias novelas o relatos de Gary se llevaron también al cine, como *Promesa al amanecer* (Jules Dassin, 1976). Los Gary habían tenido además un hijo. Pero las relaciones se enfriaron. Otras personas se cruzaron por su vida. La carrera además de Seberg discurría por extrañas decisiones. En 1974 ella también había tratado de dirigir una película titulada *The Ballad of The Kidd* que ha permanecido totalmente inédita. En 1975 filmaba como actriz en España *La corrupción de Chris Miller* (Bardem) donde interpretaba a una extraña joven madre de Marisol/Pepa Flores dentro de una relación claramente equívoca. La película apenas funcionó y hundió todavía más la carrera de Bardem, la de Marisol y la de la propia Seberg.

Dentro de ese deambular por los círculos de la cultura y de la sociedad tanto Seberg como Gary debieron mantener relaciones muy abiertas a terceras personas, lo que ya da una dimensión de la peculiaridad de su relación. El 31 de diciembre de 1969 en una fiesta de nochevieja Seberg había conocido a un escritor como el mexicano Carlos Fuentes. Según su libro "Diana y la cazadora solitaria" donde ella aparece con el supuesto nombre de "Diana Soren" se produjo una atracción mutua. Fuentes componía en el texto la crónica de la destrucción deliberada de una mujer joven. Una mujer "destruida por los medios de comunicación, por Hollywood, por el FBI, por la administración Nixon…".

Dentro de esa galería de personajes que pasaron por la vida de ella apareció en Madrid un joven Ricardo Franco que quería hacer cine. Juntos protagonizaron una escapada, que con el transcurso del tiempo se convertiría en argumento para una de las películas "malditas" del cine español: *Lágrimas negras* (2000): La fascinación que un hombre siente por una mujer en este caso interpretada por Ariadna Gil. La película fue escrita y empezó a ser dirigida por Ricardo Franco que faleció en mitad de rodaje debiendo acabarla su ayudante Fernando Bauluz que pocos meses después fallecería a su vez de un cáncer. Una carrera de tragedias encadenadas.

En esos años al parecer el FBI sometió a vigilancia a Jean Seberg a la que se consideraba una especie de "correo". Bajo el dossier de "extrema izquierda" apuntando a su ficha según esas versiones Seberg fue hostigada con la complicidad de los medios de comunicación a través de rumores, filtraciones y medias noticias. Hasta llegó a ser acusada de que el responsable de su embarazo (que murió a las pocas horas de nacer) era el líder de los panteras negras. Después se dijo que había abortado deliberadamente. Seberg se encontró totalmente destruida. El alcohol y los barbitúricos también empezaron a cobrar protagonismo en su vida.

Mientras tanto Romain Gary, una auténtica alma paralela, mantuvieran o no su relación, se fraguaba una doble o triple vida que conmovió los cimientos literarios de Francia. Gary había firmado libros con nombres tan extravagantes como el de "Force Sinibaldi" o "Shaton Bogart". La peripecia más asombrosa se produjo en 1975. La editorial Gallimard recibió un manuscrito bajo el nombre de un tal Emile Ajar (en esa época todavía se leían todos los originales que se presentaban a los concursos y no como ahora en que casi las propias editoriales eligen o presentan los tres o cuatro títulos que les interesa que se lleven el premio Emile Ajar ganaba el Goncourt de 1975 con "La vida ante sí". El libro de ese desconocido autor fue un éxito y la crítica literaria y los medios empezaron a especular sobre su misteriosa personalidad, alimentada posteriormente con otros títulos del enigmático Ajar. Alguien hasta llegó a acusarlo de copiar el inconfundible estilo de Gary. Para rizar todavía más el rizo apareció un tal

Paul Pavlowitch asumiendo la personalidad de Emile Ajar. Cuando se descubrió la comedia los medios conocieron las múltiples caras de farsante con las que Romain Gary había jugado. Ganador único en la historia de dos premios Goncourt se había creado un "otro yo" para romper esquemas, inventándose un personaje tan ficticio como el de las novelas que escribió y las películas que había dirigido con una carrera en el cine que se quedó en el pórtico. Esa doble o triple condición sigue figurando de tal manera en la biografía de Romain Gary que en sus recientes ediciones en España de sus novelas bajo pseudónimos aparecen los dos nombres en las portadas; libros que son realmente de una sola persona.

Abandonada en sí misma, maltratada por los medios, destrozada por el FBI que según versiones de aquella época había sembrado de pruebas falsas contra Jean Seberg y generado los más terribles rumores hasta convertirla en una auténtica indeseable, la adicción a los barbitúricos terminó además por desequilibrar una frágil personalidad. Está por determinar cuando se acceda en el futuro a los archivos del FBI con la desclasificación de documentos reservados, cuál fue el alcance real de esa supuesta persecución contra Seberg y su repercusión en el terrible final. Lo verdaderamente cierto es que en el desenlace de la tragedia de sus vidas, tanto Seberg como Gary terminaron actuando como auténticas "vidas paralelas".

Acusada al parecer por el FBI que puso en circulación la noticia de haber provocado el aborto de su descendiente (atribuido al uso de barbitúricos) la carrera de Seberg estaba a punto de acabar. Y con ella su propia vida. Cuando no pudo más, en el aniversario de la muerte de su hija que no llegó del todo a vivir, se abrazó finalmente a los barbitúricos totalmente destrozada. Encontraron un día de 1979 su cuerpo varios días después en un basurero a medio corromper por la exposición al exterior. Una verdadera tragedia de quien había sido la imagen de toda una generación, el mito creado desde la izquierda francesa, el primero de los rostros de la "nouvelle vague". El icono que aún permanece en el medio siglo de aniversario de la "nouvella vague".

Faltaba otro desenlace igual de trágico como auténtica coda de esta historia paralela. Unos pocos meses más tarde en 1980 Romain Gary ,–uno de los personajes más cultos y brillantes de Francia, una verdadera leyenda literaria y especialmente una de las personalidades más cosmopolitas de la cultura europea, cuyas relaciones y amistades de sus memorias no escritas podrían haber sido una auténtico índice de lo que fue una parte del siglo XX–, a los 66 años se metió en su cama y envolvió su cabeza con una toalla para a continuación dispararse un tiro con un revolver. Un hijo en común y un destino compartido aunque por separado los había unido. De ninguno de los dos está dicho todo. No es necesario ser adivino para saber que como personaje tanto ella como él están todavía por descubrir pese a sus muchas presencias públicas. La duda es si alguna vez se podrá llegar a conocer del todo qué había verdaderamente detrás de la terrible tragedia que destruyó a Jean Seberg.

Capítulo 21

EL MITO QUE SE CREÓ A SÍ MISMO

Pocas veces un artista ha reunido tantas condiciones juntas dentro de un abanico de habilidades que desbordan cualquier tentación de normalidad. Pero a la vez pocos mitos han sido capaces de fabricarse a sí mismos, incluso desafiando las leyes de la propia naturaleza humana creyéndose un "dios" o "creador" hasta los extremos en que lo llegó a ser Michael Jackson (1958-2009). No sólo por haber intentado inventar una "raza" aparte sino por tratar de invertir la lenta evolución biológica como un prolongado Peter Pan que se refugia en la búsqueda enloquecida de la infancia como un "shangri-las" o paraíso imposible reconvirtiendo las leyes naturales en su propio provecho. El Jackson de sus imágenes de "madurez" (¿?) parece mucho más "niño" que el adolescente "tosco" de sus imagenes iniciales. Pero a la vez en ese intento de crearse a sí mismo el genio desborda sus límites y se cree un ser capaz de inventarse por encima de cualquier ley natural y de la propia fragilidad de los humanos. Es el Jackson en el que el disfraz termina por comerse al personaje incapaz de separarse uno del otro. La muerte "liberó" a Jackson como a James Dean, Marilyn Monroe, Jim Morrison o Elvis Presley de aparecer con una imagen de decrepitud aún a costa de alzarse como otra cosa distinta a los "humanos". Aún así las imágenes de los últimos años de Presley y Jackson mostraban muchos puntos en común entre ellos: el de lo artificioso. Ese Elvis grueso por efecto de las pastillas, vestido con un gusto horrible tenía mucho que ver con el Jackson al que aparentemente se le "descolgaba" parte de la nariz y para quien la cirugía estética se debió convertir en un peaje casi cotidiano.

Jackson era tan excepcional como su propia carrera, tan genial y creativo como su dilatada obra de la que él mismo formaba parte como si se hubiera podido decir con toda propiedad que "se había creado a sí mismo". Michael Joseph Jackson era el séptimo hijo de una familia de nueve hermanos, con un cuadro de precariedad económica en el hogar natal, un padre operario en una fábrica y que se comportaba con gestos severos con los hijos, pero que a la vez supo intuir las posibilidades que podía tener la explotación artística del grupo familiar. Todo hace pensar que no tuvo una infancia feliz. La banda se llamó inicialmente Ripples & Wawes, más tarde Riples & Wawes plus Michael, y finalmente The Jackson Five. Lograron grabar en algunos sellos menores pero sin demasiada repercusión. Hasta que se empezaron a fijarse en ellos. Al parecer Gladys Knight los recomendó a un intermediario y éste logró una extraña audición ante Berry Gordy, el responsable de la Motown en un sitio tan poco apropiado como un escenario al lado de una piscina. Gordy decidió contratar al grupo. La Motown o Tamla-Motown[60] de la mano de Berry Gordy convirtió a aquel conjunto familiar en estrellas. En 1969 saldría su primer sencillo "I wait your back" patrocinado públicamente por Diana Ross al que seguirían sus nuevos sucesivos números 1 en el año 1970. En el grupo destacaba un niño prodigio llamado Michael caracterizado por su desenvoltura en el escenario, sus habilidades en el baile, su físico característico y emparentado al de sus hermanos: pelo rizado y "afro" de gran volumen.

Pero la Motown no era el paraíso que parecía y Berry Gordon se llevaba la parte del león de los beneficios. Los porcentajes que cobraban artistas como The Jackson Five eran ridículos: un 6 % del precio de venta de cada ejemplar. Pero de esa cantidad se les restaba lo que costaba la producción e incluso la publicidad. ¿Resultado?: muchos de esos artistas como la familia Jackson debían siempre dinero a su compañía a pesar de tener ventas millonarias de discos y haber colocado nada menos que cuatro canciones en un año en el número 1. El dinero que ganaban venía por cuenta de las actuaciones no de las ventas de discos. Cuando pudieran se independizarían. Aún así aquel chico prodigio, adolescente maravilloso llamado Michael hizo en 1972 sus primeros escarceos en solitario con idas y vueltas al grupo familiar y un álbum "Got to be there". En esos tiempos el grupo tendría algunos de sus éxitos más llamativos como "Never can Say Good bye". De Jackson Five se convirtieron en The Jackson logrando que se les concediera la posibilidad de acceder a la autoproducción, un privilegio que en la Motown solo lo tenían megaestrellas del sello como Marvin Gaye o Stevie Wonder.

Finalmente en 1976 romperían su contrato con Gordy y la Motown para firmar con Epic, una filial de la antigua CBS adquirida por Sony en los años 90 para fundirse una década después con BMG y crear Sony BMG. Sus álbumes "The Jacksons"(1976), "Going places" (1977) o "Destiny" (1978) funcionaron pese a no estar bajo el paraguas de un sello "negro" como la Motown y la imagen de Michael Jackson estrella del grupo y cada vez más emancipado confirmó su estrellato dentro del "pop". En aquella fecha, 1978, rodó el "remake" de *El mago de Oz* titulado *Oz* interpretado por artistas de color y en el que hacía el personaje del Espantapájaros. Pero la película fue un

---

60. Berry Gordy, artífice de la Motown era un antiguo autor de textos de canciones que había creado en 1959 el sello discográfico con la colaboración de su padre y de su hermana. Con el tiempo adquirirían un almacén y un estudio que tras el auge económico quedaría exclusivamenrte como oficina. El nombre de la compañía de Detroit, la "ciudad del automóvil" surgió precisamente de una combinación de las palabras "mot" (de motor) y "town" (de ciudad). Smokey Robinson y The Miracles le proporcionaron su primer éxito en 1960: "Shop around", con un estilo muy característico que desarrollaría en esa década: artistas negros en una compañía que apostaba por el "soul" y el R & B con un fuerte componente de sonido rítmico machacón en plena deriva hacia el "pop". Gordy creó toda una escuela en esos años con unos 110 números 1 logrados en la década, entre ellos los de The Marvelettes, Stevie Wonder (antes llamado "Little" Stevie Wonder, tambien otro "niño-prodigio"), Marvin Gaye, Diana Ross y The Supremes, Temptations, Gladis Knight & The Pips, Martha & The Vandellas, Mary Wells y muchos otros. El negocio era tan grande que Motown generaría hasta una cuarentena de sellos y marcas distintas rebasando el estrecho marco de la música negra, especializados en "soul" (Motown, Tamla, Gordy, Miracle…), Gospel (Divinity), Rock (Infinity, Morocco, Rare Heat…), Jazz (Blaze, Chisa, Workshop…) música étnica (Ecology, Black Forum), etc.

fracaso comercial estrepitoso y no añadió nada a la imagen del cantante y ocasional actor.

El paso decisivo en su carrera sería su encuentro con un músico de "jazz" y productor, Quincy Jones, en 1979 y la publicación de "Off the Wall" y a la vez la transición definitiva a solista de Michael Jackson. Las ventas fueron millonarias pero solo un aperitivo de lo que vendría más tarde, en 1982 con "Thriller". A diferencia de los cantantes "con voz" en un momento de auge de los medios audiovisuales el disco no podía conformarse sólo con el sonido. El paso al multimedia fue extraordinariamente positivo para Jackson que no solo cantaba y componía, sino que también bailaba con un increíble desparpajo, se desenvolvía en las coreografías con la habilidad de un artista profesional de la danza [61], y especialmente se ofrecía como un artista "total" capaz de tocar diferentes teclas. En la era del videoclip "Thriller" (1982) mostraba que no bastaba una larga canción llena de cambios de ritmo, de una variedad comercial casi perfecta en la que se mezclaba el "soul" y el R & B con el "pop" más descarado, sino que era necesaria una poderosa imagen visual de la que era exponente el largo video de trece minutos de duración filmado por John Landis. Se trataba de una gran producción al servicio del lanzamiento de un álbum musical. "Thriller" se convertiría en un arrollador éxito. Vinieron en esa década nuevos trabajos millonarios, como en 1985 la canción "We are the World" con Lionel Ritchie, realizada para "USA for Africa" una iniciativa para paliar el hambre en Etiopía, el sencillo más vendido hasta esa época de toda la historia. A los que siguieron "Bad" (1987) coincidente con el lanzamiento de su autobiografía "oficial", de la película *Moonwalker* y del nuevo videoclip de desbordante producción que firmó Martin Scorsesse, así como las giras mundiales que cimentaron su fama. La apoteosis duraría todavía unos cuantos años más: "Dangerous" (1991) vendió 30 millones de copias y sus videos eran casi una película de larga duración en sí misma. En 1995 saldría "HIStory present and Future, Book 1" que llegaría a convertirse en el doble album más vendido de la historia, y dos años más tarde "Blood on the Dance Floor" un disco de mezclas de canciones suyas anteriores más otro material nuevo también el más vendido en su género de la historia. Jackson pulverizaba récords con esa mezcla de imagen y sonido. Para "Invencible" (2001) contó en el videoclip con la aparición de Marlon Brando. Los tiempos sin embargo empezaban a no ser tan buenos para él. Chocó frontalmente con Tony Motola presidente de la CBS al que llegó a acusar de "racista" y "mafioso" rescindiendo su anterior contrato.

Paralelamente a ese trabajo artístico Michael Jackson se había dedicado en toda su intensidad a la labor de crearse una personalidad de acentuados contrastes en su vida privada. Era un aspirante a Peter Pan capaz de diseñar su propia imagen con ayuda de la cirugía estética y de la cosmética. Jackson dejaba poco a poco de tener la piel negra para convertirse en un blanco de rasgos faciales refinados diseñados por la mano invi-

---

61. En 1985 en la antología producida por la Metro *That's dancing* estrenada en España como *¡Esto es bailar!*, secuela de *That's Enterteimment!* (Jack Haley jr) en sus dos partes (a la que sucedería otra tercera que no se llegó a estrenar entre nosotros) aparecía Michael Jackson como bailarín eminente junto a otras estrellas del musical clásico como Gene Kelly o Fred Astaire.

sible pero apreciable del bisturí. Aunque oficialmente ese "descolorido" de piel fue atribuido a una enfermedad degenerativa llamada "vitiligo" lo cierto es que el rediseño de sus facciones era evidente. Esos cambios se trasladaban a su propia vida en la que las decisiones adquirían un tono realmente extravagante. Como un personaje de un cuento trataba de crear su propio paraíso en forma de rancho fantástico "Neverland", un título realmente revelador, mientras la suma de decisiones fatuas se acentuaba, y los gastos eran enormes. En esa carrera de inversiones hubo algunos aciertos: Michael Jackson (con su antigua compañía Sony exCBS) se quedó en 1985 con el catálogo completo de las composiciones de los Beatles por la cantidad de 34 millones de euros, cuyo valor a la muerte de Jackson en junio de 2009 estaba calculado en unos 700 millones. Pero a la vez el artista se lanzó a una carrera de gastos desbocados con el aire de un niño caprichoso que no sabe cómo gastar su inmensa fortuna. Cuando en el futuro su carrera se tambalearía y los ingresos ya no eran iguales a los de sus tiempos mágicos pero los gastos seguían siendo los mismos, la ruina estaba empezando a llamar a su puerta. Esa locura de gastos se proyectó hasta sus últimos momentos de vída, cuando después de haber dejado "Neverland" por sus increíble coste de mantenimiento y las demandas del personal por impago de salarios tomó la decisión aún más estrambótica de residir en Bahrein por invitación del príncipe Abdul Aha-Jarned, a la que sucedería una toma de postura tan inexplicable como la de ocupar la mansión donde fallecería por un disparatado alquiler mensual de unos 100.000 euros. Según sus últimos testigos Jackson ignoraba totalmente la situación de sus finanzas bajo un absoluto descontrol.

En paralelo este Peter Pan que parecía cumplir inexplicablemente los años al revés, en un permanente retorno a una infancia no vivida e idealizada había mantenido un extraño abanico de relaciones. Mientras en la prensa sonaba su nombre asociado al de otros niños prodigio como Tatum O'Neal o Brooke Shields fue Lisa Maria Presley, la hija del "rey del rock" cuya imagen había sido expuesta a los fotógrafos desde su nacimiento, quien se casaría con él. Fue un singular matrimonio sobre el que corrieron toda clase de rumores que se cerraría en divorcio, para casarse de nuevo en otra extraña decisión con la enfermera Deborah Rove, que tendría con él dos hijos: Prince Michael (1997) y Paris (1998). Rove sería apartada del medio con un rápido divorcio en 1999. Siempre a golpe de talonario. El tercero de sus vástagos vendría en 2002 de un extraño embarazo, un hijo llamado Prince Michael III (2002) habido al parecer de una paternidad misteriosa con bastante posibilidad de una "madre de alquiler".

Cuando en 2003 fue acusado de abusar de un menor de 13 años en su rancho "Neverland" el mito se hizo astillas. Tras haber vendido decenas de millones de discos el lanzamiento de "Number ones", lujosa recopilación de todos sus números 1 anteriores que estaba llamada al éxito pasó casi al olvido directamente, sin lograr entrar siquiera entre los diez discos más vendidos en las listas. Durante largos meses sus abogados desarrollaron una intensa labor para lograr que no acabara con sus huesos en la cárcel por una palabra maldita: "pederastia".Finalmente en 2005 era declarado inocente tras un acuerdo extrajudicial con la familia del menor y posiblemente el pago de una indemnización millonaria. Los medios especularon suficientemente sobre alguna de las prácticas extravagantes de Jackson como la de dormir con niños o reunirse con menores en su rancho ¿Inocencia o perversidad?, ¿mimetismo y loa a una infancia perdida que trataba de ser recuperada o abuso de menores? Esa sombra acompañó siempre a Michael Jackson hasta sus últimos días de vida. El artificio era tal que su propia imagen personal parecía haberse despegado de la de un ser mortal y de carne y hueso. Iba a cumplir el medio siglo pero cada vez la cosmética y el bisturí trataban de hacer el milagro de que no pareciera tener más de 18 años. Se trataba de un auténtico pacto con el diablo a cambio de hipotecar su propia personalidad, consolidar el personaje ficticio que él mismo había creado buscando artificialmente reinvertir las leyes de la evolución.

Mientras las extravagancias seguían y los gastos se mantenían desbocados Michael Jackson estaba a punto de recibir en los medios el tratamiento de un "freaky", todo lo millonario que se quiera pero "freaky". Las televisiones se cebaban en ofrecer planos cortos con inesperados cambios en su imagen, partes de la nariz o de la piel que aparentaban un cierto descolgamiento, a los que sumaban nuevas y nuevas instantáneas extravaganters, imágenes en las que Jackson se cubría la nariz en público con una mascarilla o aparecía con guantes sin que nadie pudiera darle la mano ni rozar su piel. No quería parecer humano[62].

Lo cierto es que de haber sido el mito más importante de su generación, una de las verdaderas estrellas de la música de todos los tiempos, el artista-total por excelencia, la mayor celebridad de la última parte del siglo XX en el mundo del espectáculo pasaba a convertirse en un muñeco capaz de las mayores excentricidades pura "carne de cotilleo" para los medios, hasta casi enmascarar su brillante y excepcional talento artístico. Se ha querido buscar en su hipocondría la causa de su muerte precipitada, con un término como "demerol" camino de popularizarse como el "nembutal" que tomó Marilyn en su última noche. Era un adicto a los fármacos, oficialmente para paliar los dolores crónicos que padecía, o estaba "atrapado" por las drogas en cualquiera de los sentidos. Farmacodependiente. Las versiones sobre su muerte son tan abundantes como las conjeturas sobre Marilyn, Morrison o Elvis. Singularmente la muerte prematura a los casi 51 años adquiere la característica final de una entronización en el mito del niño-adulto, del eterno Peter Pan que se niega a crecer y se rebela contra el proceso (natural) de envejecimiento y lucha contra las leyes de la naturaleza de la misma manera que su piel se rebeló hasta convertir a un chico negro de facciones robustas en un fino niño-maduro de raza indefinida. Estaba a punto de iniciar una gira que le iba a devolver el prestigio y el dinero que necesitaba para tapar sus muchos agujeros, sus dedudas debidas a una increíble irresponsabilidad económica en la que cabían los mayores excesos de un midas-niño que gasta sin desatino para cumplir sus sueños infantiles. El mito está consolidado y con su muerte se ha enterrado también a

---

62. El multimillonario Howard Hughes que había sido uno de los personajes más apuestos en su juventud amante de las más famosas estrellas de la época convirtió la extravagancia en norma en las últimas décadas de su vida, en un cierto paralelismo con la figura de Michael Jackson. Extremadamente hipocondriaco Hughes no tocaba con sus dedos el pomo de una puerta, obligaba a quienes le rodeaban a adoptar descabelladas precauciones, y se preciaba de guardar hasta su orina para no se sabe qué usos hasta convertirse en un auténtico descuidado ermitaño viviendo en la planta más lujosa de un hotel de Las Vegas.

ese "frikie" de antología con el que algunos medios trataron de hacer leña sin conseguirlo nunca del todo. En este caso había mucha base artística, una mina de mucho talento. La principal obra por ingente y descomunal que ésta fuera no era su arte desbordante sino su propia figura hasta convertirse en un creador de sí mismo, como un doctor y un Frankenstein reunidos en un mismo cuerpo.

Capítulo 22

ESE COMBUSTIBLE LLAMADO "ESCÁNDALO"

En una una de las mejores comedias de la posguerra española, *La vida en un hilo*, (Edgar Neville, 1945) el personaje de la refinada Conchita Montes mal vista por la estrecha sociedad provinciana se ríe de quienes por sacar punta de su pasado dijeron que «hasta actuaba en un circo y salía vestida ¡quién sabe cómo! encima de un caballo». Siete décadas más habrían de pasar para que se conociera que la elegante, atractiva, refinada, distinguida y etérea Montes, de tan difícil dicción como extraña fotogenia, que además de una mujer cultivada había sido simpatizante republicana y en la guerra civil al parecer gestionó una pensión. Semejante asunto absolutamente "normal" en nuestra época se habría calificado de "escándalo" (con enormes comillas) causando turbación en la hipócrita "sociedad" de la posguerra. El escándalo convivía sin embargo como un elemento más de esa estrecha moral. Y su importancia o repercusión venían a depender del estatus social de quienes lo protagonizaban. No sólo la sociedad victoriana y eduardiana eran extremadamente propensas a aplicar el término a situaciones que hoy consideraríamos absolutamente "normales" desde el punto de vista de unos valores de libertad y pluralidad, sino que buena parte de las sociedades de finales del XIX y del XX asumieron también esa tendencia a señalar supuestos motivos de identificación con respecto a determinados absolutos encerrados bajo terminologías tan confusas como "el gusto moral", "la moralidad" o "el buen gusto". La sociedad británica de la época de entreguerras se sobresaltó cuando Eduardo VIII se enamoró de Wallis Simpson una americana divorciada terminando por abdicar del trono y vivir el resto de sus días con el apelativo de Duque de Windsor, hecho contemplado como un verdadero "escándalo". Ese calificativo lo habría merecido con mucha más propiedad de permanecer unos pocos años más en el trono y convertirse con cierta probabilidad dadas sus simpatías nazis en jefe del estado de un Imperio títere del III Reich como lo pudo ser la Francia del régimen de Vichy.

Durante los años 50 en España se celebraron año tras año distintos "congresos de la decencia" con una representación directa de diferentes diócesis con "la moralidad" en las playas y piscinas, las modas y los bailes como motivo central. "Escándalo" nos parecen realmente hoy un conjunto de situaciones como el hambre en el mundo, las elevadas diferencias de clase, las injusticias sociales, la falta de libertades de expresión, políticas, sexuales, religiosas… También el desprecio y la violencia ejercida contra los más débiles, el atropello a los derechos humanos. Desde una perspectiva anticuada y absolutamente convencional "escándalo" ha sido un término aplicado a contenidos relacionados casi exclusivamente con la moral sexual y no con otra clase de contenidos éticos. Por eso algunos de los "escándalos" de otras épocas nos parecen hoy conceptos absolutamente desfasados y ridículos.

Aún así dentro de esa visión de la sociedad el "escándalo" como concepto ha sido utilizado con una vara de medir extremadamente laxa. Por una parte se reprobaba desde el punto de vista de una determinada "moral", por el otro era asumido hasta convertirse muchas veces en un elemento casi "normalizable". El concepto "escándalo" empezaba precisamente en el momento en que adquiría una repercusión exterior. A principios del siglo XX una foto divertida y entrañable del rey Alfonso XIII patinando sobre la superficie helada del estanque del Retiro en Madrid causó cierta turbación en los encargados de administrar las imágenes del monarca de la misma manera que jamás se permitió foto alguna de Franco con ropa deportiva ni fue objeto de caricatura en toda su etapa como Jefe de Estado, o en 1976 se abrió un expediente a un semanario por publicar un tierno y cariñoso dibujo del Rey Juan Carlos I bailando sobre los tejados de Nueva York como un Fred Astaire en su primer viaje exterior. Sin embargo los nacimientos extramatrimoniales de Alfonso XII o Alfonso XIII apenas crearon turbación porque no llegaron a trascender más allá de estrechos círculos de la élite. Noticias sobre hijos fuera de la institución matrimonial se elevaron a la categoría de auténticos "escándalos" cuando sus protagonistas pertenecían a otras categorías sociales; por ejemplo artistas. Y especialmente cuando trascendían más allá del espacio privado.

En la sociedad española de posguerra las formas se observaban con un extremo cuidado y un funcional rigor. No sólo estaba prohibido hasta prácticamente los años 70 publicar en los medios de comunicación noticias sobre separaciones (aún no existía el divorcio) ni noviazgos de personas casadas sino que tampoco se escribía una sola palabra sobre hijos habidos fuera del matrimonio. Para evitar el "escándalo" se respetaban ciertas normas sociales o se provocaba una auténtica representación de una ficción. Los antes citados Edgar Neville y Conchita Montes, pareja de hecho durante muchas décadas, hubieron de recurrir a tener la residencia en diferentes plantas de un mismo edificio madrileño para "guardar las formas". Aunque para nadie era un secreto su relación. Cuando solicitaron ingresar en un selecto club deportivo madrileño ciertos socios se sintieron escandalizados dado que no estaban casados. A los que con buen criterio un aristócrata que figuraba en su directiva respondió: «Si hubiera que prohibir que entraran aquéllos que tienen queridas el club se quedaría vacío». Constatación de una doble moral.

Para que exista el "escándalo" como tal deben aparecer dos factores más allá del propio hecho: a) Una sociedad con una actitud mucho más farisaica que preocupada por una auténtica ética. Y b) Unos intereses fundamentalmente económicos dispuestos a explotarlo.

El "escándalo" ha servido como alimento plebeyo caminando como un componente más "a la inversa" de la moral del fariseismo y el puritanismo. El "escándalo" como alimento de una prensa entonces llamada "amarilla", identificada con los viejos tabloides, trasplantada en épocas mucho más recientes a los soportes audiovisuales, aunque los contenidos puedan haber adquirido otras dimensiones. Bajo la denominación de "escándalo" muchos de los personajes que creyeron tocar el cielo o buscaron asegurarse un "status" de por vida vieron como sus carreras y su reputación caían estrepitosamente por tierra en el momento más inesperado. El "escándalo" ha servido tanto para derribar carreras como para buscar elementos de atracción por los caminos más siniestros y tortuosos. La utilización de la vida privada como un auténtico torpedo contra la línea de flotación y la estabilidad de una personalidad en un ejercicio de cinismo o de asesinato moral tan cruel como si hubiera sangre por medio. Durante la crisis de la antigua UCD que precedió a la dimisión de Adolfo Suarez circularon profusamente amplios "dossieres" sobre la vida privada de líderes de las distintas formaciones y grupos en una vergonzosa "vendetta" en la que se trataba de dar cuerpo y carnalidad al rumor o al infundio, en una guerra intestina escasamente piadosa.

Un libro sufientemente difundido (Kenneth Angers, "Hollywood Babylonia")[63] auténtica colección carroñera de chismes con morbo atropelladamente redactado y superficial hasta el vómito resume esa avidez de "escándalos" que manteniene su propio mercado, aunque ahora los "escándalos" posean otras dimensiones o contenidos distintos a los del pasado. Dos estrellas de los años 20 se extinguieron totalmente al aparecer relacionadas con sendos escándalos explotados hasta la saciedad ("Fatty" Arburckle y Mabel Normand) y otra tercera (Charles Chaplin) estuvo también a punto de sucumbir.

El asunto Roscoe "Fatty" Arburckle visto desde la perspectiva de nueve décadas más tarde (y suficientemente aireado en la obrita de Angers que destroza mitos y personas con una acumulación de secuencias de crónica de sucesos) se nos revela hoy mucho más como un espléndido material para el análisis del papel de los medios de comunicación y de la prensa amarilla en una sociedad capitalista "sin reglas" como la de los años 20. Arbuckle (1887-1933) fue un famosísimo cómico del cine mudo que llamaba la atención por su gordura ("Fatty") pero a la vez por la manera como utilizaba esas condiciones para crear sensacionales "gags" y secuencias cómicas de un enorme talento. El actor no fue un segundón, ni una figura complementaria. Sino un auténtico grande de la época con una popularidad comparable a la de Charlie Chaplin. "Fatty" Arbuckle llegó a cobrar en 1920 la enorme cantidad de un millón de dólares, una suma verdaderamente exagerada para su tiempo, lo que nos da la medida de su repercusión popular.

Una aciaga noche de 1921 en un hotel de San Francisco "Fatty" y otros amigos se reunieron en unas habitaciones con varias mujeres. Una de ellas presentada como "aspirante a actriz" falleció varias horas después en condiciones verdaderamente horribles: víctima de una peritonitis por una perforación de la vejiga. "Fatty" fue acu-

---

63. Cuenta con varias ediciones españolas. La primera de 1985 en dos tomos (Ed. Seix Barral, Barcelona). En realidad de aplicar un tratamiento semejante igual de morboso y sensacionalista a un colectivo distinto ya se trate de camioneros o de dentistas, de militares a inversores en bolsa, de arquitectos a albañiles los resultados no hubieran resultado tan dispares a los del original.

sado de haber violado a la muchacha con una botella. El imperio periodístico Hearts que buscaba permanentemente combustible para alimentar una prensa amarilla que se extendía de costa a costa y era capaz de empujar a un país hacia una guerra como había ocurrido en 1898 en la de Cuba como de elegir los temas más morbosos para su explotación, encontró una mina de oro en el "caso "Fatty". Durante días, semanas y meses los tabloides lanzaron una y otra edición sobre el mismo tema: la joven e inocente aspirante a actriz violada de manera salvaje por el grueso y depravado actor. Arbuckle fue "juzgado" y "linchado" antes de celebrarse el juicio. Cuando se acabó el proceso prolongado a lo largo de varios meses y con la secuela de otro par de juicios más, "Fatty" era la persona más odiada del país, un auténtico "monstruo" amigo de los vicios más abyectos. La prensa Hearts vendió millones de ejemplares durante toda una temporada vulnerando toda clase de reglas. Se revelaron aspectos realmente morbosos, sugiriendose los tintes más absolutamente retorcidos. El puritanismo extremado necesitaba ser alimentado con "escándalos"

"Fatty" Arbuckle que de no haberse cruzado en su vida este suceso hubiera llegado a ser uno de los grandes mitos del cine vio como la tierra se movía a sus pies y se hundía en una profunda y oscura sima. Las Ligas de la Moral publicaron notas en las que se pedía la pena capital para él. Era un auténtico "monstruo" tal y como la prensa lo venía mostrando. Debía ser eliminado por completo de la tierra. Los propietarios de las productoras y de los estudios de cine prohibieron que ninguno de sus actores o directores contratados se solidarizada o emitiera alguna opinión favorable o piadosa hacia "Fatty". En ese momento Charles Chaplin, el otro grande de la época estaba de regreso momentáneo a Inglaterra, en un tiempo en el que todavía los viajes se realizaban por mar y se necesitaban muchos días para completar el recorrido entre dos continentes. Y no fue capaz de pronunciarse sobre este asunto.

Tan sólo una persona desafió cualquier prohibición: Buster Keaton. Fue el único en solidarizarse. El exclusivo amigo que conservaría en los pocos años de vida que le quedaban al "Gordo". En sus memorias Keaton dice de "Fatty": «Era una de las almas más amables y bondadosas que había conocido nunca». Su carrera estaba hecha trizas. La Oficina Hays que coordinaba a la producción prohibió todas sus películas, se retiraron de la distribución tratando de evitar las críticas de las "asociaciones por la moral" a la industria del cine.

Finalmente "Fatty" sería absuelto del todo. Varios meses después del suceso se reveló que la desgraciada víctima lo había sido como secuela de un aborto reciente combinado con ingestión de alcohol y fármacos, mientras se ponía en evidencia que la muchacha había sufrido antes otros abortos voluntarios y que se dedicaba a la prostitución. Era ya demasiado tarde.

Sólo en la Europa continental "Fatty" fue relativamente rehabilitado; en el mundo anglosajón jamás. Tanto es así que la mayor parte de sus películas más allá del deterioro o la destrucción de buena parte del cine mudo desaparecieron para siempre. Se conserva poquísimo material de este cómico y lo que está editado en DVD ha sido recompuesto en buena medida a partir de copias aparecidas en Europa. Después del caso trató de volver a trabajar: su fiel amigo Keaton hizo que apareciera en alguna de sus películas. Tarde, muy tarde. Hundido, con su vida destrozada, se refugió en el alcohol. Falleció en 1933 de un ataque cardiaco. Keaton afirmó: «Murió porque le habían roto el corazón».

El caso Mabel Normand (1892-1930) tiene puntos en común con el "escándalo "Fatty". Auténtica Chaplin con faldas, a la que es posible hoy reconocer en todo su talento en una película como la divertidísima *La extra* (1921) que se conserva aceptablemente y en la que se cuenta como una muchacha se pierde por los estudios confundiendo un león suelto con un perro, vio como su carrera se evaporaba al aparecer su nombre mencionado en un caso de asesinato. Normand habia trabajado con los más grandes del cine mudo cómico como el propio Chaplin y con Mack Senneth, el creador de toda una "factoría" de maestros del "gag", con el que se llegaría a casar. Normand era adicta al alcohol y a las drogas, un consumo que en los años 20 estaba ya muy presente por una parte en los espacios delicuenciales; y por el otro en las élites sociales. A diferencia de lo que ocurriría al final de ese siglo la zona media de la sociedad no solía ser consumidora de determinadas drogas, aunque sí de alcohol.

En 1922 un director llamado William Desmond Taylor fue asesinado y se supo que Mabel Normand había estado con él poco antes. Aunque se determinó que ella no era la responsable la prensa amarilla explotó suficientemente el caso; tanto como para hundir estrepitosamente la carrera de Mabel Normand hasta borrarla del mapa. Había sucumbido como "carne fresca" para las masas a beneficio de los dueños de los medios como Hearts experto en esta clase de operaciones.

En esa época también el nombre de Chaplin estuvo meses y meses en la prensa por la demanda interpuesta por una mujer que pedía el reconocimiento de su descendiente en una época en la que todavía no se había inventado el ADN.

El cine de las décadas de los años diez y veinte del siglo pasado empezaba a mostrar algunos de los cambios importantes que se estaban produciendo en la sociedad, principalmente en la mujer. Ya no solo se pedía el voto en varios países occidentales por parte de las sufragistas sino que se rompía con una larga tradición en la que la mujer aparecía como un ser pasivo, incapaz de tomar decisiones por si mismas, ya fueran en el terreno social como en el sexual. La moral victoriana había impuesto una visión de la mujer asexuada en una época en la que todavía se cubrían los pies de los pianos para evitar cualquier tipo de asociación; de la misma manera que los censores de la televisión del nacional-catolicismo en España prohibían los planos cortos de mujeres o incluso los de las manos de un pianista tocando porque podía pensarse que estaban acariciando el cuerpo acostado de mujer, interpretación que venía a reconocer una auténtica perversión sexual en esos censores. Las "vampiresas" de los años 20 representaban esa forma de sexualidad femenina en la que pasaban de ser simple objeto a seducir. Durante el bienio CEDA-Radical con Gil Robles como Presidente del Gobierno de la II República Española se prohibió una película de la Paramount de la pareja Marlene Dietrich-Josef Von Sternberg *The Devil Is Woman* (1935) negociándose la quema del negativo original que desapareció de la circulación (pero que afortunadamente no llegó a ser eliminado) bajo la acusación de que el personaje de Concha Pérez-Marlçene en esta versión de una novela francesa (que luego tendría otras de la mano de Vadim o de Buñuel) era "una afrenta a la mujer española" porque la presentaba como un ser seductor.

Dentro del "star system" gravitaba siempre una aura de "escándalo" comercialmente rentable pero siempre vergonzosamente latente. El "escándalo" podía ser comercialmente ventajoso bajo los parámetros de las "fábricas de estrellas" del Hollywood clásico, donde existían unas categorizaciones: los actores "serios" o de prestigio, los galanes, aventureros, los cómicos y las chicas atrevidas. Jean Harlow (1911-1937) fue el prototipo de ese personaje "inventado" por el estudio a partir de una base absolutamente maleable. Harlow era la "rubia" atractiva pero "tonta" en un arquetipo del que en cierta medida Marilyn Monroe bebería. Pero los años 50 no eran como los 30 y ésta última se había rodeado de un telón intelectual que contribuíra a cimentar definitivamente su fama como icono del cine.

Harlow nacida en Kansas City, en Missouri, dentro de una familia compuesta por un dentista y un ama de casa, que se divorciaron sin que ella volviera posteriomente a ver a su padre más que en una sola ocasión, en realidad era un producto de una madre dominante y decidida a conducir la carrera de su hija. Un ejemplo de "madre con niña" convertida en su propia sombra, la que conducía todos los pasos de su carrera y hacía lo que ella quería. Madre e hija se fueron a Hollywood porque la primera deseaba que su retorno se convirtiera en estrella. Fracasaron en el primer intento que no pasó más allá de que la niña se matriculara en una escuela. Regresaron a su casa de Kansas hasta que apareció una segunda oportunidad: la chica conoció a un joven hederero de una gran fortuna y con el probable beneplácito de la madre la relación se convirtió muy pronto en boda. Se fueron a vivir a Los Ángeles. Pero el matrimonio duró un instante. En los albores del cine sonoro tendría lugar el segundo asalto: empezó a trabajar de extra y en papelitos irrelevantes. Hasta que Howard Hughes se cruzó en su vida. También él estaba viviendo su primer intento en el cine. Era millonario gracias a la patente de una llave que se utilizaba en los pozos petrolíferos y el dinero le había hecho aparecer como un galán aventurero del cine y de la aviación antes del ser el hombre obsesivo, extravagante y "carne de psiquiátrico" en que se convirtió en sus años de relativa madurez. Con Hughes director y productor Harlow apareció en *Los ángeles del infierno* (1930). A partir de ahí empezaron a salirle papeles de cada vez mayor presencia.

Pero Jean Harlow era el hazmerreír de los medios que fueron muy duros con ella. Criticaban su tono de voz, la manera de construir las frases, el tono de "chica tonta" que mostraba en sus apariciones públicas y en sus personajes. Se llegó a escribir que «era capaz de destruir toda escena en la que aparecía». A pesar de todo por esa misma banalidad con la que se la trataba los medios hablaban de ella. Y esto favoreció el contrato con Metro que pagó a Hughes 30.000 dólares por el traspaso. La maquinaria del estudio cambió de arriba abajo al mito. Era la rubia llamativa que toda muchacha de la época quisiera ser. En muy poco tiempo miles de mujeres copiaron su peinado con el pelo teñido intensamente de rubio platino, sus permanentes, sus tonos muy tiesos y rígidos… Estaba en el camino de ser una estrella.

La Metro hizo que apareciera dentro de su estrellato al lado de los galanes masculinos del momento, de los que Clark Gable podía ser el emblema. En historias tan exóticas como la de *Tierra de pasión,* hecha en el estudio pero con planos de exteriores rodados en África que tuvieron una larga explotación: llegaron incluso a servir para varios filmes de Tarzán con Johnny Weissmuller. Era la "rubia tonta" mejor que nadie. En *Cena a las ocho* (1933) una brillante película de varias historias con el hilo conductor de una velada entre gente elegante Metro hizo que Jean Harlow apareciera como la acompañante "tonta" de un magnate. Bordó realmente el papel con una vocecita muy característica y un físico arrollador como contraste.

Pero antes el escándalo había estallado en sus manos. Después de haber dejado olvidado para siempre a su primer marido se había vuelto a casar de nuevo. Mientras estaba en el estudio rodando *La pelirroja* en 1932 su marido fue encontrado muerto. La prensa especuló sobre si ella podría haberlo matado. Tenía en sus manos un "culebrón" de dimensiones auténticamente gigantes. Durante días y meses Jean Harlow fue prácticamente "destrozada" por la prensa amarilla.

La Metro aprovechó muy bien la situación. Asumió la defensa y el cuidado de la imagen de la rubia platino, filtrando que él se habría suicidado por ser impotente. Detalle que indirectamente reforzaba el mito que Metro tenía en sus manos. El morbo era un buen negocio. En adelante el "escándalo" sería fomentado o promocionado. Cuando los medios empezaron a publicar noticias sobre el famoso boxeador Max Baer en las que se le relacionaba con Harlow la esposa de aquél salió en los medios acusándola a ella de su ruptura. El "escándalo" le vino muy bien a los estrenos de sus películas con la Metro mientras miles de mujeres querían imitar al estilo de la rubia "despampanante pero corta de mollera". Pero cuando el escándalo alcanzó unas proporciones en las que podría volverse en contra del estudio, la Metro dentro de un sistema en el que se podía hacer y deshacer sobre la vida privada de sus contratados inventó una estratagema que daría respetabilidad a Harlow, casándola con un oscuro director en nómina de la productora. El matrimonio duró exactamente seis meses, los mismos que tardó en difuminarse la campaña que podía haber sido extremadamente negativa para los intereses comerciales de la marca.

En adelante se mantendría un cierto fuego encendido alimentado con declaraciones escandalosas pero incapaces de quemar a la propia diva. "Provocar" pero sin romper. Harlow decía o la hacían aprender para que las dijera frases que pudieran aparecer en titulares como: «Me gusta levantarme cada mañana con un hombre distinto» o «La ropa interior me resulta incómoda y además ciertas partes de mi cuerpo tienen que respirar». Frases que evidentemente pudieron inspirar a algunas de las famosas sentencias atribuidas a Marilyn Monroe y parecidas a las insensateces que hoy diría la protagonista de un desnudo en un semanario contemporáneo cuyo currículo profesional se podría sintetizar en parecidas frases. Jean Harlow llegó a rodar películas muy populares en su época como *Mares de China* (Tay Garnett, 1935) y la Metro la había convertido en uno de sus activos más rentables. Aunque más allá de la imagen de frivolidad debía haber un drama latente en las profundidades: Harlow estaba más sola que la una. Sus compañías no eran precisamente recomendables. Se llegó a airear que había sido amiga de "gangsters" y de millonarios poco presentables. Moriría a una edad tan temprana como los 26 años. Lo increíble, viendola en sus películas, es que parecía tener por lo menos dos décadas más por su físico "mayor" y por los personajes que hacía. Mientras se rodaba *Saratoga* en 1937 tuvo que ser hospitalizada por una uremia de la que fallecería. La Metro hizo un auténtico malabarismo con las escenas ya rodadas, completando el resto del personaje gracias a una doble que en las nuevas secuencias aparecía siempre de espaldas. Con esa mezcla logró completar un largometraje que se convertiría en el éxito póstumo del mayor icono de la mujer de los años 30 en EE.UU.

La doble moral y la hipocresía de sociedades como la norteamericana de la época se pusieron en evidencia en los propios códigos de autocensura. No podemos olvidar que el llamado Código Hays que recibe el nombre del entonces presidente de la asociación de productoras y distribuidoras se generó al mismo tiempo que se creaba la Academia de Hollywood. Si por una parte a partir de esas noticias de "escándalos" se habían producido presiones desde ciertas entidades, sobre todo religiosas, las productoras trataron en un primer momento de separar la vida privada de esos productos industriales que eran las películas. Pero los términos se confundían. Entonces se creó por una parte un código de autocensura que rigió desde 1930 hasta oficialmente 1966, aunque en los últimos años 50 había empezado a aplicarse con menos rigor, y por otra los premios Oscar para dar prestigio al cine y contrarrestar la campaña. Se invitó de la misma forma a que esos "lobbys" críticos enviaran representantes a los estudios para que pudieran leer los guiones que iban a ser rodados. El Código Hays nos parece hoy absolutamente desfasado en extremos como la obligación de camas separadas en las escenas en las que aparecen matrimonios o en su caso que en los lechos comunes uno de los cónyuges se vea siempre sentado, nunca acostado. O en la presentación de las llamadas "conductas inmorales" (perversidad, prostitución, infidelidad en la mujer, homosexualidad...) siempre con castigo, como hacían las películas españolas de los años 50 en donde eran permitidos los personajes de "pecadoras" o "prostitutas" únicamente si finalmente aparecían recibiendo su castigo; en general muriendo pero tras confesarse "in extremis" o arrepintiéndose de los pecados. Las palabras malsonantes estaban prohibidas y David O'Selznick tuvo que luchar durante mucho tiempo hasta conseguir mantener uno de los dos finales rodados para *Lo que el viento se llevó* (1939) en el que Red Buthler se despedía de Scarlet O'Hara con la frase: «Francamente querida, me importa un carajo». Mientras la censura de la Oficina Hays quería imponer esta otra: «Francamente querida, no me importa». De la misma manera que Otto Preminger en 1953 desafió por vez primera al Código enfrentándose directamente a la prohibición de utilizar la palabra "virgen profesional" en *La luna es azul*.

Sin embargo el Código Hays era todavía mucho más "escandaloso" por sí mismo en otros aspectos como la prohibición de que aparecieran relaciones inter-raciales lo que entraba plenamente de lleno en el puro racismo. Durante los años 40 y hasta bien avanzados los 50 hubiera sido extraño encontrar a una pareja compuesta por un blanco o una afroamericana en una película de Hollywood. De la misma manera que los conflictos sociales durante mucho tiempo fueron presentados como producto de situaciones o conductas personales. El avaro de *¡Qué bello es vivir!* (Frank Capra, 1948) lo era "por que se trataba de una mala persona" y no representaba a nadie más que a él mismo. Pero "los buenos" demostraban que podían vencerle y de paso transmitir que el "sistema" ofrecía igualdades para todos. Era un tratamiento parecido al de ciertas películas españolas de los últimos años 40 y 50 en las que aparecían empresarios egoístas pero todo se debía exclusivamente a que "no eran buenas personas" explicado exclusivamente como un problema de conciencia religiosa o moral.

El "escándalo" acabó con muchas carreras y tiró por tierra a otros mitos. Algunas noticias, verdaderas o falsas, alcanzaron la dimensión de terremotos que destrozaron mitos que parecían estables. Solo en algunos casos esos "escándalos" lograron ser superados con el transcurso del tiempo devolviendo la fama perdida a sus protagonistas. El caso más significativo fue el de Ingrid Bergman en 1949: una mujer casada con un antiguo dentista y administrador de su carrera que tras ofrecerse profesionalmente a Roberto Rosellini para trabajar con él en Italia terminó uniéndose sentimentalmente a él. Varios medios pidieron que no le fuera permitido volver a Estados Unidos. Fue boicoteada y calificada con los peores epítetos y su carrera americana se vino abajo. En Italia rodó siete películas y sólo se le permitió volver a trabajar en 1956 con *Anastasia* (Anatole Litvak). En ese periodo habían empezado a evolucionar ciertos conceptos.

Lo que realmente rendía más a ese juego de explotaciones eran los sucesos, la presencia de personajes de la crónica rosa o del mundo del espectáculo en historias de crímenes y sangre.

Pero mientras en una sociedad tan puritana como la de los años 20 en Estados Unidos mezclar un nombre de un personaje conocido en una crónica de sucesos era verdaderamente letal, en otras menos estrictas pero con una relación muy distinta con la violencia como era México, o al menos con una tradición de violencia física, seca, fulminante y una cultura de la sangre, esas salpicaduras no fueron capaces de hundir las carreras de quienes habían alcanzado un alto reconocimiento social y se convertían de la noche al día en alimento para el escándalo o la morbosidad.

Dos sucesos terribles producidos con una reducida diferencia de horas afectaron a estrellas del cine mexicano en 1960. Sucesos en los que aparecían mezclados elementos tan diversos como la violencia o el machismo recurrentes en esa sociedad, y tema habitual en el cine de los años 50. En su trabajo como guionista para el cine mexicano de los años 50 el excelente escritor español Max Aub firmó algunos melodramas tremebundos que como eran típicos en ese momento y hoy ocurre en muchas tele-novelas mezclaban amoríos, infidelidad, pasión, machismo y violencia a partes iguales. Esos sucesos pudieron haber sido inventados para un argumento cinematográfico, sólo que en esta ocasión eran reales. Pero a diferencia de lo que habría ocurrido en la América de los años 20 no lograron hundir la carreras de algunos de sus nombres relacionados.

Desde principios de los años 50 Evangelina Elizondo fue una actriz y cantante bien conocida en México. Elizondo (1929) había participado en los primeros 50 en algunas comedias con canciones que prácticamente vendrían a convertirla en una especie de Marilyn Monroe colocada en medio de una comedia de charros. En mayo de 1960 divorciada de un ingeniero llamado Jose Luis Paganoni estaba trabajando en un teatro de la ciudad de México. Al volver de la representación acompañada del también actor Ramón Gay, que empezaba a ser muy conocido pues había rodado varias películas, les salió al paso el antiguo marido de la actriz. Gay se limitaba a acompañarla a casa después de la función que habían representado juntos. Después de una discusión, el exmarido sacó una pistola con la que mató al actor delante de sus ojos. El suceso saltó a las primeras páginas de todos los diarios en los días siguientes. Todavía más cuando empezaron a correr rumores de que la víctima mantenía una relacion no demostrada con Arturo de Córdova[64] uno de los actores más carismáticos del cine mexicano en toda su historia entonces casado con Marga López[65]. Como en aquella época los medios no podían sugerir ciertas relaciones que hoy se contemplan desde perspectivas mucho más normalizadas el rumor y la maledicencia recorrieron las redacciones mientras la atención se centraba en el suceso de sangre.

Por extraído de una telenovela o de un "culebrón" que nos pueda parecer a las pocas horas otro suceso acompañaba a esa historia en la que aparecía el nombre de una de las estrellas más populares del momento: Ana Bertha Lepe.

Según el relato de Andrea Ávila ("El Universal", Mexico DF. 25-VII-2006) «en 1953 las muchachas que concurrían a los concursos de "miss" pedían permiso a sus padres (…), los trajes de baño cubrían la mitad del muslo y se tapaban los hombros con capas de armiño». En la edicion de 1953 ganó Christian Martell una francesa que también haría cine en México, y en cuarto lugar quedó Ana Bertha Lepe que tenía 18 años de edad. «Volvió de Long Beach (California) ,–dice el relato de "El Universal"–, envuelta en un aura de símbolo sexual, podría decirse que parecido al de la rubia Marilyn Monroe (…) Desde que pisó suelo nacional comenzaron a lloverle ofertas para trabajar en cine (…) no paró hasta contabilizar setenta cintas». El 29 de mayo fue testigo de la muerte de su novio el actor Agustín de Anda, perteneciente a una estirpe relacionada con el cine, a manos de los disparos del padre de la estrella, Guillermo Lepe. (…) «Su relación con el hijo de Raúl de Anda, productor cinematográfico, era conocida por todo el público. La actriz trabajaba en un espectáculo nocturno en un cabaret en la ciudad de México. Segun los testigos el padre de la actriz acostumbraba pasar a por ella al lugar, ubicado en Insurgentes, para llevar a su hija de regreso a casa (…) (Cuando) De Anda anunció que "tenía" que casarse con la joven pero no estaba en condiciones de hacerlo, ya que no contaba con el dinero necesario y su padre se negaba a prestárselo (…) (discutieron) y el padre de ella le disparó dos balazos que acabaron con su vida».

En este caso y pese a la repercusión de estos dramas (hasta la mítica revista "Life" dedicó un extenso reportaje a estas muertes) las carreras de ambas actrices lograron sobrevivir.

---

64. Arturo de Córdova (1905-1973) ha sido uno de los más grandes actores del cine mexicano de todos los tiempos con más de noventa películas en su haber. Un auténtico clásico con una voz enormemente característica. Aunque nacido en México había residido en Argentina apareciendo en el cine de Hollywood en los años 40 en películas como *¿Por quién doblan las campanas?* (Sam Wood, 1944) y como absoluto protagonista de *El pirata y la dama* (Mitchel Leissen, 1945) entre otros títulos hablados en inglés. En México rodó no solo brillantes melodramas y comedias de éxito algunas con Libertad Lamarque sino que protagonizó creaciones tan irrepetibles como la del obseso machista de *Él* (Luis Buñuel, 1953) además de aparecer en lo mejor del cine azteca de esa época. Sobre su relación con el fallecido actor Ramón Gay se hicieron muchas especulaciones. El machismo mexicano no era capaz de aceptar ciertas cosas.

65. Marga López su pareja en el cine y en la vida fue uno de los nombres más prestigiosos del "star system" mexicano no sólo en el melodrama sino en la comedia, protagonista entre otros títulos de *Nazarín* (Luis Buñuel, 1959). En esa época rodó también en España *¿Dónde vas triste de ti* (Balcázar) segunda parte de *¿Dónde vas Alfonso XII?* en la que interpretaba a la reina Maria Cristina de Habsburgo segunda esposa de Alfonso XII, reina regente y madre de Alfonso XIII.

Evangelina Elizondo siguió haciendo cine y especialmente teatro[66] y Ana Bertha Lepe rodó muchas películas en los años 60 con su padre en la cárcel, para mucho más tarde caer en una depresión y según "El Universal" «engordar por culpa del alcohol refugiándose en las telenovelas». Historias que parecen sacadas de un típico argumento de la industria del serial.

Tambien Lana Turner logró que su carrera sobreviviera pese a sus "amistades peligrosas", y a la muerte del gangster Johnny Stampanato, amante suyo, a manos de la hija de Turner, Cherryl Crane al parecer por el maltrato al que sometía a ambas. Este suceso producido en 1958 fue muy aireado en la prensa norteamericana amarilla que se dedicó a sacar a la luz los aspectos más morbosos de la relación sexual que ella mantenía con el muerto. Lana Turner que había tenido una colección de maridos y amantes para llenar un álbum, en la que figuraban tanto actores y músicos como millonarios, estaba casada entre 1953 y 1957 con el actor Lex Barker[67]. La carrera de Lana Turner no se hundió como se temía sino que confirmó una nueva etapa de personajes de mujer dispuesta a obtener aquello que se proponía en papeles generalmente de madre con hijas como en su propia realidad. El éxito más grande de su carrera vendría a continuación del caso: *Imitación a la vida* (Douglas Sirk, 1959).

Muchas veces el éxito representa una función como la de mecha que enciende el fuego de personalidades complejas, algunas claramente con problemas psicológicos o con patologías que hubieran requerido atenciones y respuestas especializadas. Las adicciones han estado presentes en figuras pertenecientes tanto al ámbito privado como al espacio político o al artístico. Pensemos en Winston Churchil con una propensión hacia el alcohol que causó verdaderos traumas entre miembros de su familia más cercana como su hija Sarah, pero que también le debió afectar a él. Aunque se trataba de un consumo relativamente "normalizado" y "asumido" por el entorno en el que se desenvolvía. El alcoholismo aparece como una nota más en la biografía de abundantes políticos y personajes de la historia pero no era contemplado en general bajo unos perfiles "problemáticos". Y por lo tanto no adquiría una trascendencia de "escándalo".

---

66. Elizondo hoy en activo ha protagonizado cine, teatro y opereta. En 1998 aparecía en *Un lugar en las nubes* (Alfonso Arau) junto a Keanu Reeves y Aitana Sanchez-Gijón. En la actualidad también desarrolla una carrera como pintora.

67. Barker conocido por sus cinco películas como Tarzán para la RKO y más tarde por sus trabajos en Europa visitó España con Lana Turner en los primeros años 50. No-Do conserva unas breves imágenes de la pareja paseando por los Reales Alcázares de Sevilla cuyo interés supera la anécdota: era una de las primeras veces que las estrellas de Hollywood volvían a pisar de nuevo un país como España, que había estado poco tiempo antes en una "lista negra" por razones políticas. En esos años 50 se añadieron nuevas instantáneas como las de James Stewart en el museo del Prado o la de Frank Sinatra en la madrileña plaza de la Cibeles. Desde el Ministerio de Información y Turismo de la época Arias Salgado se contemplaron con una doble actitud: por una parte servían positivamente de escaparate de normalización exterior e interior, tanto de puertas afuera como hacia adentro; pero a la vez representaban formas de vida y estilos totalmente repudiados oficialmente en España. Se adoptó la misma actitud de la censura de la época: divorcios, separaciones, hijos y uniones no matrimoniales sólo se podían dar a conocer cuando afectaban a personajes de Hollywood. Y aún en este caso tampoco se hablaba de amoríos o de relaciones cuando se trataba de representantes del mundo social de otros países a los que se etiquetaba como "católicos".

De la misma forma, consumos de drogas en espacios artísticos e incluso intelectuales podían ser socialmente "criticables" pero a la vez "aceptados" porque no trascendían de un ámbito de socialización más que cuando sus problemas de salud eran percibidos fisicamente. Este seria el caso de la morfina prescrita inicialmente para aliviar los dolores de Edith Piaff que debieron generar dependencia. Pero las drogas en la mitad del siglo pasado no habían adquirido la visibilidad de los tiempos posteriores hasta ser equiparadas a una pandemia.

Cuestión muy diferente era el modelo que acompañaba al "rock" prácticamente desde sus inicios y que en los años 60 llegaría a alcanzar características propias. Consumos incluso problemáticos de drogas habían sido perfectamente constatables en los años 30 y 40 especialmente entre ciertos artistas de terrenos fronterizos (por ejemplo entre razas en tiempos en los que se mantenían formas de segregación racial) y que a la vez procedían de ambientes familiares desestructurados o socialmente pertenecientes a subgrupos cercanos a un cierto "lumpen" de semi-delincuencia. El control sobre el uso de drogas por estos grupos podía tener mucho que ver con el trato que se estaba aplicando a ciertas minorías: sanciones severas y una intensa reprobación social entre afroamericanos y "marginales", y una cierta tolerancia con respecto a los blancos e "integrados". El "jazz" aparecía repleto de biografías en las que se repetía el elemento "adicción", la de Billie Holiday era una referencia no precisamente única.

El vínculo drogas-personaje famoso mencionado en los medios de comunicación durante las últimas décadas del siglo pasado venía a adquirir un significado de uso con un tratamiento escrito bajo los rasgos de una generalización superficial. Parecía que por el hecho de ser famoso/a, disponer de unos ciertos recursos o pertecer a un determinado grupo social el consumo de cocaína ya era otro signo de identidad subcultural "imprescindible". En los últimos 80 se generó además una superficial asociación triunfo social (los "yuppies" y la llamada "gente guapa") y el consumo de cocaína. Esa focalización aportó una imagen muy errónea sobre ese consumo: en el estereotipo del éxito y el lujo "además" debía estar presente el consumo de coca. La realidad era que usos de la cocaína se mostraban en ámbitos socialmente dispares de toda la escala de clases. Poner el acento en que la gente elegida por la fama o la fortuna venía a consumir cocaína implicaba un factor de "re-prestigio" social con respecto a esa sustancia. Frente al absoluto desprecio y pésima imagen de la heroína, sobre todo a través de la vía intravenosa, cuya subcultura aparecía descrita con las tintas más siniestras, la más degradada descripción de escenarios, y los actores sociales más rígidos (en general policías, "narcos" y delincuentes-consumidores, según el tópico). Mientras la mayor parte de las normativas europeas distinguían entre uso y tráfico, los medios apenas solían distinguir esos matices en la construcción de las informaciones. Algunos de esos hechos revelados tiraron por tierra a personajes que habían disfrutado de la miel del éxito.

Laura Antonelli (1941) había disfrutado de una larga carrera en el cine italiano hasta convertirse en una mezcla de actriz y "sex symbol" en la década de los 70 y los 80. Antonelli trabajó con un repertorio muy amplio de directores, para terminar especializándose en un tipo de melodrama con toques eróticos muy popular en su momento. Títulos como *Malizia* (Semperi, 1979) la mostraron como una verdadera estrella.

Cuando empezaron a apagarse los años de gloria y en el momento de abordar un giro radical en su carrera Antonelli se vino abajo. Los medios de comunicación terminaron sometiéndola a un proceso inquisitorio a los ojos de la opinión pública. En 1991 la policía entró en su casa y encontró una cantidad de cocaína. Detenida y juzgada fue condenada a permenecer en arresto domiciliario por tráfico de drogas. A partir de entonces se inició un largo rosario de recursos por vía judicial para pedir una revisión de la sentencia argumentando que Antonelli exclusivamente poseía cocaína para su uso no para su venta o distribución. Tras un largo periplo por distintas instancias judiciales casi diez años después la sentencia fue revocada reconociéndose que había sido víctima de una injusticia. Logró unos cuantos miles de euros de indemnización. Pero su vida era una carrera hacia un pozo. Una mala cirugía estética acabó por destrozarla desfigurando el que había sido uno de los rostros más atractivos de la Europa de los años 70. Sin trabajo, sin posibilidades de volver al cine, destrozada por dentro y por fuera, ha padecido problemas psíquicos necesitando ingresos en psiquiátricos. Como actriz no supo dar el giro oportuno en el momento en que aparecía otra nueva generación y en esa decadencia las drogas se cruzaron por su camino. En Italia, la que había sido un claro icono de su época, se convertía en puro alimento para los medios sensacionalistas, como un pálido reflejo de lo que había llegado a ser. Del éxito al precipicio hay menos distancia de la que parece.

En los años 50 con el "estallido" del "rock" y mucho más tarde en los años 60 con el "pop" y todas las formas asociadas al movimiento "hippie" y a la explosión cultural de la época las referencias socio-culturales en torno al consumo de drogas habían empezado a cambiar. Aparecían como habituales consumidores jóvenes que provenían de típicos ambientes de "blancos, protestantes y anglosajones", probablemente "chicos de buena familia". Y no como antes polarizado en una doble dirección: "marginales" y "élite económica social" con disponibilidad de recursos y en contacto con instancias internacionales. Había además un espacio cultural que daba prestigio y realce a esas formas de uso. Se consumía no por el supuesto placer que representara ese uso sino "también" y especialmente porque con esa utilización individual o colectiva "se transgredía una norma social de un universo caduco". Era un acto de rebeldía cultural y social. Quiere esto decir que frente al rechazo público y de una buena parte de los medios había un discurso cultural-social que aportaba una característica de nuevo prestigio a esos estilos de vida en los que el uso de drogas se contemplaba como una acción de rebeldía.

Todavía en los últimos años 50 y primeros 60 los asuntos relacionados con la moral sexual adquirían mayor impacto que aquéllos vinculados a las adicciones. En buena medida porque estos últimos tardaron mucho más tiempo en trascender a la opinión pública y a los medios. Un caso significativo fue el de Jerry Lee Lewis (1935). Claramente representante de unos estilos musicales del sur de los Estados Unidos era un joven blanco y de familia de clase media, protestante y en la que las prácticas religiosas tenían una enorme presencia. Expulsado de un colegio religioso por haber cantado una canción gospel con ritmo de "boggie" este sureño se convirtió con poco más de 20 años en una de las grandes estrellas del "rock". Jerry Lee Lewis poseía un estilo inconfundible de tocar del piano, de hacer mezclas absolutamente sorprendentes, de unir estéticas absolutamente divergentes, un artista que se movía en un escenario como un verdadero espectáculo… Sin discusión estaba llamado a ser una de las grandes estrellas.

Pero le acechaban los problemas de identidad y de inestabilidad personal. El golpe más grande de su vida, que tiró por tierra toda su carrera ocurrió en 1959. El artista había sido exageradamente precoz en los matrimonios, con una primera boda en 1952, a los 17 años que se acabó a los pocos meses. Un año después se había casado con otra chica en una pareja que duró hasta 1957 y con la que compartió la transición de un muchacho "wasp" y sureño a quien le gustaba la música a una de las grandes estrellas del "rock" y de otros estilos. En 1958 Lewis estaba a punto de ser la figura capaz de disputar el cetro a Elvis Presley. Al igual que Elvis también Jerry Lee Lewis había iniciado una carrera en el cine, con apariciones como protagonista en varias películas. La última se rodó en 1958, *High Scholl Sentimental* (Jack Arnold), estaba producida por un gran estudio como las de Elvis y se dirigía no solo a los jóvenes sino que buscaba otra clase de público con la presencia en el reparto de una sosias de Marilyn como era Mamie Van Doren. Lewis tenía un brillante porvenir en la música y en el cine. Aunque todo se vendría abajo.

Jerry Lee Lewis en otro más de esos gestos de inmadurez contrajo matrimonio por tercera vez, en este caso en Inglaterra ahora con Myra Gale. Una boda totalmente secreta y oculta que no trascendió a los medios. Pero al iniciar su gira de actuaciones por el Reino Unido los medios se empezaron a interesar por "aquella jovencita que lo acompañaba". Y estalló la "bomba": Mira había cumplido trece años. Y además era prima del cantante. Rápidamente la gira británica se vino por los suelos, se cancelaron todas sus actuaciones, mientras en Estados Unidos se censuraron sus discos que dejaron de ser escuchados en las emisoras de radio. Los estudios de cine decidieron no producir ninguna película más con él y cuando trató de ser contratado para otras actuaciones en directo su "cachet" se vió reducido a la mínima expresión.

Su inestabilidad personal e inmadurez le condujo a un rápido eclipse. Esa situación le persiguió durante buena parte de su vida. En 1970 se divorciaba de nuevo para contraer otro matrimonio un año más tarde que duró solo unos meses. Esta última mujer aparecería algún tiempo más tarde ahogada en su piscina. Fueron unos años terribles en la vida de Jerry Lee Lewis que de número 1 se había quedado en nada. Además las desgracias familiares le asolaron, emergiendo a la luz pública un un problema que antes solo tenía una presencia relativa: las drogas y el alcohol. Había sido una gran estrella, un artista realmente genial, un músico y un cantante de perfiles absolutamente originales, pero además tenía una personalidad en un traumático proceso de maduración. Vendría en 1983 otra enésima boda con Shawn Stephens y una nueva desgracia. A los pocos meses de matrimonio ella aparecía muerta por una sobredosis de metadona. En esa época ya no era señalado por el dedo del escándalo por esa continua sucesión de desastrosos matrimonios exponentes de una inmadurez sino por las nuevas adicciones, precisamente en el momento en el que cultural y socialmente las drogas empezaban a ser percibidas realmente como "problema" y no como "excentricidad elitista" o "acto de rebeldía".

Mientras tanto a la mitad de los años 80 aparecía otra nueva sensibilidad social. En 1984 se había casado de nuevo en el que constituye su último matrimonio, y su vida privada dejaba por vez primera de ser motivo de "escándalo". Se filtraban mucho más en los medios sus adicciones, pero entonces se las contemplaba todavía como un elemento de pertenencia a una cultura. Fue justamente en esa época cuando Jerry Lee Lewis empezó a ser rehabilitado, y un poco tiempo más tarde reconocido de nuevo, ahora como un "viejo" mito sorprendentemente recuperado, como el rey que regresa inesperadamente del pasado. Sus temas volvieron a sonar, se rodó en 1988 la película semibiográfica *Great Balls of Fire*, grabó nuevas canciones e inició giras como un "ex" que vuelve del infierno, y cuya carrera ha pervivido hasta el presente, con idas y vueltas, pero todavía contemplado como uno de los escasos supervivientes de la "edad de oro" del "rock". El "escándalo" también le costó que su carrera prácticamente se acabara en el momento de máximo reconocimiento.

Las disputas entre Mía Farrow y Woody Allen (1935) a propósito de la separación y la boda de Allen con la antigua hija adoptiva de su exmujer, la coreana Soon-Yi Previn (que recibe el nombre del entonces marido de su madre el músico André Previn), fueron suficientemente aireadas en los medios e incluso la propia Farrow escribió sus propias memorias sobre el caso donde lanzaba terribles acusaciones contra su "ex". De haber ocurrido décadas atrás la carrera de Allen habría naufragado definitivamente. Pero Allen se desenvolvió con habilidad en algunos aspectos: aunque su nombre estaba presente en las secciones de la prensa donde menos le interesaba aparecer no entró al juego de esos medios, no hubo declaraciones ni entrevistas, ni apariciones en la pequeña pantalla hablando del caso. Eso quiere decir que tampoco se produjo el boicot del que fueron víctimas en situaciones similares otros personajes del Hollywood clásico. Pero sí se produjo definitivamente algun cambio en Woody Allen.

Hasta ese momento su carrera gravitaba en torno a Estados Unidos y a pesar suyo era un icono de un perfil de americano "judío, liberal y del este". Pero cuando se produjo el "escándalo" Allen era en su propio país un artista reconocido pero escasamente rentable desde el punto de vista económico. En adelante el centro de la carrera de Allen sería Europa. La mayoría de sus películas posteriores, –quizás a excepción de *Misterioso asesinato en Manhattan* (1993) y *Vicky Cristina Barcelona* (2008)–, no han obtenido buenas recaudaciones en las salas de cine de Norteamérica y su circuito de exhibición se ha reducido a unas cuantas salas de ciudades de la costa del Este y del Pacífico y poco más. Precisamente Allen a partir de esa situación entró en una etapa mucho más convencional de su carrera hasta llegar a difuminar relativamente su perfil de prestigio ante una cierta crítica. Aún así el "escándalo" se ha evaporado del todo, pese a que Allen y su compañera se dejan ver con naturalidad por los lugares públicos.

Esa característica "ajena" y "europea" también ha contado en el "escándalo" Roman Polanski (1933). Viudo de Sharon Tate, asesinada cuando estaba embarazada por el siniestro Charles Manson en 1969 en una ceremonia de sangre y horror, en 1977 en el mejor momento de su carrera, algunos años después del éxito comercial y artístico de *La semilla del diablo* (1969) y de *Chinatown* (1974), Polanski era acusado de abusos sexuales y violación a una menor, a la que fotografiaba para "Vogue" en la residencia de Jack Nicholson. Las circunstancias fueron suficientemente aireadas en la prensa de la época y en el consiguiente juicio, y los tabloides no se recataron en ofrecer detalles que hundieron totalmente la imagen de Polanski en Estados Unidos. Condenado a tres meses de prision para evaluar su condición psíquica aprovechó un viaje para exilarse a Europa, residiendo a partir de entonces en Francia y en Polonia principalmente, con rodajes en países distintos al Reino Unido que no mantienen convenios de rápida extradición con Norteamérica. Allí Polanski sigue siendo un "prófugo de la ley" y su carrera americana no tiene visos de continuidad aunque ha rodado en Europa para productoras de ese país. Su carrera se salvó gracias a que el mayor peso de la misma estaba en Europa y ahí pudo reconstruirla. Y a la vez los pasos siguientes en su biografía con una boda con la actriz Emmanuelle Segnier y una nueva familia acentuaron un nuevo perfil mucho más europeo. En 2009 ese pasado volvía inoportunamente a pasar factura en el momento más inesperado para desconcierto incluso de los mecanismos de la propia Justicia, reabriendo una herida profunda y cerrada en falso.

Tanto Allen como Polanski no se prestaron a entrar en la rueda de los medios de comunicación, expuestos a las más inquisidoras miradas públicas. Y gracias a ello sus respectivos "escándalos" no acabaron en el más absoluto de los desastres como le había ocurrido a la mayor parte de los nombres del Hollywood de los años 30 a los 50 que se enfrentaron a situaciones similares. Y todo a pesar de que hoy las sociedades han adquirido unas perspectivas mucho más críticas que en el pasado ante situaciones que remiten a posibles delitos relacionados con la pederastia, el abuso de menores, o el maltrato en el ámbito familiar, ante los que antes podía existir una menor sensibilización pública.

La sociedad de la última parte del siglo XX y de la primera década del siguiente a pesar de todo se ha mostrado tanto en América del Norte como en Europa con un grado de tolerancia distinto al del pasado respecto a ciertas situaciones pertenecientes a la esfera individual de los personajes muy conocidos. De la misma manera que el "caso Levinski" en otra época anterior podría haber obligado a dimitir a un presidente norteamericano como Clinton. Lo que se cuestionaba no eran las relaciones de un hombre casado, aunque fuera presidente con otra mujer, sino que los medios se interesaban principalmente por el uso privado de instalaciones públicas, por la posible existencia de tratos de favor, o por el supuesto de que la primera magistratura pudiera haber mentido en sus declaraciones. Los "escándalos" en que aparecieron relacionados Hugh Grant en 1995 por practicar sexo con una prostituta callejera en un coche en Sunset Boulevard o el de Mel Gibson en 2007 más allá del tratamiento sensacionalista de algunos medios no ha provocado el hundimiento de una carrera como habría ocurrido con muchas otras estrellas en el pasado y en parecidas circunstancias.[68] Ello a pesar de que antaño los periódicos especialmente la prensa "amarilla" y hoy las televisiones han explotado suficientemente casos como el robo de unos cuan-

---

68. Gibson ha resistido incluso la "prueba" de un divorcio aireado en los medios, precisamente por contraste con la imagen acrisolada del actor como ferviente fundamentalista religioso y padre de familia numerosa. Pero ha tropezado de lleno con una posterior relación de pareja que ha derivado hasta un contenido ante el que hoy se percibe un gran sentimiento social de protección como es el del maltrato, la xenofobia o el insulto a las minorías. Las recaudaciones de sus dos últimos largometrajes, ya muy espaciados en el tiempo, mostraban grietas en su imagen, y el deterioro de ésta a partir de los medios de comunicación pone en entredicho su futuro de "star".

tos dólares por Wynona Ryder en un comercio de Beverly Hills sancionado con un tiempo de trabajo comunitario o la pelea de Russel Crowe en un hotel ante la imposibilidad de hablar por teléfono resuelto económicamente a través de un proceso extrajudicial.

Se trataría por lo tanto de separar entre la esfera privada de personas adultas y con plena capacidad y aquellas conductas reprobables desde el punto de vista ético y social. Tanto aquéllas que tienen que ver con la violencia o la sexualidad como con las opiniones expresadas públicamente que implican una incitación a la violencia, al racismo o una actuación contra la libertad y los derechos de los demás. Habría que incluir sin embargo un último apartado de "escándalos" que sin embargo tienen un mayor grado de tolerancia social como los relativos a los deberes y obligaciones económicas. Chaplin fue acusado de ser el padre del hijo de una mujer que lo llevó a los tribunales quienes dictaminaron que el niño no era hijo de la estrella, asunto que causó una enorme repercusión pública e incluso estuvo a punto de poner en peligro la carrera del genial cómico. Pero también se le acusó de evadir impuestos, como a otros muchos personajes públicos, y ese hecho adquirió características de "escándalo con sordina".

Aún así en los años del sistema de estrellas en Hollywood y principalmente en los de su decadencia, varias carreras se eclipsaron después de que se publicaran supuestas noticias sobre determinadas conductas sexuales que hoy merecerían más atención por atentar contra la intimidad personal y la privacidad de un ciudadano o ciudadana y no tanto por el motivo central de la supuesta "revelación", que correspondería a un hecho que en la actualidad sería asumido desde una perspectiva prácticamente normalizada. La supuesta revelación sobre un tipo de sexualidad entre dos personas con libertad de decisión hoy no parece motivo suficiente para derribar un estrellato, por lo menos en el primer mundo. Esto en cambio sí ocurría hace unas pocas décadas.

En la mitad de los años 50 una noticia en un semanario practicamente arruinó la carrera de una de las más grandes actrices del cine de la época: Lizabeth Scott (1922). Nacida en una familia de origen ruso Scott fue una muy atractiva mujer con un físico original con muchos puntos en común con el de Lauren Bacall. De una belleza fría y atractiva, y voz tan densa como la de Bacall, también trabajó con Bogart en *Callejón sin salida* y rodó algunas de las más seductoras películas del cine de los últimos 40 y primeros 50 preferentemente dentro del melodrama "negro", con títulos como *El extraño amor de Martha Ivers* (Lewis Milestone, 1946) o *Easy living* (Jacques Tourneur, 1949). Justamente en el mejor momento de su carrera, a punto de alcanzar el estatus de un verdadero mito, una revista publicó que Lizabeth Scott era lesbiana. Aunque ella inició acciones legales contra la publicación el mal ya estaba hecho. Tan solo rodó una película más *Lovin You* en 1957 con Elvis Presley de pareja y no volvió a hacer cine nunca más (hasta un inesperado regreso ocasional en 1972 con *Historias extraordinarias* al lado de Michael Caine). Pero en los 50 una imagen de lesbiana parecía incompatible con la función de ser una mujer de fuste para encarnar en el cine a la pareja de los grandes actores del momento. Hoy esa presencia ambigüa de Lizabeth Scott la habría convertido en un auténtico "tanto favorable" para su carrera; entonces era un completo lastre. Las propias aureolas que rodean hoy a la imagen de Greta Garbo o Marlene Dietrich son relativamente recientes, e incluso asumidas como un atributo más de su propio mito. Pero en el Hollywood de su época se cruzaban rumores sobre la vida personal de ambas estrellas sin que los medios se atrevieran a publicar practicamente nada nada más que insinuaciones cargadas de perversidad. Tanto Garbo como Dietrich habrían pagado un precio demasiado alto: su carrera.

El protagonista de uno de los "escándalos" más llamativos dentro de este capítulo fue uno de los más prestigiosos actores británicos del siglo XX John Gielgud (1904-2000). En un país como el Reino Unido donde los grandes nombres del teatro han adquirido un reconocimiento casi aristocratizante, Gielgud había encarnado desde los años 30 a personajes del teatro clásico y a la vez participado en destacados títulos del cine de su país y más tarde de Estados Unidos. El año clave de su vida sería 1953. Acababa de rodar en Hollywood la versión de *Julio César* de Mankiewickz y su reputado prestigio como uno de los actores shakeasperianos era inmenso. La Reina Isabel II le acababa de conceder el título de Sir, que oficialmente lo elevaba a la aristocracia británica. Pero en octubre de ese año era detenido en unos servicios público acusado de incitación a la homosexualidad. En esa época dicha práctica quedaba prácticamente equiparada en su imagen social al tráfico o al consumo de drogas. Todavía el ejercicio de esa forma de sexualidad estaba sancionado penalmente. A la vez que crecía en la opinión pública una actitud favorable a la despenalización de la homosexualidad (que solo se aprobaría en 1967) se estaba produciendo una fuerte reacción en forma de campaña contra esa minoría. Gielgud se vió obligado a comparecer ante un tribunal, aunque se le permitió que lo hiciera bajo nombre falso, el de un vulgar "John Smith" (equivalente en castellano a Juan García). Gielgud que se declaró culpable fue sancionado con una modesta multa de diez libras. Pero un periodista conoció casualmente la identidad de quien se encontraba tras ese nombre supuesto y la noticia saltó a los medios de comunicación hasta convertirse en un auténtico escándalo. Gielgud que nunca había ocultado su identidad sexual aunque sin pregonarla explícitamente (solo en 1988 presentaría oficialmente a quien había sido su pareja durante largas décadas de vida) comprobó de la noche al día como su carrera se venía abajo como un castillo de naipes, tanto que llegó en pensar en el suicidio tal como reconoció en una carta a la actriz Lillian Gish. De nada había valido que la Reina le acabara de elevar a la aristocracia si el escándalo rompía en pedazos su biografía. En principio John Gielgud renunció a continuar su carrera en Estados Unidos puesto que corría el riesgo de que también las autoridades de Inmigración no le dejaran entrar en el país o le expulsaran por los mismos hechos que condujeron a su práctica exclusión social en el Reino Unido. Fueron finalmente sus compañeros, los actores británicos, quienes reaccionaron a su favor logrando inclinar la balanza. Muchos de esos actores se solidarizaron con Gielgud y le ofrecieron el trabajo que otros empresarios le negaban. Así pudo estrenar finalmente una obra teatral. En la primera sesión recibió un fuerte aplauso de un público entre el que se sentaban buena parte de sus compañeros de profesión. Esa reacción compensó la violenta campaña que seguía sonando en los medios. Laurence Olivier quiso convocarle para hacer *Ricardo III*, y Michael Anderson y Otto Preminger rompieron el posible boicot ofreciendole rodar pequeños papeles en películas que aunque producidas por firmas americanas no se rodaban en Hollywood, como *La vuelta al mundo en 80 días* (1959) y *Santa Juana* (1959). Sir John Gielgud había sido víctima de una humillación pública de enormes consecuencias pero fue el apoyo del medio artístico el que consiguió que no se hundiera definitivamente. La paradoja posterior ha sido que Gielgud ha interpretado tanto en el teatro como el cine a los personajes más solemnes y con mayor magnificencia: reyes, papas, emperadores, cardenales, títulos, pares... Y que el tiempo ha venido a confirmarle como "actor" clásico por excelencia con trabajos como el de *Campanadas de medianoche* (Orson Welles, 1965) o los textos de Bretch y Harold Pinter. Recientemente un texto teatral de Nicholas de Johng ponía de nuevo en escena este suceso, con especial fijación en la sociedad británica de 1953 y las campañas contra la homosexualidad mostrándose en la obra una escena en la que policías que se hacían pasar por usuarios de urinarios públicos provocaban insinuándose a supuestos homosexuales para su detención. En un santiamén la brillante carrera de Gielgud estuvo a punto de concluir en 1953, y quizás su propia vida, por un escándalo que lo situó en la primera fila del escarnio público, y que solo logró ser superado por la reacción de otros profesionales de la escena británicos.

Capítulo 23

DESPUES DEL ÉXITO: LA NADA

La transformación en los gustos, la imposición de nuevas estéticas y lenguajes, los giros en la sensibilidad artística o la presencia de nuevas generaciones pueden ser crueles para las precedentes que se ven arrastradas, arrinconadas, desplazadas o derribadas como por una aparente auténtica ley de vida. Esa situación dictada por los cambios se ha repetido a lo largo de la historia de la cultura. El Renacimiento consideraba "anticuado" y "oscuro" a todo el arte medieval devolviendo brillo al de Grecia y de Roma que retornaban en nuevas interpretaciones milimétricas. Pero a la vez después de la explosión del neoclásico, el romanticismo recobraba sombras, y ambientes góticos y rechazaba los tonos luminosos del brillo renacentista. Tales cambios de estéticas se producían en estas sociedades de una manera mucho más lenta que en las actuales, dominadas por los medios de comunicación, y alcanzaban únicamente a las élites. Porque hasta bien avanzado el siglo XIX el arte dependía del favor o la protección de la Iglesia, de las cortes y de los señores o los linajes, con escasa posibilidad de autonomía para los artistas.

A partir del siglo XX el auge de los medios de comunicación dio lugar a una sucesión de imagenes difundidas a mayor rapidez que en ningún otro periodo anterior de la Historia. Todavía más con la implantación de los medios audiovisuales y electrónicos y la llamada "cultura de masas". Hasta el concepto "moda" cambiaba respecto a lo que significó en otras épocas. La "moda" llegaba a los palacios de antaño como una referencia "snob" al alcance de una élite que reforzaba su espacio propio y absolutamente separado del resto de la sociedad, en épocas en las que la movilidad social era prácticamente inexistente y aquél que no formara parte de esa reducida clase privilegiada tenía todas las probabilidades para morir con la misma falta de recursos con la que había nacido. Una moda que tardaba en implantarse y mantenía una vigencia que hoy nos parecería eterna. Hasta la aparición del telégrafo la difusión de las noticias era muy lenta y la percepción del mundo muy incompleta cuando enormes territorios eran prácticamente inexpugnables. Carlos V como cualquier otro monarca renacentista supo de los resultados de las batallas en las que sus banderas estaban implicadas en Europa casi un mes después de que los hechos se hubieran producido. Se trataba de una época en la que el mar y no la tierra eran la principal vía de comunicación. Hasta bien avanzado el siglo XIX en el interior de los territorios no había comunicaciones directas tal y como hoy podemos entenderlas sino caminos que enlazaban con los pueblos contiguos y de ahí a los siguientes. El concepto de antiguas vías como las trazadas por Roma era limitado y prácticamente no había sufrido alteraciones significativas en los siglos siguientes. Sólo a partir de la Ilustración en Europa cierta clase de obras públicas como los caminos serían objeto de atención. Pero hubo que esperar hasta el XIX con la introducción del ferrocarril, y los sistemas de caminos y de carreteras para que se trazaran las primeras redes efectivas, ampliadas a partir de 1900 con la presencia del automóvil que requería de unas especiales características técnicas para circular por esas vías. En el XIX el télegrafo había mejorado enormemente las comunicaciones y más tarde la aviación y la radiodifusión. Pero aún en los años 20 del pasado siglo el viaje entre dos ciudades inglesas separadas a unos 300 kilómetros de distancia que en la actualidad se realizaría por carrera en menos de dos horas en esa época requería casi una jornada completa.

Antaño esa percepción de la moda tenía lugar con unos tiempos que hoy consideraríamos dilatados y enormemente prolongados. La moda en la actualidad se reproduce a un ritmo acelerado y dentro de una necesidad de constante renovación impuesta por el mercado, como aquélla que lleva a los comercios de ropa a una extrema rotación de productos donde los anaqueles y escaparates se renuevan hasta casi una vez a la semana. Lo que hoy vale en un corto espacio de tiempo puede resultar enormemente anticuado. La moda crea códigos y estilos; y unos cánones como los de la belleza que nunca son estáticos. Dentro de una sociedad capitalista basada en el consumo y no en la producción, la moda viene a ser la expresión de la necesidad de generar nuevas demandas y necesidades. Esa extrema rotación encuentra su escaparate en el mundo de la televisión. Un medio extraordinariamente rápido y a la vez perecedero. Con los antiguos usos anteriores a la explosión de la televisión de los años 50 en Norteamérica y en España de finales de los 60 una figura o una estrella se construían a lo largo de un aprendizaje dilatado en el tiempo, constante, con una planificación estricta en la que intervenía un amplio equipo, cuyo número variaba según la importancia de esa tradición dentro del mundo del espectáculo o de la comunicación. Las "estrellas" eran inversiones a medio o a largo plazo cuyos rendimientos nunca se obtenían al primer golpe de suerte. No era extraño que se necesitaran como hacían los estudios del Hollywood clásico por lo menos contratos de siete años para la explotación de un nombre, mientras en otros la media era de por lo menos dos décadas para lograr el suficiente beneficio en la inversión.

Ese esquema estalló hecho añicos con la televisión. En una o unas pocas apariciones se podía crear una figura, un personaje o un producto de consumo, prácticamente de la nada. A la vez el ritmo de su declinar podía ser igual de rápido cuando el personaje dejaba de aparecer en la pequeña pantalla. Los espectadores de televisión apenas tienen memoria. Como un sueño que se alza con rapidez y se desvanece de manera todavía mucho más fulminante, la popularidad dura lo que una bengala. El ritmo es todavía hoy más acelerado que en los primeros tiempos de la historia del medio, relegando determinados valores que estaban presentes socialmente en otras épocas como eran la constancia, el trabajo continuado, la preparación, la planificación, el estudio, la toma de consideración de los distintos elementos, la fidelidad... Hoy ese rendimiento debe ser obtenido a corto plazo: no suele haber "segundas oportunidades" en programas que en primera edición no han obtenido el número de espectadores esperado. La perseverancia es contraria a los modernos sistemas de producción. Es más fácil generar una "figura"a partir de un concursante de un programa de tele-realidad o de un marginal o periférico espontáneo casualmente cercano a un personaje conocido, que no trabajar durante largos años en la formación de un profesional con una capacidad naturaldigna de ser potenciada por la técnica y desarrollada a través del trabajo continuado. Los filones han de ser explotados nada más ser descubiertos. En el medio televisión no se cotiza más aquél que tiene más talento, quien mejor se ha preparado o el que ha desarrollado una mejor carrera, sino aquél que posee mayor capacidad para llamar la atención de los demás de manera súbita y ocasional y convertirse de la noche a la mañana en inesperado "personaje del día".

En esa cotización la enorme rotación de las modas y de las figuras da lugar a súbitos olvidos, situaciones en las que se apaga la luz de la fama de la noche al día, cambios muy rápidos de valoración que arrinconan carreras que parecían consolidadas o reconocimientos que en principio parecían "para siempre". Echemos un vistazo a las listas de éxitos discográficos de hace solo un lustro. La mayor parte de los nombres que aparecen en ellas ahora son solo un pálido recuerdo. Lo mismo que aquéllos que mostraban sus rostros desde esos programas de televisión que ya hemos olvidado. Se producen así paradojas tan tremendas como que en España (pero el caso vale para cualquier otro país) sean más recordados personajes que se hicieron presentes en la pequeña pantalla hace tres décadas que aquéllos que nacieron y se extinguieron prácticamente antes de ayer.

A ese rasgo de extrema rotación en los productos hay que unir un hecho complementario: la absoluta identificación generacional de los productos, un hecho que empezó a mostrarse a partir de la mitad de los años 50 pero que hoy alcanza sus características más exageradas. Ya no vale con generar una moda para un sector social determinado, se hace necesario producir tantas modas como subgrupos, y a su vez que éstas se renueven continuamente en un fenómeno de multiplicación hasta la exageración. La música que escuchaban los que eran jóvenes hace diez años o un lustro apenas tendrá presencia unos años más tarde porque ya se habrán creado nuevos signos de referencia e identificación generacionales, de la misma forma que la moda tiene que renovarse semanalmente en muchas de las tiendas para jóvenes con nuevas y constantes ofertas. Y ello a pesar de que en la música aparece un factor de corrección dictado por la nostalgia o el llamado "revival" que establece determinadas "zonas francas" bajo la influencia del mito. Como con cierta música de los años 60 ó 70 que se repite, se reedita y vuelve a ser lanzada y escuchada en las emisoras como "nueva" porque forma parte de una explotación comercial permanente y renovada, parecida a la de los consantes cambios de sistema del audiovisual que provocan que las mismas películas y los mísmos títulos clásicos tengan que ser constantemente renovados para adquirirlos en los nuevos formatos, mientras los precedentes caen en un rápido desuso. El VHS es un objeto tan obsoleto como lo puede ser dentro de muy poco el DVD reemplazado por el Blu-ray y el 3-D y a punto de ser sucedido por otro formato nuevo, mientras los compradores adquirirán el mismo contenido pero en nuevos sistemas, de la misma manera que las generaciones de equipos de sonido, de telefonía y de informática con novedades permanentes impulsan un constante re-equipamiento pese a que las prestaciones no sean notoriamente diferentes a las de las precedentes.

No extraña por lo tanto que cada vez se constanten más compartimentos estancos en el uso de productos culturales. Al analizar este fenómeno hay que poner mucho más los ojos en imposiciones de una forma de producción que exige la constante renovación que en elementos de identificación exclusivamente cultural. O al menos estos son utilizados de una manera artificial para "marcar distancias", "definir espacios generacionales" y establecer pautas distintas de consumo. Dentro de esa rotación también tienen lugar recuperaciones ocasionales para una re-explotación de los productos.

Aquella "figura" o aspirante a "estrella" que como ocurriera en el pasado aspirara a desarrollar una carrera gradual instalándose en un territorio de trabajo y de reconocimiento está en una absoluta regresión. Tan solo la categoría o el "status" del mito es salvada de esa fulgurante aparición, entronización inmediata y olvido súbito una vez que se ha obtenido una explotación mayor o menor. Las "operaciones triunfo" duran el mismo tiempo que tardan en aparecer las siguientes ediciones.

Más allá de factores naturales (decadencia física, accidentes, enfermedades…) o extraordinarios (escándalos, secuela de actitudes políticas, adicciones, desequilibrios…) aparece otro factor que hoy adquiere mucha mayor importancia como es el brusco cambio de los estilos, las modas y las tendencias, que hacen que lo nuevo se convierta rapidamente en viejo. Muchos de los que en tiempos contemporáneos o para las generaciones más veteranas han constituido iconos como referencias generacionales se apagan en el olvido mostrando que muchos mitos también son perecederos.

Uno de los casos más espectaculares de abandono del público por el cambio de las modas fue el del actor John Gilbert (1899-1936) de efímera y corta vida. Fue una de las más grandes estrellas dentro del cine mudo hasta ser denomninado "el gran amante" por los personajes que interpretaba y por la leyenda que se forjó entorno a su vida privada. En los años veinte solo Valentino era capaz de rivalizar dentro del corazón de las mujeres de la época y cuando el primero desapareció solo quedaba Gilbert como héroe romántico. Después de trabajar con Mary Pickford había firmado contrato con la Fox por tres años a partir de 1921. Nada más acabar esa exclusiva pasaba a la Metro como una verdadera estrella. Rodó con los mejores nombres del cine de la época, tales como Vidor en *El gran desfile* (1925), la que llegaría a ser la segunda cinta más taquillera de toda la historia del cine mudo. En 1922 se había casado con una popular actriz pero el matrimonio se rompió a los pocos meses después de nacer su único hijo. Se decía que Gilbert llevaba sus papeles de don Juan más allá de la pantalla. En plena apoteosis la Metro lo emparejó a Greta Garbo en *El demonio y la carne*. Para rizar el rizo de la mezcla entre vida privada y personajes aprovechando la boda de King Vidor con la actriz Elena Bardman se convocó otra boda paralela entre John Gilbert y Greta Garbo. Habría podido ser la "boda del siglo" y una mina de oro para la Metro. Pero Garbo no se presentó a la boda. Cuando había pasado mucho rato y se supo que la boda se reduciría a una sola pareja, el magnate Louis B. Mayer deslizó algun comentario despectivo sobre Greta Garbo que irritó profundamente a Gilbert. Acabaron a bofetadas delante de todos. En adelante se iba a ganar un enemigo en la Metro.

Gilbert apareció en otros dos títulos con Garbo. Pero los gustos cambiaron espectacularmente nada más aparecer el sonoro. De manera experimental se había podido escuchar su voz en *Hollywood Revue of 1929* donde aparecían las estrellas de la época en la Metro. Meses después se estrenaba *His Glorious Night* (1929) su primer trabajo totalmente hablado. Gilbert poseía un soniquete de tenor, una extraña dicción..., aunque el público de la época lo asociaba a otro estilo de voz distinta. El fracaso fue estrepitoso[69]. Además John Gilbert aparecía con aureola de "antiguo" (era uno de los personajes parodiados en *Cantando bajo la lluvia* (1951) y Louis B. Mayer había decidido hundir su carrera. A cambio el actor ganó en la Metro a un personaje mucho más culto y refinado: Irving Thalberg, jefe de producción. John Gilbert aparecía al lado de Norma Shearer, la mujer de Thalberg, en *Romeo y Julieta* para la que hasta se rodó una escena en color. Pero el público siguió sin aceptarlo. La fama de anticuado tenía más fuerza que cualquiera de sus esfuerzos por actualizarse. Intentó incluso cambiar de registro y escribir él mismo un argumento como el de *Downstairs* (1932) bien recibida por la crítica pero indiferente por parte del público. El galán romántico ahora interpretaba a un chofer. En los años siguientes el trabajo se le vino abajo. Su nuevo matrimonio había sido otro fracaso, y el alcohol empezó a adquirir una gran presencia en su vida. Además sin trabajo los gastos se acumulaban y la ruina económica estaba a la vuelta de la esquina. En 1935 Edgar Neville a su vuelta de Estados Unidos era entrevistado por Florentino Hernández Girbal[70]. A la pregunta de quienes eran los actores con los que había intimado Neville mencionaba a John Gilbert de esta manera: «El famoso galán que perdida su fortuna y apagada su estrella, ahoga en whisky la amargura del presente tan cruel para él».

John Gilbert volvería a disfrutar por última vez del éxito en *La reina Cristina de Suecia* (Robert Mamoulian, 1933) de nuevo con Greta Garbo[71]. Pero mientras la carrera de ella seguía en alza la de él se borraba para siempre. Tan solo pudo hacer una película más que no funcionó, y trató de convertirse en el protagonista de *Deseo* con

---

69. José Crespo, actor murciano de larga vida que trabajó en Hollywood en los años 30 también se lo contaba así a Florentino Hernández Girbal: «Su voz sonaba desagradable y la dicción era defectuosa. El público se reía al oirle hablar, sobre todo en los momentos más dramáticos, lo cual es terrible para un actor. Años después me encontré con él. Estaba destrozado por el alcohol. Al reconocerme me dijo: "El filme que te llevó a ti a la fama me condujo a mí a la ruina"» (por el personaje que Crespo había hecho en castellano de un antiguo papel escrito en inglés para Gilbert).

70. Girbal publicó en la revista "Cinegramas" entre 1935 y 36 distintas conversaciones con muchos de los actores y guionistas o directores que habían estado en América. Curiosa la personalidad de este periodista, montador, operador y director del cine Figaro en Madrid durante los años de la República que tras el final de la guerra civil fue sometido a un consejo de guerra. En el penal de Ocaña pudo completar la única entrevista que le faltaba a su colección, la de Baltasar Fernández Cué (1876-1966), periodista y adaptador de diálogos para Fox, Warner y Universal. Tras cumplir condena éste último se marchó para siempre a Estados Unidos. Con dichas entrevistas de Hernández Girbal se editó por J.B. Heinink el libro "Los que pasaron por Hollywood" (Ed. Verdoux, Madrid,1992).

71. Aún así José Crespo contaba que pudo interpretar el personaje en la versión original. «Alguien de la Metro lanzó mi nombre para el papel de embajador español (en *La Reina Cristina de Suecia*) pero la actriz (Greta Garbo) entonces en la cumbre de su fama impuso a John Gilbert, por compañerismo y creo que también por lástima. Antes había rechazado a Laurence Olivier».

Marléne Dietrich, con quien al parecer mantenía una relación (igual que antes la tuvo con Garbo, pero no se puede saber si ambas eran "de tapadera" o creadas por él mismo o por los estudios). Gilbert, alcoholizado y sin dinero, olvidado por los gustos del público, tan pasado de moda como el cine mudo, murió a los pocos meses de un ataque al corazón. A punto de cumplir los 37 años se le consideraba un "viejo" y un "antiguo", atropellado por los violentos giros de las modas.

Tambien los bandazos de la moda han dejado en la cuneta a Luis Mariano en sus últimos años de vida, y han reducido su mito al del territorio "kitchs". En España como en la Francia de los años 50 Luis Mariano (1914-1970) había sido una auténtica estrella, tanto de la opereta como del cine. Nacido en Irún se libró de la guerra civil gracias a haber cruzado la frontera aunque las tropas del general Mola bombardaron la ciudad y destruyeron la casa familiar. Residente provisionalmente en Burdeos donde empezó a cantar en el conservatorio se libró de ser enviado a Alemania como trabajador gracias a que se matriculó en Bellas Artes. En París conoció a Francis López compositor también de origen vasco y puntal en su carrera. Pudo cantar en "Don Pascuale", y en 1945 estrenar la opereta "La bella de Cádiz". Un año después debutaba en el cine. Lo que vendría más tarde sería el total estrellato en Francia hasta convertirse en el rey del teatro lírico ligero y de la opereta casi siempre en el teatro Chatelet de París, rodando más de una veintena de películas no solo historias con canciones sino también modestas comedias de consumo interior con actores como Bourvil. En 1949 se había estrenado en el teatro "El cantor de México" de la que se rodaría una película un lustro más tarde, donde aparecía la canción que le haría más popular: "México". En España se convertiría en estrella a partir de sus películas como *Violetas imperiales* (1952) con Carmen Sevilla, entorno a la cual se fabricaron los mismos romances inventados que trataban interesadamente de emparejar en 1964 a Marisol con Antonio antes del estreno de su película *La nueva cenicienta (1964)*. Las emisoras de radio españolas de los años 50 se llenaron de temas de Mariano que además se cantaban en la calle, como su popular (y amanerado) duo con Gloria Lasso, "Canastos".

Mariano mantuvo una dualidad sin precedentes. Además de hacer opereta, bolero y canción ligera, diseñaba trajes, vestuarios y decorados y participaba en las letras de muchas canciones. En Francia siempre fue considerado como un republicano exiliado perfectamente integrado que llegó a participar en los coros impulsados por el lehendakari Jose Antonio Aguirre para mantener la identidad vasca. Cantó en euskera e incluso grabó alguna canción en ese idioma cuando en España no estaba permitido su uso cotidiano. Pero a la vez Luis Mariano se dejó caer en la fiesta del 18 de Julio en La Granja, donde al parecer solicitó personalmente a Franco el pasaporte para sus padres.

Ese enorme éxito y popularidad que llevaron a convertirle en verdadero mito tanto en España y Francia y para toda una generación, se disipó rapidamente en la mitad de los años 60. En ese tiempo su estilo aparecía empapado de cursilería y de romanticismo trasnochado envejeciendo a una velocidad de vértigo. Parece curioso que este verdadero mito de los años 50 enterrado en el País Vasco francés y al que recientemente le ha sido dedicado unos jardines y una estatua en su ciudad natal, Irún, sea un mito no asumido ni por el nacionalismo vasco, ni por los "gays" puesto que casi fue un precedente de ciertas estéticas sexuales "avant la létre". Su figura aparece timidamente en ciertos programas de nostalgia, pero como mito carece del brillo de muchos otros. El tiempo se ha comportado de manera cruel con su imagen.

Los cambios bruscos en la moda difuminan imágenes y destrozan mitos por mucho que en su momento tuvieran una resonancia excepcional. A pesar de que el elemento cronológico no parece el decisivo en esa permanencia u olvido sino que todo el peso de la supervivencia de una imagen hay que ponerlo en un factor llamado "oportunidad". En Francia Edith Piaff, muy anterior en el tiempo a las cantantes "pop" de los años 60 que gozaron de una popularidad absoluta como Sylvie Vartan, Sheila o France Gall[72], pervive frente al olvido de mitos más recientes. Gerard Philippe sigue siendo un mito francés asociado a un elemento de cierto inconformismo, pese a que en sus películas hiciera también personajes más convencionales dentro del cine academicista frente al casi olvido en el que han caído actores tan populares en ese mismo momento como Jean Marais[73], que vino a ser para Jean Cocteau lo que la musa para otros creadores, además de su pareja estable, con una amplísima carrera en la que aparecen referencias para todos los gustos. O Jean-Pierre Aumont, uno de los viejos mitos del cine francés, con una larga carrera en Hollywood y en Europa, una verdadera "leyenda" difuminada en los últimos tiempos. A pesar de todo, Francia es un caso único en Europa por haber sabido crear y sobre todo mantener un "sistema de estrellas" notoriamente diferenciado al del resto del continente. Un modelo en el que el producto local se sostiene sobre un estrellato y una continuidad por encima de las modas. Además con personajes casi de leyenda "por encima de las veleidades de la actualidad" caracterizados por haberse sentido comodos en géneros o estilos que en otros países resultarían absolutamente contradictorios. Se puede citar un ejemplo de ese estrellato absolutamente inconfundible e irrepetible en cualquier otro país como el de la cantante-actriz Patachou (1918). Tan "francesa" como para venir del cabaret y cantar a Georges Brassens llegando al público más general con canciones sentimentales y columpiarse entre la especialización parisina, la letra de texto y la canción romántica dirigida hacia espectadores de todo tipo. Y como otros dos personajes tan indefinibles como Henry Salvador[74]

---

72. Identificada como icono del "pop" francés de los años 60 por canciones como "Poupé de cire, poupé de son" Gall aparece descrita de manera casi inmisericorde en *Gaingsbourg* (Joann Sfar, 2009), peculiar "biopic" sobre el otro tanto singular personaje de compositor, cantante y provocador, y amante-autor de estrellas tan representativas como Juliette Greco, Brigitte Bardot y Jane Birkin. El diálogo que se pone en boca del personaje de Gall junto a Serge Gainsbourg en esta producción alcanza casi características de cruel ironía.

73. Marais en la España de los primeros años 50 tuvo algun amplio y sorprendente reconocimiento público en Cataluña donde se creó un raro club de aficionados que llegó a estrenar alguna de sus películas con Cocteau en sesiones únicas en un cine de Barcelona. En esa época tanto él como Cocteau transmitían una imagen de "alta cultura" pero pudiera ser que ese insólito tributo de un grupo de catalanes tuviera una segunda lectura en clave muy distinta.

74. Nacido en la Guayana francesa en 1917 pero residente en París desde 1924 este artista absolutamente francés mezcla contenidos sorprendentes: exotismo, mestizaje, humor, canción de autor... Salvador escribió más de cuarenta canciones con Boris Vian y se mantuvo a caballo entre géneros distintos, teniendo un gran reconocimiento como autor y cantante, e incluso un prestigio que duró prácticamente hasta sus últimos días en 2008. Se trata como Patachou de otro de esos raros mitos del peculiar sistema de estrellas francés.

capaz de todo, de lo popular y de lo snob, o Serge Gainsbourg. Por eso se hace mucho más raro un eclipse en Francia después de haber alcanzado el "estatus" de "gloria nacional" que en ningun otro país. Quizás en Francia por la propia valoración de su cultura la relación con sus artistas no es siempre equiparable a la de otros países.

Es mucho más difícil en España que un personaje público de esas características reciba ese reconocimiento "de por vida" y por encima de las modas. Entre los actores Fernán Gomez o Francisco Rabal mantuvieron sus referencias en sus largas y varidas carreras, pero a veces mucho más como personajes que por su propia obra. Entre tanto otros muchos de los galanes coetaneos que representaron una referencia en las películas españolas de los 50 y 60 han sido empujados por el tiempo hacia el olvido, pese a haber tenido una buena carrera. A José Suarez, un antiguo revisor de tren de los primeros años de la posguerra que se convirtió en un espléndido actor, con un papel tan logrado como el de galán aburrido y provinciano de *Calle Mayor* (Bardem, 1955) y que trabajó en el cine italiano y español no le beneficiaron en nada para la posteridad las imágenes de la última etapa de su vida como alcalde y jefe provincial del Movimiento en un pueblo de Asturias ya en los albores de la Transición. Jorge Mistral también fue uno de los galanes más importantes en los 40 y 50 en España, Italia y México. Salió de las películas Cifesa para convertirse en personaje apasionado y romántico en películas como la surrealista *Abismos de pasión* (Luis Buñuel, 1952) en ese apunte frustrado de melodrama social que intentó ser *La venganza* (Bardem, 1958), tuvo algunos de los más grandes éxitos comerciales de la historia del cine mexicano, y rodó para la Fox con Sofía Loren y Alan Ladd (*La sirena y el delfín*, Jean Negulesco, 1956). De la misma manera que los hermanos Rubén (1922-1993) y Gustavo Rojo (1923) con una larga carrera entre España y México con incursiones en el cine americano y en las coproducciones tampoco alcanzaron el reconocimiento de otros artistas de su misma época [75].

Se podría decir lo mismo en el "pop". Persisten con total vitalidad muchos de los mitos de los años 50 y 60 especialmente dentro del "rock" mientras que han caído en absoluto olvido por su "antigüedad" algunos de los nombres que fueron más populares en la década de los 70 y 80. Ciertos elementos de "modernidad", "rebeldía", "audacia" poseen más capacidad de pervivir que otros basados en la repetición.

---

75. Los Rojo eran hijos de Mercedes Pinto una poetisa, escritora y periodista de Santa Cruz de Tenerife cuya personalidad empieza en la actualidad a ser reivindicada desde Canarias. Pinto, tras un matrimonio desafortunado con el que llegaría a tener una hija, María de las Mercedes, conocida más tarde como Piluca de Foronda (luego protagonista de la primera película sonora en Cuba y ocasional actriz estelar en el cine mexicano de los 40) se fue a vivir a Madrid. Precursora feminista se enfrentó a la dictadura de Primo de Rivera. Después de casarse con un abogado de Toledo se exilió a Uruguay. Los dos hijos de ese matrimonio harían carrera en el cine. Rubén empezó muy pronto a trabajar en el mismo en 1935. Pero sus planes de vuelta a España se vinieron abajo con el estallido de la guerra civil. Rubén realizó una larga carrera en México donde llegaría a ser uno de los galanes más populares, para regresar unos años más tarde a España donde a lo largo de varias décadas representó distintos personajes en la pantalla. Gustavo siguió una trayectoria parecida hasta afincarse definitivamente en México donde actualmente dirige y actua en telenovelas. Mercedes Pinto inspiró a Buñuel el argumento de *Él* basado en la historia de su primer matrimonio, que ella ya había publicado en 1926 en forma de novela. Rubén trabajó con Luis Buñuel en *El gran calavera* (1949) y *Don Quintín el amargao* o *El hijo del engaño* (1951). A través de la historia de este grupo familiar Rojo-Pinto-Foronda se podría construir un relato sobre el convulso siglo XX español.

El tiempo es injusto y no perdona. Pero más allá de la fecha de caducidad biológica que tira por tierra imágenes de anteriores triunfadores lo está el manejo del propio mito por parte sus protagonistas y la administración de su imagen. Tony Curtis (1925) fue un indiscutible número 1 de Hollywood con una filmografía abundante en trabajos realmente ilustres con muchos de los grandes del cine, de Billy Wilder (*Con faldas y a lo loco*, 1958) a Kubrick (*Espartaco*, 1960) pasando por Blake Edwards, Richard Fleischer, Vicente Minnelli, John Huston, Alexander Mc. Kendrich o Elia Kazan y buena parte de los directores con más personalidad de su época. Sin embargo Curtis hoy apenas es reconocido como un mito: su decadencia ha sido estrepitosa principalmente por culpa de una imagen desconcertante que ha desdibujado totalmente su anterior perfil. Aspecto compartido por otros muchos "ex" que del olimpo han pasado a los programas menos recomendables de la pequeña pantalla, confundiéndose con "freakys" y "advenedizos". Por el contrario quienes supieron retirarse a tiempo y poner fin a sus carreras sin sacarles todo su jugo ,–en una larga lista que va de Garbo a Marisol/Pepa Flores–, han mantenido plenamente su aureola de mito, aunque desdoblándose en dos personalidades distintas: el ser humano y el personaje.

Particularmente dramática fue la transición entre niño/adolescente y joven/adulto en la mayor parte de las grandes estrellas infantiles, de Jacky Coogan a Mickey Rooney, de Shirley Temple a Joselito, de Sabú a Culkin. La mayoría de ellos arrojados al cubo de la basura al crecer. El efecto sin embargo es mucho más perverso en los tiempos actuales de absoluto dominio de la televisión que impone "modelos perecederos" en los que la regla es la continua renovación. La televisión crea "personajes famosos" en tiempo récord de donde hagan falta, ya sean estrellas, espontáneos o "advendizos" y "colaterales" de las verdaderas figuras. Pero se trata de un efímero e inconsistente "reinado", que dura el mismo tiempo en que tarda en aparecer el siguiente recambio. Dentro de esta extrema rotación de los productos la popularidad es un componente de una fragilidad absoluta, maleable hasta toda clase de extremos. La televisión y la frugalidad de ciertas aureolas generadas por los medios de comunicación electrónicos se manifiesta en abundantes ocasiones sin otro argumento que el del oportunismo comercial, en el que no parece necesaria preparación técnica o aprendizaje alguno. Frente al anterior concepto idealista de "triunfo social" como "recompensa final" o logro asociado a un dilatado proceso educativo o de formación continuada se alza hoy un modelo absolutamente diferente basado en lo simultáneo, para el que no se exige otra cosa más que la oportunidad: estar en el momento preciso y en el lugar adecuado, es decir servir al interés coyuntural e instantáneo del difusor audiovisual que cree que puede obtener un rendimiento (económico) de la explotación del personaje.

Se trata además de un modelo que adquiere una proyección casi dramática ante muchos sectores de jóvenes tanto del primer mundo como de las sociedades no desarrolladas. En éstas donde la igualdad de oportunidades especialmente las educativas sigue siendo una quimera imágenes de triunfadores llegados desde la miseria a la riqueza ostentosa –por ejemplo jugadores de fútbol–, adquiere una connotación simbólica de fábula que muchos tratan de convertir en realidad. Esa traslación de imágenes de "triunfo" asociado a los valores que ello acarrera (dinero, reconocimiento público, fama…) también está presente en sectores sociales de las sociedades desarrolladas. En una escuela deportiva de fútbol en España con participación de niños y adolescentes entre los 14 y los 16 años algunos de los preparadores reproducían en ellos la intensa presión a la que los propios menores estaban siendo sometidos por sus padres, que no buscaban con esa actividad un juego o un espacio de socialización para sus hijos sino que en el fondo estaban esperando, fueran o no capaz de confesarlo, un futuro "estrellato" deportivo para sus descendientes. El esquema se puede trasladar a las motivaciones por las que tantos adolescentes participan en los abundantes concursos de "promesas" en la pequeña pantalla, en los que lo más importante no parece la experiencia, el apredizaje, el conocimiento de un medio distinto, la manera de medir las propias posibilidades de quienes participan en un espacio diferente al actual, etc. sino la posibilidad de tener acceso a eso que globalmente se denomina "la fama". En muchos de esos espacios, además los participantes son hostigados, provocados o atacados, y a veces casi "destruidos" por supuestas valoraciones y opiniones que forman parte del propio juego del "show". La televisión necesita espectáculo, y lo aplica lo mismo a los contenidos de información que a los de entretenimiento. Y éste se obtiene frecuentemente de la propia explotación de los sentimientos, de la exhibición ante las masas de las debilidades personales y las sensaciones más íntimas. El triunfo puede servir tanto de espectáculo como la decadencia o el fracaso.

Un elemento de atracción en el que todo se juega a la casualidad y al "todo o nada" influido por contenidos absolutamente subjetivos con una presencia arrolladora de factores completamente externos y al arbitrio de lo coyuntural se proyecta muchas veces como un elemento disuasorio respecto a la formación, la educación o el aprendizaje entendido como un proceso continuo que se inicia y acaba con la vida. ¿Para qué dedicar más tiempo a la educación si el "éxito" o la "fama" aparecen dictados por el mero azar o el oportunismo? ¿Es necesario dedicar tanto esfuerzo a estudiar para quedar en casi nada cuando los medios están ofreciendo rápidas subidas a un pedestal por aparecer en la foto en el momento oportuno?

El esquema de "estrellato" de principios del siglo XXI impuesto por los medios circula en dirección totalmente opuesta a la del "star system" de los años dorados del Hollywood de los grandes estudios. En esa época una iniciativa privada (un estudio) venía a ocupar el papel que en otra sociedad le habría correspondido al sistema educativo. El actor, el técnico o el personaje firmaban un largo contrato de exclusividad (que a veces no era absoluta por la posibilidad de cesiones). El estudio se encargaba no sólo del lanzamiento, la construcción de una imagen, la depuración de un estilo sino que "también" proporcionaba una formación, ponía un profesorado al servicio de los contratados, generaba una estrella de la misma manera que el tallador de diamantes de una piedra en bruto era colocar en el mercado una joya que procede de un mineral. Parecido esquema lo han mantenido muchas de las grandes escuelas teatrales, musicales y operísticas del mundo. Seleccionaban aspirantes o candidatos a los que preparaban, formaban y terminaban convirtiendo en estrellas después de un largo y elaborado proceso, en un sistema que analógicamente también podría extenderse a la mayoría de las escuelas deportivas.

Aunque se trata de un modelo en clara regresión. Muchos jóvenes aspiran ahora a lograr el "triunfo" con la mayor rapidez y el mínimo esfuerzo. Y eso está en manos de los medios de comunicación y básicamente de la televisión. Aunque los pocos que hayan alcanzado la gloria de tocar el cielo verán como ese parnaso dura un suspiro. Mientras en las escuelas de formación clásica, casi tanto como en los estudios de los tiempos del "star system", la recuperación de la inversión en formación se lograba a lo largo de un amplio periodo de tiempo, con este modelo la rentabilidad se obtiene a partir de lo inminente y de lo rápido. En muy poco tiempo se puede dar una campanada que cambie toda una vida. Dicha permanencia será siempre efímera porque enseguida habrá que dar paso al siguiente grupo.

ESE PRODUCTO ARTIFICIAL LLAMADO "ÉXITO"

En los modelos "clásicos" de golpes de estados de las llamadas "repúblicas bananeras" capturar la sede de la televisión tiene más importancia que el control del parlamento o del propio palacio presidencial. En las sociedades occidentales donde los medios no se concentran en unas pocas localizaciones, o con internet que se difunde a través de las redes como un canal insólito que atraviesa fronteras, el modelo varia pero parte de un hecho común: Los medios no son un arma al servicio del poder; simplemente son el poder. El "test" del triunfo o del reconocimiento hoy son los medios. En una de las más interesantes pero fracasadas películas de Elia Kazan *Un rostro en la multitud* (1958) un mediocre cantante "country" convertido en un precicador populista a traves de la radio asciende poco a poco de nivel hasta convertirse con la ayuda de los "mass media" en un líder en su propio beneficio, que asume precisamente lo que criticaba cuando estaba abajo.

Las características de los fascismos según los modelos de entreguerras no sirven en absoluto en el siglo XXI. No hace falta como antes ocurría que el partido semi-militarizado se confunda con la administración. Es que ya ni siquiera hace falta dicho partido. Un conglomerado de medios variopinto, no necesariamente homogéneo capaz de generar unas imágenes externas suple perfectamente ese papel. El nuevo fascismo no va utilizar escuadras marciales, uniformes o parafernalias, gestos ni rituales con las masas en formación, sino que empleará imágenes coloristas, modelos, discursos cálidos y composiciones externamente agradables y tentadoras y lenguaje de "·spot" y de anuncios de publicidad. Los nuevos "agentes" de ese fascismo de nuevo cuño son personajes generadores de una trama de intereses que se sirven de los medios de comunicación ante los que se desenvuelven como verdaderos "actores" de una representación. El poder de persuasión de los medios es capaz de generar las más poderosas imágenes, de canalizar las frustraciones y producir sorprendentes identificaciones con argumentos totalmente distintos a los de los discursos políticos de antaño.

No hay medio que sea tan rápido en fábricar ídolos como en destruirlos como la televisión. La permanencia empieza a ser tan utópica como la retribución de un complemento de antigüedad en un convenio laboral. La fidelidad o la continuidad ya no se reconocen como valores en si mismos. La innovación solo sirve en cuanto no aparezca la fase siguiente y quede absolutamente obsoleta.

La lección puede ser perfectamente extrapolada a todo aquel aspirante a un reconocimiento público, a un llamado "triunfo", dentro de un modelo cambiante y en permanente evolución que sirve perfectamente a unos intereses en constante transformación pero en los objetivos siguen siendo los mismos. Legiones de jóvenes y de adolescentes se agolpan en los "casting", en las selecciones y en las convocatorias para aspirar a un rayo de nuevo refulgor a través de los medios, disputando su pequeño minuto de gloria en la pantalla: «No eres nadie si no sales en el televisor»[76], dixit.

Algunos de entre esa legión de aspirantes van a conseguir asomarse. Y muy pocos o a lo mejor ninguno lograrán permanecer, que es lo más difícil en un mundo en el que se prima "lo nuevo" no por lo que vale o aporta sino por que se necesita crear un hambre de consumo hasta el puro vértigo. Va ser muy difícil para esos nuevos rápidamente convertidos en objetos inservibles antes de que alcancen un pleno proceso de madurez entender que se han quedado "viejos" antes de tiempo, que no se ha permitido que los tallos florezcan del todo y se han arrancado los capullos de las flores antes de que estallen en su plenitud.

Aquél que aspire a ese nueva nueva forma de "star system" de los nuevos audiovisuales multimedia o a una estancia lo más larga posible en un camarote de terciopelo debería ser consciente de determinadas limitaciones.

1.- La presencia de unos "monocultivos".

Ahora el reconocimiento del talento aparece como un factor tan efímero como antes se reconocía a la belleza, elemento sumamente perecedecedero y cada vez más sometido al elemento moda ("La belleza que está de moda esta primavera", titula en su portada una conocida revista dirigida a mujeres jóvenes: "¿Y después de la primavera, cual viene?" habría que preguntar). No basta un solo elemento característico por mucho que haya que destacar, –físico, fuerza, habilidad, aptitudes artísticas, voz, elegancia, estilo...–, puede que sólo uno de esos elementos sea explotado con rapidez para arrojar la totalidad del contenido a la cuneta dando paso al siguiente aspirante a la fama y al dinero.

Frente al criterio de la especialización habría que reivindicar precisamente lo contrario: la amplitud de la formación. Por tópico que parezca una persona más formada resiste mejor las frustraciones profesionales que necesariamente se van a producir. Es una mentira la leyenda del cazatalentos que se fija en un rostro en la calle para con-

---

76. Esta referencia parece reemplazar a la utilizada en otra época dentro del mundo del cine: «Vales lo que vale tu última película». Erich von Stroheim decaró a la BBC con ocasión de la muerte del director Griffith, quizás el más prestigioso de los pioneros, después de haber pasado años y años mendigando sin suerte un trabajo en los estudios: «Si vives en Francia, por ejemplo, y hace cincuenta años escribiste un buen libro, pintaste un buen cuadro o dirigiste una película memorable, aunque no hayas hecho nada más desde entonces, sigues siendo reconocido como artista y respetado por ello. La gente se descubre ante ti y te llaman "maître". No te olvidan. Sin embargo, en Hollywood vales lo que vale tu última película. Si no has hecho una en los últimos tres meses se olvidan de ti, sin importarles lo que hubieras realizado hasta entonces» (En "Hollywood Scapegoat" , Peter Noble, Londres 1950) citado por "Erich Von Stroheim y Hollywood" (Richard Koszarski, Verdoux, Madrid 1993)

vertirlo en estrella, según el dictado del "star system" clásico. Que un hada de esas características se cruce en el camino de otro o de otra no garantiza prácticamente nada, si no hay debajo una base de formación, una capacidad para dar respuestas a nuevas formas de vida que se van a proponer y para las que no todos están preparados.

2.- Diversificar.

En América del Sur se utiliza con mucha frecuencia un refrán: «Nunca hay que poner los huevos en la misma cesta». Un refrán que es toda un reconocimiento. Si la única meta es el triunfo o la permanencia en el éxito (según un estereotipo que afirma que cuando se toca el éxito, con los dedos ya se queda para siempre entre las manos) ¿qué puede pasar cuando este no se consiga o se revele inalcanzable, o sea tan breve que se convierta en un simple "flash" sin prolongación alguna?

Parece necesario poner los ojos en los más variados objetivos, en metas de todos los alcances. En muchas a la vez. Si no se consigue lo esperado en uno de los objetivos ni en prácticamente ninguno, siempre existirá la esperanza de que al fín el éxito se produzca en alguno de los últimos por pírrico que sea el alcance de esa victoria. A veces las metas más gratificantes no son las del reconocimiento exterior sino la del aprecio y valoración en el entorno más inmediato. En muchas de las biografías de esos mitos y estrellas hay mucho de "soledad en la cima más alta", de falta de comunicación, de incapacidad para transmitir en su círculo más próximo sentimientos, esperanzas y frustraciones. "Tener a alguien" aunque solo sea para hablar o para ser escuchado puede ser más importante que "recibir un premio". "Es" el premio.

3.- La importancia de encontrar el lugar de cada cual en el mundo.

La palabra "éxito" no tiene el mismo sentido para todos. Unos lo cifrarán en reconocimiento público, en dinero, en admiración… Otros en encontrar su pequeño espacio en la tierra, en ser apreciados aun por un número tan reducido de personas que sobrarían los dedos de una sola mano. El heredero de un imperio de *El último emperador* (Bernardo Bertolucci, 1986) descubrió que podía ser más feliz como jardinero que como monarca de un dilatado reino. Uno de los actores más conocidos de los años 50 en Europa fue el austriaco Karlheinz Böhm o Carl Bohm, también conocido en la España de la época como Carlos Bohm. Hijo del famoso director de orquesta Karl Böhm, batuta sobre quien se escribieron muchas cosas entorno a sus relaciones con el III Reich, protagonizó al lado de Romy Schneider las tres películas de la trilogía "Sissi" en el papel del emperador Francisco José I e inició una gran carrera internacional tanto en alemán como en inglés, incluso con películas hoy de culto como *Peeping Tom* (*El fotógrafo del pánico*, Michael Powell, 1960). Después de haber tenido una juventud socialmente privilegiada por sus orígenes familiares y de disfrutar del reconocimiento público en su juventud gracias al cine, Böhm descubrió en su madurez que su sitio estaba en otro lugar del mundo. En 1981 creo una entidad "Menschen für Menschen" ("Humanos por humanos") dedicada al fomento de la educación y la alimentación en el cuerno de África, casándose con una etiope en 1991 madre de sus dos últimos hijos. Totalmente retirado de la actuación dedica su atención personal a esa actividad cuyos recursos proceden de los tres países de habla alemana.

4. La medida de las cosas no la puede dar el reconocimiento exterior.
Admitir que nadie es más que nadie, y que pese a la adulación o al aislamiento del resto de los humanos la perfección no es en absoluto un atributo de los seres humanos. Las "biografías oficiales" tanto como las "vidas ejemplares" de santos son un vehículo puramente artificial. El divismo hace tanto daño al que lo pacede como al que lo provoca: termina por aislar. Aquéllos que por su cuna, su linaje, su fortuna o su destino tienen derecho a todos los caprichos terminan por sentirse frustrados: nunca se puede alcanzar todo aquello que uno desea. La princesa de *Vacaciones en Roma* (William Wyler, 1952) encarnada por Autrey Hepburn era más feliz por subirse a una vespa confundida entre la multitud que por representar el papel de princesa en un reino de opereta. A menudo no se es capaz de establecer una previsión sobre la capacidad de uno mismo para resistir la hipoteca, el precio o el débito a la popularidad. Como la concursante del famoso programa de la televisión británica convertida de la noche al día en 2009 en una luminaria que incapaz de resistir la presión y el agobio a que estaba siendo sometida sufrió una crisis de ansiedad que motivó su hospitalización. Casi como las protagonistas de los melodramas del Hollywood clásico entorno al precio de la fama, quizás como la patética Judy Garland premonitoria de su propio destino de la versión musical de *Ha nacido una estrella* (George Cukor, 1954), realmente su último (y comercialmente fracasado) intento por mantenerse como estrella en una película de clase "a" y en un estudio de primera (Warner) después de que la Metro no renovara su antiguo contrato extendido en el tiempo.

5.- El éxito tiene un importante componente subjetivo.
En un espacio de televisión de gran repercusión popular un joven aspirante a una selección al comprobar que ha sido elegido expresa el siguiente comentario en imagen: «Me habría muerto de no haber sido elegido: mi vida carecería de sentido si hubiera sido rechazado». La frase denota un mal aprendizaje para administrar el éxito y asumir un fracaso. Porque el reconocimiento público conlleva quedar plenamente al alcance de unas reglas dictadas por la plena subjetividad. Van Gogh no vendio más que un solo cuadro en toda su vida del mismo modo que muchos genios fueron absolutamente ignorados en su paso por el planeta. Y su reconocimiento ha llegado "post-mortem".

El éxito es además una mercancía dictada por leyes de oferta y de demanda o por criterios puramente irracionales. Muchos premios, incluidos los Nobel a lo largo de toda su historia, se los llevaron nombres hoy absolutamente irrelevantes y borrados para siempre de la memoria humana mientras[77] otros que fueron absolutamente ninguneados han adquirido hoy una enorme valoración ante nuestros ojos. En muchos de esos programas-espectáculo lo que se está buscando no es rigor, calidad, esfuerzo, trabajo,

---

77. Pensemos en el caso del primer Nobel español José de Echegaray. Ni su obra ha sido prácticamente representada ni su figura ha trascendido, como tantos otros ganadores de los más resonantes trofeos. Basta repasar la lista de muchos hoy ignotos premios Nobel cuya obra parece hoy pasto de la polilla frente a escritores de su tiempo que han adquirido hoy la característica de gigantes, pese a no haber sido reconocidos en su momento.

aprendizaje técnico, sino simplemente espectáculo por cualquier vía, incluida la más rastrera. En vias de conseguir espectáculo-audiencia los candidatos puede ser convertidos en muñecos de feria, preparados para sufrir toda clase de mofas.

Fracasar en cualquiera de esas actividades relacionadas con la imagen pública no significa otra cosa que haber tropezado con un criterio de subjetivización. Ni todos poseemos los mismos gustos, ni una persona puede ser capaz de complacer y agradar a todo el mundo en general. Cualquier clase de crítica o de opinión trabaja con un componente básico de subjetividad.

"No gustar", "ser eliminado", "quedar fuera de la elección" es solo uno de entre muchos pasos. Esperar un éxito rápido y a la primera es como la carambola que deja su futuro en manos de un juego de azar o de una lotería. Habría que buscar otras alternativas distintas a las del logro del "éxito" o el "triunfo" exterior cómo:

a) La búsqueda de una experiencia nueva.

b) La medición de las reacciones de cada uno por sí mismo en ambientes distintos al habitual.

c) La administración de las propias habilidades.

d) El aprendizaje en la convivencia con personas que pertenecen a ámbitos diferentes al cotidiano.

e) Una actitud de comportarmiento semejante al de la "esponja": aprendiendo algo hasta de las situaciones menos positivas.

f) El dominio del propio lenguaje verbal, gestual y corporal.

g) La práctica en la asertividad, para ser capaces de calibrar hasta donde podemos llegar expresando nuestras opiniones y sentimientos con personas o grupos que en principio nos son ajenos.

6.- Diversificar los objetivos.

El trazado o el desarrollo de un proyecto de vida propio aparece ligado no solo a los estímulos externos sino al conocimiento de aquello que podemos ser capaces de dar o de hacer. Parece por lo tanto importante generar no una sino varias metas u objetivos con la mayor diversificación para no sentirnos hundidos cuando vemos que uno detrás de otros aquéllos que confiábamos se van viniendo abajo. «Nunca hay que poner todos los huevos en la misma cesta», como dicen. Pero no es bastante: hay que generar a diario nuevos retos, pequeños retos, personales a lo mejor con el mínimo gasto en energía personal, pero desafíos al fín y al cabo. En ese juego está la medida del éxito y no tanto en el resultado donde influyen factores que no pueden ser controlados.

7.- La vanidad es la peor de las compañías.

Nadie es más porque se contemple a sí mismo elevado en un pedestal. El admirado de hoy puede ser mañana el ser más despreciado del planeta. Creerselo es dejarse engañar. En el modelo Hollywood del "star system" del mismo modo que en las galaxias del fútbol profesional o de los mejores tiempos de la música "pop", se empezaba por sustraer a los protagonistas de su verdadera personalidad, generandoles una nueva, como los príncipes que todo su conocimiento del mundo lo recibían a través de maestros que los aislaban del resto de la humanidad. Se trataba de diseñar una raza diferente de semi-dioses a los que no se podía mirar directamente a la cara, de la misma manera en que todavía en muchas monarquías no está permitido cruzar la vista con los ojos de las testas reales o dar la mano a quienes tienen sangre azul.

Esa excepcionalidad terminaba por ser asumida por las nuevas deidades hasta establecer una nueva clase de seres humanos. Pero cuando el mito se resquebraja o se produce la más mínima convulsión a nivel interno toda la construcción se viene abajo de la misma manera que la piedra aparentemente más fuerte puede conmocionarse por un solo golpe bien dado en el punto más sensible hasta expandirse en progresión por el resto de su superficie y cuartearse de forma dramática. La excentricidad del "star system" como la de la propia realeza es un arma de doble filo para quienes la han asumido o la ejercen. Porque no hay ni un solo ser humano inmune a los virus, a las bacterias y a las enfermedades, nadie que no deba afrontar desde que nace un proceso de envejecimiento que está en nuestros cromosomas, ni se ha inventado una categoría humana que no necesite cada día atender a unas necesidades fisiológicas y alimenticias. Las mismas para todos, aunque algunos coloquen sus posaderas en pedestales de oro, otros de porcelana y algunos más en la simple tierra.

El reconocimiento exterior solo puede servir como un reto para seguir mejorando y preparándose para saberlo administrar. Es una experiencia y si se quiere un privilegio pero en un sentido muiy distinto a como era entendido por los antiguos emperadores y las estrellas del "star system": ser capaz de transmitir sentimientos, expresiones, mensajes, frases que no todo el mundo tiene la suerte de que lleguen a tantos. Pero nada más.

8.- El carácter irrepetible de la experiencia humana.

La vida es una situación excepcional y por lo tanto única para cada ser humano, sin necesidad de tratar de buscar una aprobación exterior en la masa. Esa aprobación puede venir de un gesto, una mirada, o una actitud expresada desde el círculo público. O del más cercano: el de quienes nos es más próximo. A veces estar en la cumbre o en el pedestal impide contemplar el atractivo de las "pequeñas cosas" ¿Cuánto hubieran dado algunos de esos aparentes favorecidos de la fortuna por un sencillo gesto, una mirada o una sonrisa o una palabra bonita sin interés alguno?

Al fín y al cabo la vara de medir el éxito personal se suele generar desde instancias ajenas. Cada cual tendría que ser capaz de crear su propio termómetro de lo que se es capaz de hacer, se está dispuesto o se puede realizar por uno mismo.

A lo mejor esa es la verdadera medida del éxito.